Rebecca Niazi-Shahabi
Ich bleib so scheiße, wie ich bin

PIPER

Zu diesem Buch

»Ich bleib so scheiße, wie ich bin« ist der amüsante Befreiungsschlag zum Mehr-Wollen, Mehr-Erreichen und Mehr-Sein. Dieses Buch macht endlich Schluss mit der Selbstoptimierung. Denn sich grundlegend zu ändern, ist fast unmöglich und – das Wichtigste: es ist auch gar nicht nötig. Vielmehr sind Menschen, die sich nicht dauernd in Frage stellen, die sich zu ihren schlechten Seiten bekennen und ihre Launen nicht unterdrücken, beliebter, glücklicher und leben sogar länger.

Rebecca Niazi-Shahabi

Ich bleib so scheiße wie ich bin

Lockerlassen und mehr vom Leben haben

PIPER
München Berlin Zürich

Mehr über unsere Autoren und Bücher:
www.piper.de

Von Rebecca Niazi-Shahabi liegen im Piper Verlag vor:
Nett ist die kleine Schwester von Scheiße
Ich bleib so scheiße, wie ich bin
Zweimal lebenslänglich
Keine Geschenke erhalten die Freundschaft (mit Oliver Sperl)

Der Text auf S. 14 ist entnommen aus: Horst Bienek, Werkstattgespräche mit Schriftstellern, DTV, München 1965. Der Abdruck erfolgt mit freundlicher Genehmigung des Deutschen Taschenbuch Verlages.

Der Text auf S. 24 ist entnommen aus: Max Frisch, Unsere Gier nach Geschichten, In: Gesammelte Werke in zeitlicher Folge. Vierter Band, Suhrkamp Verlag, Frankfurt am Main 1998. Der Abdruck erfolgt mit freundlicher Genehmigung des Suhrkamp Verlages.

Der Text auf S. 30 ist entnommen aus: Max Frisch, Mein Name sei Gantenbein, Suhrkamp Verlag, Berlin 2011. Der Abdruck erfolgt mit freundlicher Genehmigung des Suhrkamp Verlages.

Originalausgabe
1. Auflage Februar 2013
25. Auflage August 2015
© Piper Verlag GmbH, München/Berlin 2013
Umschlaggestaltung: semper smile, München
Umschlagabbildung: Martina Kiesel
Innengestaltung: Oliver Sperl, Berlin
Satz: Kösel Media GmbH, Krugzell
Gesetzt aus der Adobe Garamond Pro
Druck und Bindung: CPI books GmbH, Leck
Printed in Germany   ISBN 978-3-492-30056-8

*Dieses Buch könnte Ihr Leben verändern,
indem Sie nach der Lektüre davon überzeugt sein
werden, nichts mehr an sich ändern zu müssen.
In unseren Zeiten eine durch und durch
revolutionäre Angelegenheit: Sich nicht ändern
zu wollen provoziert. Es ist ein Statement
gegen das System, das schon längst das Credo
»Höher, schneller, weiter« nicht mehr nur für
Produkte, sondern auch für die eigene Person
verinnerlicht hat.*

EINLEITUNG   9

1 BLEIBEN SIE DICK, EITEL, GIERIG, JÄHZORNIG – UND GLAUBWÜRDIG
Vom Märchen der permanenten Weiterentwicklung   14

2 WAS WÄRE, WENN ...
Ein gefährliches Spiel!   44

3 WER BESSER WERDEN WILL, WIRD WAHNSINNIG
Die drei Fallen der Selbstoptimierung   74

4 DÜNNE MENSCHEN HABEN MEHR SEX!
*... und andere Lügen über den Nutzen von
Diäten, Sport und Bildungsprojekten*   98

5 SCHLUSS MIT DER ARBEIT AN SICH SELBST!
*Was man nicht erreichen will,
kann auch nicht unglücklich machen*   116

6 FÜR ALL DIE BLÖDEN TYPEN SIND SIE GUT GENUG
*Warum Selbstoptimierung in der Liebe
nichts zu suchen hat*   152

7 ERFOLG MACHT UNFREI
Warum Karrieremachen so langweilig ist   198

ÜBERSICHT
*Ich bleib so Scheisse, wie ich bin –
die besten Argumente*   249

EINLEITUNG

> »Finde Deine wahre Schwäche und
> kapituliere vor ihr.
> Darin liegt der Weg zum Genie.«
> Moshé Feldenkrais

Niemand ist perfekt. Dieser Makel wird heutzutage allerdings nur denen verziehen, die wenigstens versuchen, perfekt zu werden. Die Selbstverbesserungspropaganda ist allgegenwärtig: Sie begegnet uns auf T-Shirts und Postkarten, in TV-Serien und auf Teebeuteln, auf *facebook,* in Frauenzeitschriften und auf Werbeplakaten. Von Freunden, esoterischen Gurus, Sportartikelherstellern und von Bundesministerien werden wir angemahnt, an uns zu arbeiten. Sie alle sind sich einig: Wir sollen das Unmögliche versuchen, nicht träumen, sondern unseren Traum leben. Wer etwas auf sich hält, steht nach einer Niederlage auf und versucht es frischen Mutes noch einmal. Um nicht zurückzufallen, lernen wir jeden Tag dazu und wagen das Neue. Schon Kinder werden früh zur Selbstoptimierung angehalten. Denn je eher man ihre Talente entdeckt, desto gezielter kann man sie fördern.

Doch sobald man seine eigene Verbesserung in Angriff nimmt, stellt man fest, dass es nicht gerade wenig ist, was einen vom perfekten Selbst trennt. So vieles an uns scheint verbesserungswürdig: unser Körper, unsere berufliche Situation, unser Charakter, unsere Beziehungen und unser Liebesleben. In den Buchhandlungen sind der Selbstoptimierung inzwischen ganze Abteilungen gewidmet, und an dem Angebot an Ratgebern lässt sich das Pensum ablesen, das man als fortschrittlicher Mensch abzuarbeiten hat. Wir sollen abnehmen und Sport treiben, gesünder essen, unsere Kommunikationsfähigkeit entwickeln, mehr Erfolg im Beruf haben, Weinkenner werden, leidenschaftlicher lieben, gelassener mit unseren Kindern umgehen, unsere Chakren öffnen, glücklich und zufrieden sein, uns bilden und kreativer leben – und wenn uns das alles überfordert, dann kaufen wir uns einen Ratgeber, in dem uns verraten wird, wie wir unsere Work-Life-Balance wiederherstellen.

Unser Leben ist das einzige, das uns zur Verfügung steht, da scheint es ganz natürlich, dass wir alles daran setzen, möglichst viel daraus zu machen. Aber aus der Freiheit, sein Leben zu gestalten, ist längst ein Zwang geworden. Für jede Chance, die man nicht ergreift, muss man sich rechtfertigen. Viele Menschen tragen lebenslänglich eine Last in Form Hunderter unerledigter Selbstverbesserungsprojekte mit sich herum und glauben, erst glücklich sein zu dürfen, wenn sie dünn, reich, ausgeglichen und klug sind. Und mit jedem Tag, an dem sie nicht ihr Bestes geben, haben sie das Gefühl, gegenüber dem, was sie theoretisch erreichen könnten, ins Hintertreffen zu geraten.

In der heutigen Anfeuerungs- und Ermutigungskultur traut man sich kaum zuzugeben, dass man zu den Menschen gehört, die selten das umsetzen, was sie sich vorgenommen haben. Nicht einmal seinen besten Freunden darf man sagen, dass man schon wieder, trotz fester Vorsätze, die Diät abgebrochen, den Sport hingeschmissen, die neue Stelle nicht gesucht hat. Man verschweigt lieber, dass man neulich wider besseres Wissen seinen Partner angeschrien hat, statt gewaltfrei mit ihm zu kommunizieren. Denn die Freunde werden kein Verständnis mehr haben, wenn man unter sich, unter seinem unerträglichen Partner und unter dem langweiligen Job leidet: Wer nicht an sich arbeitet, hat das Mitgefühl anderer nicht verdient!

Du kannst die Welt nicht ändern, du kannst nur dich ändern – den Wahrheitsgehalt dieser These zweifelt selten jemand an. Doch wenn sie stimmt, wie ist es dann zu erklären, dass sich die hundertste Anleitung zum Glücklichsein genauso erfolgreich verkauft wie die erste. Dass Diätbücher immer noch der Renner sind. Dass Millionen von Menschen Biografien verschlingen, denen zufolge man sich seine Träume erfüllen kann, wenn man nur fest genug an sie glaubt. Und wer trotz aufrichtigem Bemühen bei seiner Selbstverbesserung nur langsam vorankommt, kann unter Dutzenden von Ratgebern auswählen, die ihm verraten, wie man das Universum zu Hilfe ruft.

Es gibt Augenblicke im Leben, in denen wird uns bewusst: Bereits seit Jahren und völlig vergeblich bekämpfen wir unsere größten Schwächen und sind weiter denn je von unserem Traumkörper, dem Traumpartner oder dem Traumjob entfernt. Dass auch andere an dem utopischen Projekt der Selbstoptimierung scheitern, wird ausgeblendet. Anstatt uns in diesen Momenten einzugestehen, dass wir unsere Macht zur Selbstgestaltung überschätzen, reden wir uns lieber ein, wir seien gerade besonders faul und undiszipliniert, um uns anschließend vorzunehmen, uns noch mehr anzustrengen, diese ungeliebten Charaktereigenschaften zu überwinden. Wir ignorieren unsere Widerstände und Selbstzweifel, die doch so wertvolle Hinweise darauf sein könnten, was uns wirklich Spaß machen würde. Stattdessen nehmen wir jeden Tag aufs Neue den zähen Kampf gegen unser unperfektes Ich wieder auf.

Aber was wäre eigentlich so schlimm daran, wenn wir so blieben, wie wir sind? Könnten wir unsere Zeit nicht in angenehmere Dinge investieren als in unsere unerfreuliche Selbstverbesserung?

Auf den folgenden Seiten habe ich versucht – gegen den allgemeinen Trend –, ein Plädoyer für das konzeptionslose Dahinleben zu entwerfen, weil ich glaube, dass der konzeptionslose gegenüber dem minutiös durchgeplanten Lebensweg unbestreitbare Vorteile hat. Es droht nämlich durchaus nicht gleich das soziale Abseits, wenn man Gelegenheiten ergreift, anstatt Ziele zu verfolgen, und wenn man nur lernt, wo es unbedingt erforderlich ist. Kurz: Wenn man das Leben anfängt, bevor man perfekt ist.

Auf dem Weg, ein besserer Mensch zu werden, steht uns niemand anderes im Weg als wir selbst. So lautet ein weiterer beliebter Motivationsspruch. Und das ist ein Glück: Da es bei den meisten unserer Selbstverbesserungsprojekte darum geht, sich zu normieren, rettet uns unsere Faulheit und Mutlosigkeit davor, ein angepasster Mensch zu werden. Wer die allseits angeforderte Selbstoptimierung ablehnt, erkämpft sich sein Recht, so zu sein, wie er gerade ist. Er macht sich unabhängig von dem Trugbild seines besseren Selbst und von all den Menschen, die angeblich wissen, wie man es erreicht.

Und sollte doch mal wieder einer dieser Selbstverbesserungsgurus den ein oder anderen Verbesserungsvorschlag an uns herantragen, dann kann man ihm mit einem ganz schlichten Argument den Wind aus den Segeln nehmen: Wer besser werden will, hat's nötig!

1
BLEIBEN SIE DICK, EITEL, GIERIG, JÄHZORNIG – UND GLAUBWÜRDIG
VOM MÄRCHEN DER PERMANENTEN WEITERENTWICKLUNG

»Jeder Mensch erfindet sich eine Geschichte,
die er dann, oft unter gewaltigen Opfern,
für sein Leben hält.«
Max Frisch

Andere sind alkohol- oder fernsehsüchtig, rauchen schachtelweise Zigaretten, essen Schokolade oder haben zu viel Sex. Ich war süchtig nach Lebensläufen. Es war ein regelrechter Zwang. Wann immer ich sie in die Hand bekam, studierte ich sie genau: die Lebenswege erfolgreicher Menschen, bekannter Künstler, Sportlerinnen, Forscher, Tänzer, Schauspielerinnen, Architekten, Regisseure, Weltumsegler, Schriftsteller. Wann haben sie angefangen zu üben, zu schreiben, zu tanzen, zu entwerfen oder zu segeln? Wie lange dauerte es, bis sie damit berühmt wurden? Wann haben sie sich entschieden, sich dieser einen Sache zu widmen? Mussten sie dafür ihr altes Leben hinwerfen und ein neues beginnen? Wichtigste Frage dabei: Kann ich das auch noch schaffen? Wird es möglich sein – wenn ich gleich heute anfange –, das Ruder herumzureißen und doch noch etwas aus meinem Leben zu machen?

Je älter ich wurde, desto schwieriger wurde es, Lebensläufe zu finden, die ich mit meinem Werdegang vergleichen konnte: Viten von Balletttänzern und Orchestermusikerinnen, die mit drei oder vier Jahren das erste Mal ihr Instrument in der Hand gehalten oder die ersten Tanzschritte geprobt hatten, wurden sofort aussortiert. Das war für mich sowieso nicht mehr aufzuholen, denn ich habe als Kind keinen Tanz- oder Musikunterricht gehabt, und auch sonst gab es nichts, was ich als Kind schon gerne getan hätte und an dem sich in der Gegenwart nahtlos anknüpfen ließe.

Irgendwann war ich in dem Alter, in dem die erste Karriere vieler Menschen schon wieder zu Ende ist. Die Lebensläufe, die mir geben konnten, wonach ich suchte, waren echte Raritäten. Existierten Menschen, die vielleicht erst mit 28 Jahren ihre wahre Bestimmung gefunden hatten und dann umso schneller durchgestartet waren? Wie hießen sie, was machten sie heute, wann konnte man Interviews mit ihnen im Radio hören, in denen sie schildern, wie sie rückblickend begreifen, dass ihr Erfolg ohne die Brüche in ihrer Biografie nicht denkbar wäre.

Ich dürstete danach, von Frauen und Männern zu lesen, die den Mut gehabt hatten, mit Mitte vierzig oder fünfzig ihre Träume zu verwirklichen. Auch ich würde hart arbeiten, wenn sich ein lohnendes Ziel gefunden hätte. Ich war bereit, den ersten Schritt zu tun, wenn ich die Gewissheit hätte, dass der Weg Schritt für Schritt in die richtige Richtung führte. Aber bis zu dem Zeitpunkt sah es so aus, als sei ich nur wahllos auf einem Acker neben meinem eigentlichen Lebensweg herumgetrampelt, und diese Tatsache machte mich traurig und verzweifelt.

Wie hatte das passieren können, einem Menschen wie mir, mit so vielen Talenten und Möglichkeiten, wie mir zeit meines Lebens von Lehrern, Eltern und Freunden versichert wurde. So viele Chancen warteten auf mich, warum ergriff ich sie nicht?

Ich muss meine Talente nutzen - aber wie?

Zehn Jahre Aufschub verschafften mir die Erkenntnis, dass wir eine durchschnittlich zehn Jahre höhere Lebenserwartung haben als vorangegangene Generationen, ich also getrost bei allen Angaben ein ganzes Jahrzehnt dazuzählen durfte. Hatte ich die Biografie einer Frau entdeckt, die im Jahr 1960 im reifen Alter von 32 Jahren ihren Traummann gefunden hatte, mit ihm gemeinsam nach Rio ausgewandert war und dort eine Tanzschule und eine Familie gegründet hatte, dann konnte man guten Gewissens behaupten, dass sie nach heutiger Rechnung ungefähr 42 Jahre alt gewesen war – also in meinem Alter.

Bald musste ich mir eingestehen, dass für Menschen wie mich nur noch eine überraschende Karriere möglich war. Nur ein ungewöhnliches Ereignis würde aus meinem Leben noch eine Erfolgsgeschichte machen.

Viele Menschen warten insgeheim darauf, dass etwas passiert, was ihrem Dasein eine entscheidende Wendung gibt. Ein Einfall oder eine Begegnung, der oder die sie plötzlich ihr Leben unter ganz neuen Gesichtspunkten sehen lässt, sodass, was ihnen bisher willkürlich und unzusammenhängend erschien, mit einem Mal Struktur erhält. Dieses Ereignis wäre wie ein schon verloren geglaubtes Puzzlestück, das, kaum an seinen Platz gesetzt, die Vergangenheit ordnet, sodass sich die Zukunft wie ein roter Teppich vor einem ausrollt: Man braucht nur noch dieser Spur zu folgen.

> *In Zukunft wird alles besser, aber wann fängt sie an?*

Bis es so weit ist, kommt es uns so vor, als befänden wir uns im »falschen« Leben. Einzige Hoffnung dabei: Das wirkliche Leben möge bald beginnen.

Wer das falsche Leben lebt, hat ein latent schlechtes Gewissen, ganz gleich, was er tut – ob er gerade arbeitet, Urlaub macht, fernsieht, im Internet surft, raucht, isst, liebt oder schläft. Das richtige Leben würde sich anders anfühlen, im wirklichen Leben würde sich eins zum anderen fügen, und alles würde einem leicht von der Hand gehen. Wir wären erfolgreich, aktiv und gesund, beliebt und mit dem richtigen Partner zusammen. Und viel glücklicher und zufriedener als in diesem falschen Leben.

Ein wirkliches Leben ist eines, das gelingt, wo wir also die Zeit, die uns gegeben ist, dazu nutzen, aus unseren Talenten und Möglichkeiten das Beste zu machen. Wir haben die Freiheit, unser Leben so zu gestalten, wie wir es möchten; ein seltenes Privileg, um das uns viele Menschen beneiden.

Dieses falsche Leben ist noch viel falscher als das »falsche Leben«, von dem der Philosoph Theodor W. Adorno spricht und damit die Situation des Menschen in der modernen Warenwelt meint. In diesem modernen Leben sei es, so Adorno, unmöglich, privat so zu leben, wie es den eigenen Überzeugungen entspräche. Man werde, ob man wolle oder nicht, Teil des Systems und könne zum Beispiel wenig Einfluss darauf nehmen, wie seiner eigenen Meinung nach mit den natürlichen Ressourcen umzugehen sei. Bei Adorno gibt es also noch ein Richtig und Falsch. Das Richtige ist man theoretisch selbst und das Falsche, das sind die Bedingungen. Glücklich, wer so empfindet, denn der hat eine Ausrede zur Hand, was die eigene, fahrige Lebensplanung betrifft.

Wir haben die Freiheit,
unser Leben zu gestalten, also haben wir
auch die Pflicht, es zu tun.

Alle anderen haben Schuldgefühle, weil sie aus verschiedenen Gründen nicht alles aus ihren Möglichkeiten herausholen. Ständig befindet man sich im Rechtfertigungsmodus: Eigentlich könnten wir mehr aus uns machen, wenn wir uns ein klein wenig mehr anstrengen würden, eigentlich hatten wir uns vorgenommen, regelmäßig zum Yoga zu gehen, um ausgeglichener zu werden, und eigentlich wollten wir uns nach einem neuen Job umsehen, denn der alte macht uns schon lange keinen Spaß mehr. Eigentlich sind wir nicht dick, denn wir werden demnächst abnehmen und regelmäßig ins Fitnessstudio gehen usw. Wer ein richtiges Leben führen möchte, hat viel zu tun. Aber weil wir gar nicht genau wissen, was denn das richtige Leben für uns ist, können wir uns nicht entschließen, endlich all das, was uns in der Theorie gut und richtig vorkommt, in Angriff zu nehmen.

Aber eines wissen wir ganz sicher: Eigentlich sind wir nicht die Person, die wir gerade sind, sondern die, die wir sein könnten! Dieser Person, die wir sein könnten, sind wir etwas schuldig – und wir versündigen uns gegen sie mit jedem Tag, an dem wir nicht unser Bestes geben oder es zumindest versuchen.

> *Eigentlich bin ich dünn –*
> *ich muss nur noch abnehmen.*

An die Erforschung der Ursachen, warum wir nicht das tun, was wir uns vorgenommen haben, verschwenden wir einen Großteil unserer Lebenszeit. Wir durchforsten unsere Kindheit und die Kindheit unserer Eltern nach Hinweisen darauf, woran es liegen könnte, dass es uns so schwerfällt, uns aufzuraffen und zusammenzureißen. Wir wühlen in unserem Seelenleben, um unserem Neid, un-

serer Disziplinlosigkeit und unserer Ungeduld auf den Grund zu gehen. In Mußestunden, die wir eigentlich genießen sollten, rätseln wir herum, was die geheimnisvolle Ursache unserer Traurigkeit und Lustlosigkeit sein könnte. Von dieser Tätigkeit lassen wir uns auch nicht durch die offensichtliche Tatsache abhalten, dass es anderen ganz genauso geht. (Nicht umsonst sind Bücher über Glück und Lebenskunst Megabestseller.)
Besonders an Silvester wird Rechenschaft abgelegt und Bilanz gezogen, deswegen ist es für viele Menschen der schlimmste Tag des Jahres.

Je länger wir dieses »falsche« Leben führen, desto mehr unperfekte Vergangenheit entsteht, die wir in der Zukunft wieder wettmachen müssen. Die versäumten Gelegenheiten türmen sich neben unseren Um- und Holzwegen, und es wird immer schwieriger, einen Schlachtplan zu entwerfen, mit dem sich die eigene Vita noch logisch zu Ende erzählen ließe.
Erleichterung und Atempausen von diesem »Vita-Terror« verschaffen uns nur die Situationen, in denen unser Handlungsspielraum auf null zusammenschnurrt, wie es zum Beispiel bei Katastrophen der Fall ist. Wenn eine Innenstadt unter Wasser steht und jeder weiß, was zu tun ist. Wenn Leben und Gegenstände gerettet werden müssen, dann darf man sich für eine kurze Weile als sinnvolles Mitglied der Gemeinschaft empfinden, ohne das Gefühl zu haben, schon wieder seine Zeit zu verschwenden.

An der Kluft zwischen dem »falschen« und dem »wirklichen« Leben leiden wir. Aber das »wirkliche« Leben ist ein merkwürdiges Trugbild: Sobald man sich ihm nähert, weicht es vor einem zurück. Nicht selten vergehen Jahre, bis man es schafft, einen festen Vorsatz in die Tat umzusetzen; und hat man sich dann endlich im Fitnessstudio oder beim Salsa-Kurs angemeldet, beginnt zu joggen oder schreibt an der Drehbuchidee, die man seit einer Ewigkeit mit sich herumträgt, oder sitzt allein auf einer Insel, so wie man es sich schon lange vorgenommen hat, überfällt einen prompt die Frage: Was hat das mit mir zu tun? Wie bin ich nur auf die Idee gekommen, dass mir das Spaß machen könnte?

Irgendwann dämmert es uns: Unser »falsches« Leben ist echt. Es ist wirr und ungeplant, es gefällt uns nicht, und außerdem haben wir uns das alles ganz anders vorgestellt, aber wir erleben es gerade und es ist auch nicht zu stoppen. Aber wider besseres Wissen halten wir an der Vorstellung vom »wirklichen oder echten« Leben fest. Es ist unsere einzige Hoffnung.

> »Singen, Malen, Bücher schreiben –
> es ist nie zu spät, noch einmal richtig
> loszulegen.«
> Titelthema der Frauenzeitschrift »Laviva«
> im Oktober 2011

Es gilt, eine Kluft zu überbrücken zwischen der Person, die wir jetzt gerade sind, und der, die wir in Zukunft sein könnten. Daher werden wir zum Erklärungskünstler und Geschichtenerzähler. Wir erklären unseren Status quo, wie es dazu gekommen ist und was wir bald alles anders machen werden. Der Schmerz, nicht derjenige zu sein, der wir sein könnten, ist ungeheuer inspirierend, und so erzählen wir jedem, der es hören will, das Märchen von unserem besseren Selbst. Wir fühlen uns wie das schlafende Dornröschen, welches vom richtigen Prinzen mit einem Kuss zum »wirklichen« Leben erweckt werden will – ärgerlich ist, dass wir nicht in einem gläsernen Sarg konserviert werden, bis es so weit ist.

Bis das wirkliche Leben beginnt, können Sie 100 Jahre warten.

UNSER LEBEN: EINE UNPERFEKTE GESCHICHTE

Immer, wenn wir etwas erzählen, was uns gerade eben oder schon vor Jahren passiert ist, erzählen wir dies in Form einer Geschichte. Diese Geschichten über unser Leben räumen Unwichtiges beiseite, sie geben dem Chaos aus unseren Irrtümern, versäumten Gelegenheiten, ungenutzten Chancen, kaputten Beziehungen usw. einen sinnvollen Zusammenhang und uns eine Bestimmung. Ohne sinnvolle Zusammenhänge kann man nicht erzählen.
Zufälle glücklicher und unglücklicher Art, Begegnungen und erzwungene Gemeinschaften prägen das Leben mehr, als einem lieb ist. Wer kann sagen, ob es richtig war, sich für das eine Studium und gegen das andere zu entscheiden? Und wer weiß, wie sich die Dinge für einen entwickelt hätten, wenn man mehr dafür gelernt und nicht so viel Party gemacht hätte? Was wäre aus einem geworden, wenn die Eltern einen als Jugendlichen ins Ausland geschickt oder einem den Schauspielunterricht bezahlt hätten, oder wenn man mit Anfang zwanzig nicht so schüchtern und unsicher gewesen wäre. Vieles lässt sich naturgemäß erst in der Rückschau beurteilen, manches noch nicht einmal dann.

Wie sich aus einem zufälligen Ereignis eine Lebensgeschichte konstruieren lässt, illustriert folgendes Fallbeispiel:

Ein freiberuflich tätiger Mann, Mitte vierzig, kämpft zeit seines Lebens ohne besonderen Erfolg gegen seine Unpünktlichkeit. Schon als Kind kam er ständig zu spät zur Schule, obwohl seine Eltern darauf achteten, dass er jeden Morgen rechtzeitig das Haus verließ. Auch zu privaten Verabredungen war er selten pünktlich, was ihn manche Freundschaft kostete. Als junger Mann verpasste er – im wahrsten Sinne des Wortes – die Frau seiner Träume. Abgehetzt und durchgeschwitzt erschien er zu spät bei Bewerbungsgesprächen. Er verlor Jobs, verärgerte Fremde und Bekannte, versäumte Züge und Gelegenheiten.
Eines Tages muss er für einen Auftrag nach Mallorca fliegen. Er steht sehr früh auf, verlässt das Haus später, als er geplant hat, die U-Bahn fällt aus, das Taxi bleibt im Stau stecken, kurzum, als unser Mann am Flughafen erscheint, ist sein Flugzeug schon weg. Unglücklich kehrt er nach Hause zurück, wo er am Abend die Nachrichten schaut und erfährt, dass die Maschine, die er am Morgen verpasst hat, abgestürzt ist.
Dieses zufällige Ereignis kommt unserem Mann natürlich ganz und gar nicht zufällig vor. Das Unglück versöhnt ihn von einer Sekunde auf die andere mit seinem Schicksal: Seine so erfolglos bekämpfte Unpünktlichkeit, die ihm bis zu diesem Zeitpunkt wie ein Fluch vorgekommen war, wird auf einmal zum Segen, denn sie rettete ihm im entscheidenden Moment das Leben.

Die nachträgliche Deutung des Ereignisses ist jedoch nicht

das Ereignis selbst. Es ist eine gute, logische und interessante Geschichte, aber eine Geschichte. Denn der Flugzeugabsturz hat nichts mit der lebenslangen Unpünktlichkeit unseres Mannes zu tun.

Die Geschichten, die wir über uns erzählen, haben ein Janusgesicht: Weil sie unsere Schwächen und Stärken rechtfertigen, nehmen sie uns genau aus diesem Grund in Geiselhaft.

Was ist damit gemeint? Das bedeutet, dass ich die Geschichte, die ich mir selbst und anderen als meine Biografie präsentiere, auch bis zum bitteren Ende leben muss. Ich kann nicht einfach heute aus dem aussteigen, was ich gestern noch meinen Freunden als die »Wahrheit« über mich selbst verkauft habe.

Man kann die Wahrheit nicht erzählen.
Die Wahrheit ist keine Geschichte.
Alle Geschichten sind erfunden,
Spiele der Einbildung.
Max Frisch

Die meisten Menschen wissen, wie es sich anfühlt, wenn die eigene »Wahrheit« einem jeden weiteren Schritt unmöglich macht. Eine sehr weit verbreitete Einschätzung der eigenen Persönlichkeit lautet: *Mir fällt es schwer, Dinge, die ich einmal angefangen habe, zu Ende zu bringen.* Viele meinen, dies als besonders spezifisch für den eigenen Charakter erkannt zu haben, und sind nun ein Leben lang damit beschäftigt, sich von diesem Fluch zu befreien. Vielleicht wurde es uns auch von Eltern und Lehrern gesagt, und wir haben ihnen geglaubt, doch ganz gleich, ob wir selbst zu dieser Einschätzung gekommen sind oder ob wir sie übernommen haben: dass diese Geschichte unfrei macht, liegt auf der Hand.

Wer diese Geschichte über sich für wahr hält, kann nicht eine gerade begonnene Ausbildung abbrechen oder einen Job kündigen, der ihm nicht liegt, einen Tanzworkshop, der keinen Spaß mehr macht, sausen lassen oder ein Englischlehrbuch früher als geplant beiseitelegen, ohne von Gewissensqualen gefoltert zu werden.

> Fehler, die wir an uns bekämpfen, bestimmen unser Leben.

Die meisten Beschreibungen unseres Charakters sind der Erwartungshaltung unserer Umwelt geschuldet. Wir wollen uns rechtfertigen, warum wir nicht das tun, was von uns verlangt wird, zum Beispiel mehr zu arbeiten und unsere Sexualpartner zu lieben. Wir meinen sogar, dass die Erwartungen der Umwelt berechtigt sind, deswegen sagen wir auch nicht: »Dazu habe ich keine Lust«, oder schlicht und einfach: »Das liegt mir nicht«, sondern wühlen in unserer Vergangenheit nach Gründen, die uns moralisch entlasten: Vielleicht bin ich ja nur so träge, weil ich nicht an mich glaube. Und dass ich nicht an mich glaube, ist die Schuld meiner Eltern, denn sie haben mich als Kind nicht genug gelobt.

Eine andere, sehr weit verbreitete Rechtfertigungsgeschichte lautet: *Ich liebe meinen Partner nicht, weil ich selbst nie geliebt worden bin und daher erst lernen muss, mich selbst zu lieben.*

Dass man sich damit den Blick auf den wahren Charakter seines Partners verstellt, wird in Kauf genommen.

Es ist anstrengend, ständig das Beste aus sich und seinem Leben machen zu müssen.

Aber wer so empfindet, mit dem stimmt etwas nicht:

Andere betrachten ihr Leben als Herausforderung und gehen mit Freude an die Arbeit, nur wir nicht. Nur wir stopfen das Essen so lieblos in uns hinein, sitzen am liebsten auf dem Sofa, haben keine Lust, ein Musikinstrument zu erlernen, interessieren uns weder für Kunst und Literatur noch für irgendetwas anderes und können die meisten Menschen nicht ausstehen. Nur wir bleiben mit einem Partner zusammen, den wir nicht lieben. Wir werden misstrauisch gegenüber unseren Wünschen und Bedürfnissen, machen sie zu Schwächen und Fehlern. Das nennt man Selbsterkenntnis, und Selbsterkenntnis ist ja angeblich der erste Schritt zur Besserung.

Doch die entdeckten Charakterfehler entwickeln ein Eigenleben, und wie im Märchen werden sie zum Bann, in den man sich immer tiefer verstrickt, je stärker man versucht, ihm zu entkommen.

Manche dichten sich lieber einen Charakterfehler an, statt zu sagen: »Dazu habe ich keine Lust«, oder: »Den Idioten kann ich nicht ausstehen«.

Dass eine Biografie in dem Moment entsteht, in dem man sie erzählt, beschreibt der Philosoph und Pädagoge Professor Jürgen Henningsen in seinem Aufsatz *Jeder Mensch erfindet sich eine Geschichte – Max Frisch und die Autobiografie.*

Was an einer Lebensgeschichte stimme, seien lediglich die Rahmendaten, alles andere sei Interpretation. Meistens weiß der Interpret nichts davon, dass er der Erfinder seiner Geschichte ist, kommt sie ihm doch so logisch und überzeugend vor, dass er sie für sein Leben hält.

Als Beispiel für seine These zitiert Jürgen Henningsen Passagen aus der Autobiografie *The Education of Henry Adams,* in denen der amerikanische Historiker Henry Adams (1838–1918) ein bestimmtes Ereignis in seiner Kindheit zum Schlüsselerlebnis erklärt, welches seiner Meinung nach seine Persönlichkeit und seinen Werdegang geprägt hat:

Henry Adams, dessen Urgroßvater John Adams und Großvater John Quincy Adams Präsidenten der Vereinigten Staaten gewesen waren, schildert in seiner Autobiografie, wie er im Alter von vier Jahren an Scharlach erkrankte. Im Winter 1842 wird der kranke Henry in Leinentücher gewickelt von einem Haus in ein anderes getragen. Der erwachsene Henry schreibt sechzig Jahre später, dass er den heftigen Schmerz unter den Tüchern, den er durch den Luftmangel verspürte, und den Lärm des Möbelrückens nie vergessen konnte. Es sei diese Krankheit gewesen, welche ihn untüchtig für den Erfolg gemacht habe. Zunächst sei die Beeinträchtigung nur eine körperliche gewesen, so blieb er im Wachstum um sechs bis acht Zentimeter hinter seinen Brüdern zurück. Aber auch sein Charakter und seine geistigen Fortschritte schienen an dieser Schwächlichkeit teilgehabt zu haben. Henry Adams vermutet: Seine zarten Nerven, seine Gewohnheit zu zweifeln und seine Scheu vor der Verantwortung sind auf seine Kinderkrankheit zurückzuführen.

Jürgen Henningsen betont noch einmal, dass nicht die Krankheit als solche, als factum brutum, sondern die Art und Weise ihrer sprachlich-geistigen Verarbeitung für besagte »Veränderung« des Charakters ursächlich ist. Henry Adams versucht, sich und seinen Lesern zu erklä-

ren, warum er der geworden ist, der er ist. Doch worum geht es ihm in seiner Autobiografie wirklich?
Tatsächlich ist die Lebensgeschichte, so wie sie uns Henry Adams erzählt, eine Rechtfertigung dafür, nicht Präsident der Vereinigten Staaten geworden zu sein. Irgendwie wurde das in seiner Umgebung von ihm erwartet – sonst müsste er nicht seinen sehr erfolgreichen Werdegang als Historiker und Schriftsteller mit seinen schwachen Nerven und seiner schwächlichen Konstitution rechtfertigen. Entstammte er einer armen Bergarbeiterfamilie, in der kaum einer seiner Vorfahren lesen und schreiben gelernt hatte, hätte er uns seine Lebensgeschichte ganz anders erzählt! Trotz Scharlach.

EINE WOCHE NICHT MEHR RECHTFERTIGEN

Wir haben Angst, abgelehnt zu werden, wenn wir bestimmten Kriterien nicht entsprechen. Durch Geschichten, mit denen wir uns rechtfertigen, signalisieren wir wenigstens unsere Bereitschaft, nach dem Motto: Ich würde so gerne tun, was du von mir verlangst, aber dieses oder jenes hindert mich daran. Ich habe das als Kind nie gelernt; ein Trauma hat zu meinem Fehlverhalten geführt; ich bin überarbeitet, es tut mir so leid; ich habe das vorher nicht gewusst, jetzt habe ich eingesehen, dass ich mich ändern und an mir arbeiten muss, vielleicht eine Therapie oder ein Selbsterfahrungskurs …?

Ängste kann man abbauen, indem man ihnen begegnet: Sagen Sie also nächstes Mal in Situationen, in denen man von Ihnen etwas verlangt, einfach nur: »Dazu habe ich keine Lust«, oder »Mach doch selber« oder »Gute Idee, aber für mich zu anstrengend.« Beobachten Sie, wie sehr diese Weigerung, sich zu rechtfertigen, Ihr Gegenüber ärgert. Wachsen Sie daran.

Typische Erwartungen, die von unserer Umgebung an uns gestellt werden und denen Sie sich in Zukunft verweigern könnten:

Warum verdienst du nicht mehr Geld?
Sei doch mal romantischer!
Du hattest dir doch vorgenommen, abzunehmen und mehr Sport zu machen.
Ist dir eigentlich mal aufgefallen, dass du Kinder hast?
Statt immer nur vor dem Computer zu hängen, könntest du auch mal ein Buch lesen.
Glaubst du, alles dreht sich immer nur um dich?
Weißt du eigentlich, dass sich Müll nicht von selber runterträgt und Einkäufe nicht durchs Fenster in den Kühlschrank fliegen?
Hörst du mir eigentlich zu?
Warum lässt du dir das alles gefallen?
Du musst nicht jeden verachten, nur weil er dich langweilt, auch gewöhnliche Leute können nett sein.
Meine Eltern sind auch Menschen.

Man erlebt sich meistens nur dann als Erfinder seiner Rechtfertigungsgeschichte, wenn es einem partout nicht gelingt, sich etwas Überzeugendes auszudenken: Ich beneide Henry Adams, ich hatte nämlich als Kind keinen Scharlach, dabei hätte ich den gut gebrauchen können. Ich war als Schulkind sehr unsportlich und wurde damit von meinen Mitschülern, aber auch von meinen Eltern aufgezogen. Ich litt darunter, zumal ich es nicht ändern konnte. Die Coolness zu sagen, dass mir der blöde Sport keinen Spaß machte, hatte ich als Vierzehnjährige nicht. Deswegen wünschte ich mir sehnlich, dass unser Hausarzt beim nächsten Besuch eine Krankheit bei mir entdecken würde, welche meine sportlichen Leistungen in einem ganz anderen Licht erscheinen ließe. Ich malte mir aus, wie ich mit meinen Eltern im Sprechzimmer sitze und der Arzt meinen Eltern mitteilt, dass ich an der seltenen Krankheit XY leide und er sich frage, wie ich mich in dieser Verfassung überhaupt auf den Beinen halten könne. In diesem Augenblick würde meine mangelnde sportliche Performance zu einer körperlichen Höchstleistung aufsteigen. Die Krankheit würde mich ein für alle Mal vom Sportunterricht befreien, ich dürfte auf der Bank sitzen und lesen, Mitschüler würden sich bei mir entschuldigen, dass sie mich immer als Letzte in die Hockeymannschaft gewählt haben, und meine Eltern müssten mich zu Hause bedienen.

Glücklicherweise brach keine Krankheit bei mir aus, die meine Unsportlichkeit hätte entschuldigen können, denn aus seiner eigenen Geschichte wieder auszusteigen, ist sehr schwierig. Am Anfang genießt man die Vorteile, doch irgendwann kommen auch die Nachteile. Entweder bleibt man länger krank, als einem lieb ist, oder man simuliert und muss fürchten, dass die Sache irgendwann auffliegt.

Ein anderes Ich, das ist kostspieliger als der Verlust einer vollen Brieftasche, versteht sich. Er müsste die ganze Geschichte seines Lebens aufgeben, alle Vorkommnisse noch einmal erleben, und zwar anders, sodass sie nicht mehr zu seinem Ich passen.
Max Frisch, »Mein Name sei Gantenbein«

Dabei wäre es doch vielleicht möglich, dass nicht nur die Rechtfertigung in Form der Krankheit in sich zusammenfällt, sondern die angebliche Unsportlichkeit gleich mit.

Auf jeden Fall lassen sich die eigenen Schwächen auch durch die beste Geschichte nicht in den Griff bekommen. Man glaubt zwar, durch die Erklärungen wieder Kontrolle über sein Leben erlangt zu haben, muss aber bald feststellen, dass dies ein Irrtum ist: Wie gut man seine Charakterschwächen auch analysiert und begründet, ändern lassen sie sich dadurch noch lange nicht! Sie scheinen durch die Erforschung sogar noch ins Unermessliche zu wachsen.

Max Frisch, der sich in seinem Werk mit dem Thema Selbstüberwindung beschäftigt hat, ist mit einer Figur berühmt geworden, der es nicht mehr gelingt, sich mit ihrer Lebensgeschichte zu identifizieren: Der Bildhauer Anatol Ludwig Stiller will das Leben, das er und seine Frau Julika führen, nicht mehr weiterleben und flieht aus seiner Schweizer Heimat in die USA. Nach zwei Jahren kommt er zurück und sagt, als er bei seiner Einreise in die Schweiz verhaftet wird: »Ich bin nicht Stiller.«
Doch Stiller wird von seiner Umgebung dazu überredet, zu seinem alten Leben zurückzukehren, und natürlich ist bald alles zwischen ihm und seiner Frau so unglücklich und verfahren wie zuvor. Julika konnte ihren egozentrischen Mann nie verstehen und kann es auch jetzt nicht. Stiller glaubt, Julika nicht lieben zu können, und fühlt sich ihr gegenüber dadurch permanent im Unrecht. Beide bemühen sich, den anderen zu verstehen, doch ihr Bemühen ist zum Scheitern verurteilt. Am Schluss kommt es genau zu der Katastrophe, die Stiller eigentlich durch seine Weigerung, Stiller zu sein, vermeiden wollte: Als seine Frau Julika an Tuberkulose erkrankt und operiert werden muss, schafft Stiller es nicht, sie im Krankenhaus zu besuchen, und sie stirbt ganz allein.

*Freiheit ist vor allen Dingen die Freiheit
vor der eigenen Geschichte.*

Die Figur des Bildhauers Stiller verkörpert die tiefe Angst, keine Macht über sich selbst und das eigene Schicksal zu haben. Manchmal ahnt man, dass man mit dem Versuch, sich selbst zu verbessern, seine Lebenszeit verschwendet. Hellsichtige Momente, die sehr schmerzhaft sind, denn gleichzeitig ist man davon überzeugt, dass das Leben nur lebenswert ist, wenn man diesen einen Makel oder diese eine Schwäche besiegen könnte. Aber ist es das wirklich?
Es ist eine viel bemühte literarische These, dass jeder Versuch, sich zu überwinden, etwas Tragisches hat. Und es ist ganz klar, wie diese Bücher und Filme enden: Der Protagonist entdeckt am Ende seines Lebens, dass es nicht sein Makel war, der ihn unglücklich gemacht hat, sondern einzig und allein sein lebenslanger Versuch, ihn zu bezwingen.

Es ist an der Zeit, für ganz schwere Fälle von Selbstverbesserungswahn ein Programm anzubieten, welches den Betroffenen hilft, aus ihrem absurden Bemühen auszusteigen. Ich habe einmal versuchsweise den Begrüßungstext für die Homepage dieser Aussteigerorganisation geschrieben. Dafür habe ich lediglich den Text auf der Startseite von Exit – einem Aussteigerprogramm für Rechtsradikale – ein klein wenig verändert. Das Ergebnis ist nicht besonders elegant, aber es ist ja nur ein Entwurf:

> *»Schluss mit dem Vita-Terror« ist eine Initiative, die Menschen hilft, die mit ihrer alten Lebensgeschichte brechen und sich ein neues Leben aufbauen wollen.*
> *Zugleich setzen wir uns mit der Vorstellungswelt und dem Verhalten von »Vita-Terroristen« auseinander.*
> *Dabei stützen wir uns auf die Werte von persönlicher Freiheit und Würde.*
>
> *ICH BIN REIN in meine Erfolgs-Terror-Geschichte, weil: ich überzeugt von dem auf Erfolg ausgerichteten Denken und Handeln war.*
> *ICH BIN RAUS, weil: meine individuelle Freiheit von dem Vita-Terror in Ketten gelegt wurde und vermeintliche Wahrheiten ins Wanken gerieten.*

Wem dieser Vergleich geschmacklos erscheint, der hat die Brisanz noch nicht begriffen, die hinter manchen Lebensgeschichten steckt. Stiller geht zugrunde, weil er davon überzeugt ist, dass er seine Frau nicht genug liebt. Ein Leben lang quält er sich mit Selbstvorwürfen, glaubt gar, an ihrem einsamen Tod schuld zu sein, und seine Umgebung glaubt es auch. (Er hat es ihr ja so erzählt.)
Die Fragen, die Stiller sich stellen sollte, sind aber nicht, ob er ein Mensch ist, der nicht lieben kann, und woran das liegen könnte. Viel interessanter ist doch die Frage, ob es denn unbedingt nötig ist, seine Frau oder irgendeinen anderen Menschen zu lieben. Wer sagt, dass man einen anderen lieben muss? Kann man nicht auch zusammen leben und miteinander auskommen, ohne sich zu lieben? Was ist Liebe überhaupt?

Aber für manche ist der Abschied von ihrer Geschichte so schwer wie für einen Rechtsradikalen der Abschied von seiner Ideologie. Ohne den Glauben an ihren einzigartigen Makel und die Hoffnung auf dessen Heilung würden sie sich leer fühlen wie der Fanatiker, der gerade Abschied von seinem alten Umfeld genommen hat und nun auf dem Sofa sitzt und nicht weiß, was er machen soll.
Deswegen hält man selbst an einer Lebensgeschichte fest, die einen unglücklich macht und quält. Besser eine unerfreuliche Lebensgeschichte als gar keine.

Doch nur, weil die meisten Menschen versuchen, das Beste aus ihrem Leben zu machen, bedeutet das nicht, dass man das auch tun muss. Vielleicht sollte man lieber die Besessenheit der anderen nutzen, anstatt sich selbst kirre zu machen: Man könnte einen Roman oder ein Drehbuch schreiben, in denen Menschen die Hauptrolle spielen, denen gelingt, was niemand mehr in ihrer Umgebung für möglich gehalten hätte. Das Lebensglück in letzter Minute ist ein Thema, mit dem man die Bestsellercharts erobern könnte!
Man schreibt über Männer und Frauen, die erst im Alter angefangen haben zu malen und zu schreiben und noch kurz vor ihrem Tode berühmt geworden sind. Auf keinen Fall braucht man sich vor konservativen Geschlechterrollen zu fürchten, denn damit trifft man sein Publikum ins Herz. In diesen Büchern gibt es Karrieren für über Fünfzigjährige, die nach vielen Auf und Abs unerwartet ins obere Management eines Unternehmens aufsteigen. Frauen mit sechzig begegnen ihrem Traummann und finden das ersehnte Liebesglück. Die Phantasie sollte in diesen Punkten keine Grenzen kennen. Je mehr man die unbarmher-

zige Wirklichkeit ignoriert, desto besser werden sich diese Drehbücher und Romane verkaufen.

MACHEN SIE AUS IHREM LEBEN LIEBER EINE SITCOM ALS EINE SEIFENOPER!

> »Fürchte nicht die Veränderung,
> sondern den Stillstand.«
> Gemeinsames Motto von Lisa Plenske und
> David Seidel aus »Verliebt in Berlin«

Eine Frage, die sich jeder stellen sollte, bevor er mit seiner Selbstverbesserung beginnt: Wird man eigentlich beliebter, wenn man an sich arbeitet und jeden Tag ein Stückchen weiterkommt? Wird das Leben lustiger, haben wir mehr Spaß mit Freunden, Geliebten, Eltern und Kindern? Erlangen wir durch eine optimistische Lebenshaltung mehr Zuneigung und Liebe – was immer wir darunter verstehen – und werden wir durch das Verfolgen eines lohnenswerten Ziels glücklicher? Kommen wir uns selbst mit der Arbeit an uns selbst näher? Das heißt, mit anderen Worten: Werden wir dadurch authentischer?

Diese essenziellen Fragen kann man für sich beantworten, wenn man viel und intensiv fernsieht oder ins Kino geht. In Fernsehserien wie *Verliebt in Berlin* und *Anna und die Liebe* kämpfen die Protagonisten um Liebe und Anerkennung – so wie wir. Die Hauptfiguren einer Serie wollen beruflich und persönlich weiterkommen – wie zum Beispiel Lisa Plenske, gespielt von Alexandra Nedel, in *Verliebt in Berlin*. Die unscheinbare Lisa Plenske beginnt in der Berliner Modefirma *Kerima Moda* als Aushilfskraft in der Cateringabteilung und arbeitet sich in kürzester Zeit zur Geschäftsführerin hoch. Sie mausert sich vom hässlichen Entlein zur eleganten, selbstbewussten Frau, und am Ende der ersten Staffel heiratet sie sogar noch den gut aussehenden Chef David Seidel, der sie anfangs kaum wahrgenommen hat.

Die Geschichte von Anna geht ähnlich. Die junge Berlinerin wünscht sich nichts sehnlicher, als Werbetexterin zu werden, nur ihre extreme Schüchternheit steht scheinbar einer erfolgreichen Berufslaufbahn im Wege. Auch sie heiratet natürlich den Juniorchef der Werbeagentur und geht mit ihm nach Amerika.

»Jeder, der sich richtig anstrengt,
kriegt im Leben seine Chance.«
Lisa Plenske, »Verliebt in Berlin«

Soapfiguren müssen ein Ziel haben, welches sie antreibt, sonst gibt es keine Geschichte, lernt man im Drehbuchseminar: Am Ende einer Staffel dürfen die Protagonisten nicht dieselbe Person sein wie am Anfang. Die Figuren müssen Krisen und Rückschläge erleben, Erkenntnisse haben und sich dadurch weiterentwickeln, sodass sich die Zuschauer mit ihnen identifizieren können. Das will doch schließlich jeder: sich weiterentwickeln. Ein besserer Mensch oder wenigstens ein besserer Liebhaber werden. Was Lisa Plenske kann, kann ich vielleicht auch. Oder nicht?

Andere Schicksale mit unserem zu
vergleichen, ist die wichtigste kulturelle
Beschäftigung des 21. Jahrhunderts.

Die Schreiber solcher Seifenopern oder Soaps treffen sich in regelmäßigen Abständen auf Mallorca oder in Mecklenburg-Vorpommern, schließen sich für mehrere Wochen in

einer Hütte ein und legen die Zukunft der wichtigsten Protagonisten fest. Lisa soll am Ende der nächsten Staffel ihre erste Kollektion präsentiert haben, Anna ist nach sechs Folgen viel selbstsicherer geworden, Diana Sommer, die Eiskunstläuferin aus *Alles, was zählt* hat ihren ersten erfolgreichen Auftritt.
Wieder zurück in Berlin, München oder Hamburg, wird dann Folge für Folge umgesetzt, was an diesen sogenannten *Future-Treffen* in Mallorca oder Mecklenburg-Vorpommern an Entwicklung beschlossen wurde.

Aber es gibt Gegenentwürfe zu Lisa, Anna und Diana. Charaktere, die nicht ständig an sich herumdoktern und an ihrem Fortkommen arbeiten. Sie gehören daher auch zu den künstlerisch wertvolleren Statements in unserer Fernsehlandschaft.
Diese Figuren treten auf der Stelle, und sie haben uns dabei etwas sehr Wichtiges mitzuteilen: Man kann das Leben meistern, auch ohne besser zu werden.

Eine der ersten Figuren, die sich der Weiterentwicklung verweigerten, heißt Alf. Alf, der Name steht für **A**ußerirdische **L**ebens**f**orm, krachte im Jahr 1986 mit seinem Raumschiff in die Garage der amerikanischen Durchschnittsfamilie Tanner und wurde sofort zur Kultfigur. Ein behaarter Kartoffelsack mit dicken Beinen und Schweineschnauze, laut, gierig und vulgär. Alf muss vor den Behörden und den Nachbarn versteckt gehalten werden, das Zusammenleben mit ihm ist nicht einfach. Durch Alf schlittern die Tanners von einer Katastrophe in die andere. Er trachtet der Katze nach dem Leben, da Katzen angeblich dort, wo er herkommt, als Delikatesse gelten. Er zerstört Inventar, führt teure Ferngespräche, bestellt Berge von überflüssigen Waren und frisst den Kühlschrank leer. Trotzdem wird er von den Tanners geliebt und beschützt.

Sich nicht zu verbessern – das ist provokant, anarchisch, innovativ.

Dem hässlichen und taktlosen Wesen aus dem All ist der menschliche Tick, sich selbst ständig in Frage zu stellen, völlig fremd. Alf ist nicht darauf aus, seine Anlagen und Talente möglichst effektiv zu nutzen, er macht einfach das, was ihm in den Kopf kommt. Seine Lieblingsbeschäftigungen sind Essen, Fernsehen und Faulenzen.
Sein häufigster Satz ist »Null Problemo«, und das meint vor allen Dingen, dass Alf sich selbst kein Problem ist.

Alf: »Mir fällt auf, dass du eine Menge Zeit mit Reparaturen verbringst.«
Willie Tanner: »Weil du eine Menge Zeit damit verbringst, alles kaputt zu machen.«
Alf: »Wie schön, dass sich unsere Hobbys so gut ergänzen.«

Weil Alf stets so bleibt, wie er ist, ist er übrigens nicht der Hauptcharakter einer Soap, sondern einer Sitcom. Eine Sitcom unterscheidet sich von einer Soap dadurch, dass sich die Charaktere *nicht* weiterentwickeln. Die Figuren sind am Ende jeder Episode so klug oder dumm wie zuvor. Es ist für eine Sitcom unabdingbar, dass die Charaktere so bleiben, wie sie sind. Aus den wiedererkennbaren Eigenschaften der Protagonisten entwickelt sich nämlich die Situationskomik. Ihre uns bekannten Schwächen lassen uns schon ahnen, mit welchen Situationen sie umgehen können und mit welchen nicht. Wir freuen uns also schon im Voraus, wenn wir absehen können, dass etwas geschieht, was den Sitcomhelden wieder in Gewissenskonflikte und Loyalitätsprobleme stürzen wird.

Das Versagen des Sitcomhelden ist vorprogrammiert, aber was auch passiert, er behält seine Würde. Denn er steht zu sich, auch wenn sogar er selbst sich unerträglich findet. Das soll ihm mal einer nachmachen.

Figuren aus Seifenopern führen immer etwas im Schilde, haben etwas vor, verfolgen ein Ziel, wollen jemanden ausbooten oder für sich gewinnen. Sie müssen jedes Ereignis gleich einordnen und bewerten und daraus ihre Schlüsse ziehen.

Sitcomcharaktere dagegen wie etwa Homer Simpson oder Jessica Day, die etwas tollpatschige Grundschullehrerin aus der Serie *New Girl,* wollen einfach nur den Tag überstehen. Sie versuchen, wie jeder andere normale Mensch auch, Schwierigkeiten und Problemen möglichst aus dem Weg zu gehen und die Konfrontation mit ihren Mitmenschen zu vermeiden. Homer Simpson würde am liebsten den lieben langen Tag fernsehen und Donuts essen. Jess kämpft jeden Tag aufs Neue mit ihrem Liebeskummer.

Sitcomcharaktere meinen es im Grunde nicht schlecht, sie bemühen sich durchaus, aber gegen manche Sachen ist man eben machtlos. Wenn etwas Schlimmes passiert, so haben sie es auf gar keinen Fall gewollt. In einer Sitcom ist man mit den Widrigkeiten des Alltags beschäftigt, versucht, die Launen seiner Mitmenschen zu verstehen, und schlägt sich mit Selbstzweifeln und nicht funktionierenden Geräten herum. Dabei den Schaden in Grenzen zu halten, das ist das Ziel – für Selbstoptimierung bleibt da keine Zeit.

Im Großen und Ganzen ein realistisches Lebensziel – nicht ganz so abstrakt wie »Karriere machen«, »den Traummann finden«, »Fotomodell oder Popstar werden« – das finden auch die Zuschauer: Im Rahmen von Marketingforschung deutscher Fernsehsender wurden Zuschauer befragt, welche Figuren sie am liebsten mögen und besonders authentisch finden. Eindeutiges Ergebnis dieser Befragungen: Sitcomcharaktere werden als sympathischer und glaubwürdiger als Seriencharaktere empfunden, auch dann, wenn sie eindeutig negative Eigenschaften haben. Die Geschichten vieler Soaps, in denen die Akteure zur persönlichen Weiterentwicklung verdammt werden, wurden indessen mit den Worten »an den Haaren herbeigezogen«, »künstlich«, »übertrieben« und »unglaubwürdig« beschrieben.

Wenn Protagonisten ihr altes Leben hinter sich lassen, ihre größten Schwächen besiegt haben und am Schluss als die Verkörperung ihres besseren Selbst dastehen, hat das immer etwas Märchenhaftes. Von der Praktikantin zur Leiterin einer Modefirma, vom armen Schlucker zum Super-Tanzstar, vom hässlichen Entlein zur verführerischen Frau – und natürlich wird zum Schluss der Traumpartner geheiratet. Wohin es gehen soll, ist immer schon vorgegeben. Die Geschichte von der Schönen und dem Biest, die Wandlung zum Guten, und am Schluss die Erlösung durch Liebe (= Heirat) ist ein archetypisches Muster. Die Spannung dieser Geschichten entsteht durch die eigenen Schwächen, über welche die Protagonisten immer wieder stolpern, doch am Schluss kriegen sie die Kurve und legen doch noch den perfekten Lebensweg hin.

Der Regisseur von *Young Adult*, Jason Reitman, findet das genauso unrealistisch wie die Fernsehzuschauer. In seinem Film erzählt er die Geschichte einer frisch geschiedenen und relativ erfolglosen Kinderbuchautorin namens Mavis Gary. Mit Mavis passiert in diesem Film eigentlich überhaupt nichts. Auch nach dem finalen Desaster hat sie keine Einsicht, sie hat sich nicht verändert und ruft auch nicht beim Therapeuten an. Der Film, der in Deutschland erstmals auf den 62. Internationalen Filmfestspielen in Berlin gezeigt wurde, erhielt überwiegend positive Kritiken. Roger Ebert von der Chicago Sun-Time lobte die mutige und ehrliche Charakterstudie. In einem Interview gesteht Jason Reitmann: »Ich glaube nicht daran, dass Leute sich im Wesentlichen verändern. Die Einzigen, die das tun, sind Ex-Junkies und Ex-Alkoholiker, die ein Twelve-steps-Entzugsprogramm machen. Alle anderen bleiben Kinder.«

Sitcomcharaktere werden gemocht wegen ihrer Fehler und Schwächen. Man leidet mit, wenn sie in peinliche Situationen geraten. Man ist auf ihrer Seite, wenn eine ihrer Notlügen auffliegt oder die Begegnung mit dem Exfreund oder der Exfreundin ganz anders verläuft, als sie sich das vorgestellt haben. Denn all das, was die Sitcomhelden erleben, kennen wir von uns selbst. Während wir zusehen, wie der Sitcomheld sich vor Scham und Kummer windet, möchten wir ihm zurufen: »Das ist nicht so schlimm! Wir mögen dich so, wie du bist.«
Serienfiguren hingegen brauchen unser Mitleid nicht. Auch wenn sie hart arbeiten müssen, um ihre Ziele zu erreichen, ihnen gelingt am Ende sowieso alles. Sie sind Vorbilder, man kann sie bewundern und ihnen nacheifern. Falls die Vorbilder scheitern sollten, lässt sich eine gewisse

Schadenfreude kaum unterdrücken: Sie selbst waren es, die von sich verlangten, etwas Besseres zu sein. Nun müssen sie mit den Konsequenzen fertigwerden.

Sitcom- und Serienfiguren sind keine echten Menschen. Aber ihre Geschichten werden erzählt, damit der Zuschauer sich mit ihnen identifiziert. Und es scheint so zu sein, dass Geschichten, in denen die Protagonisten sich nicht weiterentwickeln, dafür etwas besser geeignet sind, weil man sie sympathischer findet. Das sollte uns zu denken geben.

FOLGENDE FRAGEN KÖNNEN SIE FÜR SICH BEANTWORTEN. WENN SIE WOLLEN.

Ertappen Sie sich beim Lesen von Biografien und Lebensläufen dabei, dass Sie überlegen, ob Sie Vergleichbares noch schaffen könnten?   *Ja*

Denken Sie, dass in Ihrem Leben noch irgendetwas Großes passieren muss?   *Ja*

Planen Sie oft, in Ihrem Leben neue Gewohnheiten einzuführen, entwickeln neue Geschäftsideen und erzählen Ihren Freunden davon, damit Sie in Zugzwang kommen?   *Ja*

Glauben Sie, dass Ihre Freunde Sie mehr schätzen würden, wenn Sie erfolgreicher wären?   *Ja*

Glauben Sie, dass man sich künstlerisch verwirklichen muss, um zufrieden sein zu können?   *Ja*

Stellen Sie sich vor, Sie könnten bis zum Ende Ihres Lebens nichts Entscheidendes mehr an sich verändern: Aussehen, Figur, Qualifikation. Würden Sie sich dann als gescheitert empfinden?   *Ja*

Haben Sie das Gefühl, entscheidende Jahre Ihres Lebens nicht optimal genutzt, ja sogar verschwendet zu haben?   *Ja*

Glauben Sie, dass man sich mit seiner Kindheit auseinandergesetzt haben muss, um sich jetzt als Erwachsener besser zu verstehen?   *Ja*

Versauen Sie sich jeden Urlaub, indem Sie sich vornehmen, in dieser Zeit Diät zu halten und Sport zu treiben – nur, um im Urlaub zu beschließen, damit anzufangen, wenn Sie wieder zu Hause sind?   *Ja*

*Gibt es ein oder mehrere Ereignisse, von denen Sie meinen, Sie hätten sie besser nutzen müssen?
Glauben Sie, dass dann Ihr Leben ganz anders verlaufen wäre?*   *Ja*

Wünschen Sie sich, Sie könnten noch einmal ganz von vorn anfangen?   *Ja*

Haben Sie mit Anfang oder Mitte zwanzig gedacht, dass Sie schon für vieles zu alt sind – und wundern Sie sich heute, jetzt, wo Sie viel älter sind, darüber?   *Ja*

Wollen Sie an sich arbeiten, bis Ihr Leben vorbei ist?   *Ja*

2
WAS WÄRE, WENN ...
EIN GEFÄHRLICHES SPIEL!

Nicht immer scheitert die Selbstverbesserung daran, dass man zu träge ist, diese in Angriff zu nehmen. Oft weiß man gar nicht, wo man anfangen soll. Die entscheidende Frage lautet: Was will ich wirklich? Das heißt: Wofür lohnt es sich zu kämpfen und alles zu geben, was in meinen Kräften steht?
Es ist keine leichte Aufgabe, an seine wahren Träume und Wünsche zu gelangen, dafür muss man zuweilen seinen Verstand austricksen. Denn der Verstand ist es, der jede aufkeimende Begeisterung mit seinen Bedenken, Einwänden und Befürchtungen erstickt. Um sich seine unterdrückten Lebensträume bewusst zu machen, helfen Gedankenspiele. Ein sehr bekanntes Gedankenspiel geht so:

Stellen Sie sich vor, es gebe keinerlei Hindernisse und Sie könnten jedes Ziel der Welt erreichen: Eiskunstläuferin, Architekt, Weltenbummler, Schauspieler, Professorin für experimentelle Physik, Schriftsteller oder Automechaniker.
Einwände wie »Dafür bin ich zu alt«, »Dafür habe ich kein Talent« oder auch »Dafür bin ich nicht diszipliniert genug« und »Dazu braucht man eine große Portion Glück« zählten in diesem Spiel nicht. Alles wäre irgendwie machbar, Sie müssten nur anfangen. Was würden Sie dann tun?

Der Beruf oder die Position, die Ihnen als Erstes in den Kopf kommt, ist Ihr wahrer Lebenstraum. Ignorieren Sie die auf dem Fuße folgenden Bedenken, konzentrieren Sie sich auf die Vorstellung von Ihrem anderen, Ihrem besseren Leben.

Was aber hat das für Konsequenzen, wenn Sie sich für einen winzigen Moment von Ihren Bedenken befreien und dadurch herausfinden, was und wer Sie wirklich gerne wären? Mit der aus Ihrem Unterbewusstsein ans Licht gezerrten wahren Bestimmung steht plötzlich eine große Aufgabe vor Ihrer Tür. Nun müssen Sie tun, wovon Sie bisher nur geträumt haben. Jetzt gibt es keine Ausrede mehr!

Vor Ihrer wahren Bestimmung können Sie nicht fliehen, auch wenn Sie dafür keine besondere Begabung haben, aber Familie haben und obendrein über fünfzig sind. Sie wissen doch: Weder die Umstände noch die Eltern oder die eigenen Kinder dürfen als Entschuldigung für Ihre Bequemlichkeit herhalten, denn das mögen die Umstände, die Eltern und die Kinder nicht. Wer sich selbst belügt, wird unverträglich. Der wird bemitleidet und verlacht und kann abends schlecht einschlafen.

Der Weg zu Ihrem Traumziel ist schwer; nicht umsonst haben Sie bis heute gezögert. Ihre Bedenken waren auch nicht alle aus der Luft gegriffen – aber ein Mensch, der Erfolg haben will, darf sich nicht von den erstbesten Hindernissen wie leeres Konto, unmündige und hilfsbedürftige Kinder und eine ans Unwahrscheinliche grenzende Aussicht auf Erfolg abschrecken lassen.

Wenn Sie nach diesem Gedankenspiel weitermachen wie bisher, müssen Sie der Tatsache ins Auge sehen, dass Sie unter Ihren Möglichkeiten bleiben. Die Bürde Ihrer wahren Bestimmung lässt sich so leicht nicht wieder abschütteln. Nicht das aus seinem Leben gemacht zu haben, was man hätte machen können – eine schlimmere Lebensbilanz ist für einen aufgeklärten Menschen und Bürger eines Sozialstaats kaum denkbar.

GEGENVORSCHLAG:

Machen Sie lieber ein weniger riskantes Gedankenspiel: Stellen Sie sich vor, Sie müssten nichts Besonderes tun, Sie müssten nichts von dem erreichen, was Sie einmal meinten erreichen zu wollen. Keine Sprache und kein Musikinstrument muss von Ihnen erlernt werden, keine sportliche oder intellektuelle Höchstleistung wird von Ihnen erwartet. Sie müssen sich nicht aufraffen, in den Arsch treten, sich selbst überwinden. Sie brauchen auch kein besserer, glücklicherer, schönerer, zufriedenerer und erfolgreicherer Mensch zu werden.
Wie viele Architekten, Schauspieler und Eiskunstläufer sitzen am Abend auf ihrem Sofa und fühlen sich ausgebrannt und leer. Selbst Rockstars und Spitzenpolitiker müssen in schwachen Stunden zugeben, dass sie sich das Leben auf der angeblichen Sonnenseite anders vorgestellt haben. Auch Geld, Ruhm und ein Traumkörper schützen leider nicht vor Einsamkeit und Depression. Die Soulsängerin Amy Winehouse und den Torwart Robert Enke zum Beispiel hat der Erfolg nicht glücklich gemacht.
Malen Sie sich also aus, Sie könnten tun und lassen, was Sie wollen. Keine eigenen hohen Ansprüche diktierten Ihnen einen Sechzehnstundentag und am Wochenende ein anstrengendes Freizeitprogramm.

Stattdessen könnten Sie Freunde treffen, Kaffee trinken, Zeitung lesen, baden gehen, Schokolade essen und stundenlang fernsehen. Denn wofür Sie keine Zeit mehr aufwenden, ist die Beschäftigung mit Ihrem unerfreulichen und unperfekten Selbst. Sie blättern lieber in Ihrem Lieblingscafé oder auf einer Parkbank in der Zeitung. Ihre Umwelt beachtet Sie gar nicht. Der blaue Himmel über Ihnen, der Baum neben Ihnen, Ihr Nachbar wie auch die Tiere zu Wasser, auf Erden und in der Luft interessieren sich nämlich nicht für Ihr Fortkommen.

Wie würde es sich anfühlen, wenn Sie mit einem Schlag jede Verbesserung Ihres Charakters, Ihrer Situation, Ihrer Ehe, Ihrer Kinder, Ihrer Freundschaften bleiben lassen könnten? Wäre das nicht ein Zustand, den man mit Fug und Recht als Freiheit bezeichnen könnte?

SEIT 2000 JAHREN VERSUCHEN WIR UNS ZU VERBESSERN – MIT MÄSSIGEM ERFOLG

Wie kam dieser aufreibende und leidbringende Drang zur Selbstgestaltung in die Welt? Diese nie endende Aufgabe, die jeden überfordert und der sich trotzdem kaum einer entziehen kann. Der Wunsch, das Beste aus sich machen zu wollen, scheint uns so selbstverständlich zu sein, dass wir glauben, es handele sich um ein jedem Menschen angeborenes Bedürfnis.

Vor ein paar Jahren saß ich mit meinem Vater im gepflegten Garten des Kibbuz Bet Alpha im Norden von Israel.

Ein künstlicher Wasserfall rauschte, und klassische Musik spielte aus Lautsprechern, die in den Dattelpalmen aufgehängt waren. Wir waren an diesem Vormittag allein im Garten, bis auf zwei Beduinen, die ihren Kamelen zusahen, wie sie Datteln vom Rasen fraßen.

Nach einer Stunde standen die beiden Beduinen auf, lasen noch ein paar Datteln auf, verstauten sie in kleine Lederbeutel, zerrten an den Leinen der riesigen Tiere und setzten an, den Kibbuz wieder zu verlassen. Ein Kibbuzmitglied kam aus dem Pförtnerhäuschen und sprach auf die beiden Männer ein, offensichtlich wollte er, dass sie bleiben. Ein vierter Mann in einem Overall mit einer Schubkarre kam dazu, eine laute Diskussion entzündete sich. Mein Vater ging zu der diskutierenden Gruppe hinüber, er wollte vermitteln, schließlich sprach er Arabisch.

Ich wusste nicht, worum es ging, bis mein Vater übersetzte: Der Gärtner des Kibbuz hatte die Beduinen am Morgen auf der gegenüberliegenden Straßenseite ihr Lager aufschlagen sehen. Sofort war er hinübergegangen und hatte sie eingeladen, die reifen Datteln, die überall im Garten herumlagen, aufzulesen, bevor sie vertrockneten. Kamele lieben Datteln über alles, und sie bilden ein gutes Futter für unterwegs, denn sie enthalten viel Zucker und Mineralien. Die Idee war: Die Beduinen säubern den Garten und bekommen dafür die Datteln umsonst. Die Beduinen waren gekommen, ihre Kamele hatten ein paar Datteln gefressen, sie hatten sich auch welche mitgenommen, aber im Garten lagen noch Tausende der Früchte am Boden. »Der Gärtner will, dass sie auch die anderen Datteln mitnehmen«, erklärte mein Vater. »Aber die beiden meinen, für heute hätten sie genug.«

»Und morgen und übermorgen wollt ihr keine Datteln

essen, oder was?«, rief der Gärtner. »Wenn wir morgen Datteln brauchen, kommen wir morgen wieder«, sagten die Beduinen, gaben den Kamelen einen Klaps und gingen.

Was für mich damals unverständlich war, ist eigentlich nicht schwer zu erklären. Für einen Beduinen herrschen andere Gesetze als für Menschen mit einem festen Wohnsitz. Wer durch die Wüste wandert, für den ist zu viel Besitz hinderlich. Der Beduine lebt von der Hand in den Mund, langfristige Planungen sind in der Wüste obsolet. Seine Möglichkeiten, mit seinem Besitz Erfolg und Status auszudrücken, beschränken sich auf das, was er tragen kann. Am besten ist, wenn der Besitz selber laufen kann, aber auch Schafe, Frauen, Ziegen, Kinder und Kamele müssen versorgt werden. In der Wüste geht es nicht um Selbstverwirklichung, sondern ums nackte Überleben.

Tatsächlich entstand die Idee, das Glück eines jeden einzelnen Menschen in den Mittelpunkt politischen Handelns zu stellen, 1200 Kilometer nordwestlich der israelischen Dattelwiese, nämlich in Griechenland. Glücklich und zufrieden ist ein Mensch, schrieb der griechische Philosoph Aristoteles vor 2300 Jahren in seiner Staatsformenlehre, wenn er alle seine künstlerischen, geistigen und körperlichen Talente entfalten kann. Das kann ein Mensch natürlich nur, wenn er nicht gezwungen ist, seine gesamte Lebenszeit dafür aufzuwenden, für Nahrung, Kleidung und einen Schlafplatz zu sorgen. Ein guter Staat muss laut Aristoteles daher die Voraussetzungen dafür schaffen, dass jeder Bürger so leben kann, wie es ihm entspricht. Praktisch heißt das, dass der Staat seine Bürger materiell absichert, dass er ihre Ausbildung finanziert und ihnen rechtlichen Beistand und Zugang zu medizinischer Versorgung gewährt.

Dabei verfolgt er in seiner Gesamtheit kein eigenes Ziel, für das er dann womöglich seine Bürger einspannt und benutzt. Am schönsten wäre es, schlägt Aristoteles vor, wenn die Bürger eines Staates überhaupt nicht mehr für ihren Lebensunterhalt arbeiten müssten, denn »Freiheit bedeutet, so zu leben, wie man will – Gleichheit, dass das Regieren und Regiertwerden reihum geht«.

Dass Aristoteles an das Funktionieren eines Staates glaubte, in dem jeder Bürger macht, was er will, und ab und zu mit Regieren dran ist, liegt daran, dass man damals nicht alle Menschen als Bürger ansah. Keine Bürger waren beispielsweise Sklaven, Frauen, Bauern, Ausländer und Kinder. Die hatten natürlich nichts zu melden oder zu regieren, sondern mussten arbeiten.

> *Für manche heute zu modern, für Aristoteles eine ganz selbstverständliche Idee: das bedingungslose Grundeinkommen.*

Die Thesen Aristoteles' haben also nicht nur für unsere Demokratie den Grundstein gelegt, sondern auch für die Idee, den Lebenssinn in unserer Selbstverwirklichung zu sehen. Aristoteles hat darüber hinaus klar erkannt, dass alles andere, was in einem Menschenleben noch so erledigt werden muss (wie Einkaufen, Schuhe putzen, Haare schneiden, Betten beziehen, kochen, Müll runtertragen), nicht unmittelbar dazu beiträgt, unsere Talente zu entfalten. Damit die Bürger sich ihrer ureigensten Bestimmung widmen können, fordert Aristoteles also eine Art Grundeinkommen und ausreichend Personal, welches ihnen die lästigen täglichen Pflichten abnimmt. Das ist das ideale Leben: Wir verwirklichen uns selbst, während Sklaven Nahrungsmittel anbauen und zubereiten, Kleidung nähen, die Tiere versorgen und die Hausarbeit machen. Und die Frauen betreuen die Kinder. Denn zum Glück haben Sklaven und Frauen keine besondere Bestimmung, die sie drängt. Während Haus und Garten ohne unser Zutun gedeihen und in Küche und Kinderzimmer fröhliche Geschäftigkeit herrscht, widmen wir uns der Philosophie, der Kunst oder der Mathematik. Wir tanzen, fechten, reiten und diskutieren. Und wenn wir davon müde sind, ruhen wir uns aus.

Das Ziel der Arbeit ist die Muße,
die Muße ist die Schwester der Freiheit.
Aristoteles

Zwei Jahrtausende später lebt dieses Ideal Aristoteles' in jedem aufgeklärten Europäer weiter. Sich selbst verwirklichen zu können, ist uns heilig. Geistige Tätigkeit gilt bei uns mehr als Hausarbeit, ein Workaholic ist angesehener als ein Hartz-IV-Empfänger. Aristoteles schrieb: »Da jeder Mensch nur lebt, um den in ihm ruhenden Plan zu vollenden ... ist eine Handlung dann ethisch einwandfrei, wenn sie als Ziel die Eudaimonia (das Gelingen der Lebensführung) hat. Am Ende des Lebens lässt sich Bilanz ziehen und feststellen, ob das Leben den Ansprüchen dieser Ethik genügt hat.«
Offensichtlich ist das eine Ethik, die uns heute noch leitet. Woher sonst kommt das Unbehagen, welches unsere Vergnügungen stets begleitet. Wir spüren, dass sich kein Talent in uns entfaltet, während wir uns mit einer Hand Chips in den Mund schieben und mit der anderen die

Fernbedienung drücken. Wir kämpfen mit einem schlechten Gewissen, wenn wir Kinder Videospiele spielen lassen, (weil das die einzige Methode ist, um sie ruhig zu stellen), und trösten uns mit der Hoffnung, das Spiel möge ihre Reaktionsgeschwindigkeit fördern. Sie sind es auch, die an unserer statt Spanisch, Ballett und Klavier lernen sollen, da wir es, aus welchen Gründen auch immer, nicht geschafft haben.

In der arabischen Kultur strebte man traditionell nicht das Glück des Individuums an. Nicht der Staat, sondern die eigenen Kinder waren und sind es teilweise noch heute, die einen im Falle von Krankheit und im Alter absichern. Daher verwirklichen sich Vater und Mutter nicht selbst, sondern buhlen um die Gunst ihres Nachwuchses. Denn, so beschreibt es der syrisch-deutsche Schriftsteller Rafik Schami in seiner Analyse *Das arabische Dilemma* (2001): »Wer die Gunst der Kinder erwarb, sicherte seine alten Tage in Würde. Die Frau siegte in dem Kampf um das Wohlwollen der Kinder öfter, solange man in der Wüste lebte. Nicht selten bekamen die Kinder den Namen ihrer Mutter, weil sie der sichere, überlebenswichtige Halt in der Wüste war. Das enge Band der Familie und Sippe war eine unentbehrliche Voraussetzung, um in der lebensfeindlichen Umgebung ... zu überleben.«
Überleben geht nur gemeinsam, deswegen sind für einen Araber sowohl die Gastfreundschaft als auch die bedingungslose Solidarität mit seiner Familie (arabisch *Assabija*) heilig. Persönliche Weiterentwicklung kommt erst an vierter oder fünfter Stelle.

Im Prinzip lässt sich gegen die westliche Selbstverwirklichung nichts einwenden. Doch wann wurde aus der Freiheit zur Selbstverwirklichung ein Zwang? Weshalb verwandelte sich das Vorbild eines antiken Philosophen in eine Karikatur, in einen Siegertypen, der sein Leben als ständige Herausforderung begreift, wie es der Sozialpsychologe Heiner Keupp beschreibt? Wie kommt es, dass wir unserem »innewohnenden Plan« derart misstrauen, dass wir glauben, wir sind genau dann auf dem richtigen Weg, wenn wir uns zwingen und disziplinieren? Warum foltern wir unsere Kinder mit Gitarrenunterricht, Nachhilfestunden und Kinderakrobatik, selbst wenn sie das gar nicht wollen?

Englisch für den Kinderalltag
Ein Intensivkurs, in dem Kinder eine Basis
für den Alltag auf Englisch erhalten.
Wir behandeln Themen wie Kennenlernen,
zusammen Spielen, Essen oder Anziehen.
Mit Muttersprachlern in kleiner Gruppe.
Anzeige für Baby- und Kleinkinder-
Englischkurse in Berlin-Prenzlauer Berg

Das Christentum ist schuld daran, dass das, was wir tun, nicht mehr gut genug ist. Kerngedanke des Christentums ist, dass Jesus Christus am Kreuz starb, um die Menschen von ihren Sünden zu erlösen und ihre Seelen unsterblich zu machen. Plötzlich gab es ein Jenseits, und die Art dieses Jenseits hoffte man durch sein Verhalten im Diesseits zu beeinflussen. Im Jenseits, so versuchte man sich in schweren Zeiten zu trösten, erhielte man auch den Lohn für jene guten Taten, für die die Anerkennung auf Erden ausblieb. Die Belohnung für alle Selbstbeschränkung und Anstrengung war kurzerhand auf die Zeit nach dem eigenen Ableben verschoben worden. Man konnte nicht mehr zu Lebzeiten verlangen, von der eigenen Leistung zu profitieren.

Oder gar eigenständig entscheiden, für heute sei man fleißig und brav genug gewesen und nun habe man sich ein bisschen Völlerei und Hurerei verdient. Denn plötzlich zog man nicht mehr selbst »am Ende seines Lebens« Bilanz, sondern sie wurde gezogen – und zwar von Gott! Und ob Gott mit dem, was man so geleistet hatte, zufrieden war, ließ sich naturgemäß schwer abschätzen. Vielleicht hatte er andere Maßstäbe als man selbst. Höhere gar, wusste man's? Besser, man leistete ein bisschen mehr, als man eigentlich für nötig hielt, nur, um auf Nummer sicher zu gehen.

> *Gut ist uns nicht gut genug.*
> Werbeslogan der Konkurs gegangenen
> Warenhauskette Hertie

Es kam jedoch noch schlimmer. Der Schweizer Reformator Johannes Calvin überlegte sich im 16. Jahrhundert, dass Gottes Heiligkeit absolut sei und absolut bedeute, dass er nicht nur über die Gegenwart herrsche, sondern auch über die Vergangenheit und Zukunft. Gott muss also, das ist die Folge dieser theologischen Überlegung, schon im Vorhinein bestimmt haben, wer von uns gut ist und wer nicht. Tatsächlich ist es ein abwegiger Gedanke, Gott sei kurz nach der vollbrachten Schöpfung zum Zuschauer geworden und verfolge nun mit Erstaunen, wie seine Kreaturen sich verhalten. Genauso abwegig ist die Vorstellung, man könne Gott durch anbiederndes Verhalten günstig stimmen, sich das »In-den-Himmel-Kommen« verdienen, indem man alten Frauen die Einkaufstüten trägt und immer pünktlich zur Arbeit erscheint, auch wenn man Kopfschmerzen hat.
Johannes Calvin war davon überzeugt, dass es gleichgültig

ist, wie wir uns auf Erden verhalten, denn Gott hat noch vor unserer Geburt festgelegt, ob wir zu den Erlösten gehören oder nicht. Gott muss nicht von uns überzeugt und überredet werden, er ist auch kein Pfennigfuchser, der anhand eines Berechnungsschlüssels prüft, ob wir ober- oder unterhalb der Erlösungsberechtigungsgrenze liegen.

Wunderbar, könnte man denken, dann kann ich tun und lassen, was ich will. Das können Sie – zumal Ihr Verhalten dann frei wäre von jeder Berechnung und Heuchelei. Nur: Wer allen Versuchungen nachgibt, nichts durchhält und nichts auslässt und deswegen ver- und entlassen wird, der beweist sich selbst und der Welt, dass er *nicht* zu den Auserwählten gehört. Will sich bei Ihnen kein irdischer Erfolg einstellen, dann ist alles klar: Sie sind verurteilt, verloren, verdammt! Bis in alle Ewigkeit. Eine grauenvolle Erkenntnis, die einem das kurze Leben auf Erden gründlich vermiesen würde.

Und so entwickelte sich aus den Thesen Calvins eine zwanghafte Geschäftigkeit, eine abergläubische Raserei, welche nichts anderes zum Ziel hatte, als die drohende Verdammnis vor sich selbst zu widerlegen: Irdischer Erfolg war der Beweis, dass man zu den Auserwählten Gottes gehörte. Misserfolg, Trunk- oder Fresssucht, zerbrochene Ehen, langes Ausschlafen und depressive Verstimmungen waren unmissverständliche Zeichen dafür, dass man wohl Pech gehabt hatte.

Das Gelingen der Geschäfte, die glückliche Ehe und die wohlgeratenen Kinder waren natürlich nicht auf die eigenen Anstrengungen zurückzuführen, sondern auf die Gnade Gottes. Genauso gut konnte ein Mensch nichts daran ändern, wenn Bett und Couch eine unwiderstehliche Anziehungskraft auf ihn ausübten und er insgesamt den Hang hatte, Anstrengungen zu vermeiden. Es war aussichtslos, sich gegen die Verdammnis Gottes aufzulehnen. Doch leider ließ es sich kaum genießen, den lieben langen Tag zu schlafen, zu fressen und zu saufen und durch die Gegend zu vögeln, wenn man wusste, was hinterher auf einen wartete: die ewige Hölle!

Der gläubige Protestant bekämpfte seine abgrundtiefe Angst mit unermüdlicher Arbeit und höchst tugendhaftem Lebenswandel. Vergnügen und Muße waren für ihn tabu, denn wer wusste, ob nicht Laster und Chaos aus einem herausbrachen, sobald man sich gehen ließ. Dieses magische Verhalten hatte kein wirkliches Ziel. Längst ging es nicht mehr um Selbstverwirklichung, das heißt, das Entfalten der eigenen Talente um ihrer selbst willen. Dauerhafter Erfolg und höchste Sittsamkeit waren lediglich Beruhigungspillen, weil ein Hinweis darauf, dass man zu den Glücklichen gehörte, deren Seele zur Errettung vorgesehen war.

Die bohrende Frage, ob man zu den Auserwählten gehört oder nicht, machte die Protestanten zu einsamen Kämpfern. Misstrauisch beäugten sie die Mitmenschen, die weniger ehrgeizig und diszipliniert waren. Insgeheim freuten sie sich an deren Erfolglosigkeit, dass es also den anderen und nicht sie selbst »erwischt« hatte. Auf keinen Fall kamen sie auf die Idee, sich mit den Verdammten zusammenzutun und sich gemeinsam gegen Gott und Kirche aufzulehnen.

Nicht umsonst vermutete der deutsche Soziologe Max Weber, dass es der Calvinismus gewesen sei, welcher mit seiner strengen Arbeitsmoral in Deutschland, England,

Holland und der Schweiz eine wesentliche Grundlage für die industrielle Revolution und den modernen Kapitalismus geschaffen habe.

Arbeit wurde der von Gott vorgeschriebene Selbstzweck des Lebens.

Auf jeden Fall ist der Calvinismus die Ursache für die seltsame Unruhe, die viele von uns befällt, sobald wir aufhören, etwas Nützliches zu tun. Johannes Calvin ist schuld, dass wir nicht mehr ohne schlechtes Gewissen am Strand herumliegen können. Alles, was uns Spaß macht und angenehm ist, scheint einen schlechten Beigeschmack zu haben: Langes Schlafen macht depressiv. Ein schönes, heißes Bad schadet der Haut, und außerdem verwöhnt es den Kreislauf. Eine eiskalte Dusche um sechs Uhr morgens dagegen erfrischt und hält gesund. Eine Fernsehsendung verdummt, ein Buch bildet. Wer rastet, rostet, wer nicht ein Leben lang lernt, bekommt Alzheimer. Wer zu viel nascht, wird dick und bekommt dann keinen Partner.

Sich immerfort zu fordern und zu bilden, ist längst kein privates Folterprogramm mehr, es ist inzwischen Staatsdoktrin geworden. Der Staat, der uns die persönliche Weiterentwicklung durch seine schützende Hand ermöglichen sollte, scheint nun auf unserer Selbstentfaltung zu bestehen. Der vom Arbeitsamt finanzierte Fortbildungsmarkt explodiert. Milliarden werden für sinnlose Bewerbungs- und Umschulungskurse verpulvert. Wer sich weigert, dem werden die Bezüge gekürzt. Bildungsferne wird öffentlich gegeißelt und mehr oder minder erfolgreich bekämpft.

All das tut unser Staat nicht, weil er es gut mit uns meint.

Weil er möchte, dass seine Bürger einander Bach-Suiten auf dem Cello vorspielen oder sich wieder lange Briefe auf Französisch schreiben und mit schönen und gesunden Körpern durch die Straßen gehen. Er hofft vielmehr, unsere Verwertbarkeit für den Arbeitsmarkt zu erhöhen. Aber da das Problem struktureller Art ist, es also auf Deutsch gesagt nicht genug Arbeitsplätze für alle gibt, kann das Problem nicht durch Fortbildung behoben werden.

Der Staat kann dieses strukturelle Problem nicht lösen und schiebt uns mit der Mär von der ewigen Fortbildung die Verantwortung für unsere Verwendbarkeit selbst zu. Genauso gut kann man Kindern erzählen, wenn sie brav sind, würde morgen die Sonne scheinen. Nicht umsonst ist das EU-Bildungsprogramm *Lebenslanges Lernen* heftig kritisiert worden.

> »Lebenslanges Lernen« ist die Legitimation von Ausgrenzung. Wer es nicht schafft, sich permanent anzupassen, oder nicht dazu bereit ist, ist selbst schuld.
> Erich Ribolits

Die »Du-schaffst-es«- und »Auch-du-kannst-deinen-Beitrag-leisten«-Ermutigungskultur ist allgegenwärtig. Die Sprüche, mit denen man zu Höchstleistungen angehalten werden soll, finden sich auf Werbeplakaten, in Kalendern und sogar auf Anzeigen von Bundesministerien. Sie werden auf *facebook* gepostet und auf Kleidungsstücke gedruckt. Selten werden sie von irgendjemandem in Frage gestellt. Lesen Sie die folgende Auswahl an motivierenden Aussagen, und achten Sie dabei darauf, was während der Lektüre in Ihnen vorgeht:

- Du musst es nur wollen.
- Nur die Harten kommen in den Garten.
- Die Zukunft gehört den wenigen, die bereit sind, ihre Hände schmutzig zu machen.
- Ever tried? Ever failed? No matter. Try again. Fail again. fail better.
- Our greatest glory is not in ever falling but in rising every time we fall.
- Worrying is like a rocking chair, it gives you something to do but doesn't get you anywhere.
- The happiest people don't have the best of everything, they just make the best of everything.
- Things are only impossible until they are not.
- Failure is simply the opportunity to begin again. This time more intelligently.
- Nicht alles ist möglich – aber es ist mehr möglich, als du denkst!
- Alle sagten: Das geht nicht. Dann kam einer, der wusste das nicht und hat's gemacht.
- Just do it.
- Don't be a maybe.

Spüren Sie, wie etwas in Ihnen gegen so viel Leistungsbereitschaft und Optimismus rebelliert? Dann ist es gut. Beschleicht Sie dagegen der Gedanke, dass Sie mehr leisten sollten, dann ist höchste Vorsicht geboten. Zahlreiche Untersuchungen aus den letzten zwei Jahrzehnten beweisen: Wenn Muße die Schwester der Freiheit ist, wie Aristoteles es ausdrückt, dann ist Depression der Bruder des Leistungswahns.

EIN WETTLAUF, DEN SIE NICHT GEWINNEN KÖNNEN

Was alles in das Leben eines erfolgreichen, urbanen Großstadtbewohners passen soll, wird uns von der Hauptfigur des Films *Drei* von Tom Tykwer (2010), nämlich dem Stammzellenforscher Adam Born vorgeführt. Adam Born ist ein richtiger Tausendsassa, der nichts auslässt, was heutzutage zu einem erfüllten Leben dazu gehört. Als erfolgreicher Wissenschaftler hat er erstaunlicherweise noch Zeit für zahlreiche coole Hobbys: So geht er jeden Sonntag mit Freunden in den Berliner Mauerpark zum Fußballspielen und anschließend abends noch was trinken. Einmal wöchentlich schwimmt er in der angesagten Berliner Badeanstalt »Das Badeschiff«, wo er auch Simon kennenlernt, mit dem er eine Affäre beginnt. Kurz zuvor hatte er die Freundin von Simon kennengelernt, Hanna, und zwar bei einem Theaterbesuch. Außerdem singt er noch im Chor und geht regelmäßig zum Judo. Nebenbei fährt er Motorrad und segelt auf der Ostsee mit seinem eigenen Segelboot. Obendrein hat er Zeit für Freunde und zahlreiche Affären mit Männern und Frauen, u. a. mit Simon, Hanna und seinem gut aussehenden Assistenten. Und das, obwohl er sich ab und zu um Sohn und Exfreundin kümmert und durchaus auch mal Zeit allein in seiner hippen Hochhauswohnung in Berlin-Mitte verbringt. Trotz dieses doch ziemlich straffen Pensums entwickelt sich die Affäre mit Hanna zu einer intensiven Beziehung, und wir sehen ihn, wie er sich von ihr, der Kulturwissenschaftlerin und Moderatorin, an langen Abenden die wichtigsten Werke der Weltliteratur vorlesen lässt.

Wie hysterisch diese Figurenzeichnung ist, scheint fast niemandem aufgefallen zu sein, in den Filmkritiken kommt dieser Punkt jedenfalls nicht vor. Aber wie ist es möglich, dass das, was dem Publikum da vorgeführt wird, als ein typisches Berliner Leben akzeptiert wird: So stellen sich viele Menschen also die totale Selbstverwirklichung vor. Sie sollten mal versuchen, das nachzuleben, es ist nicht möglich.
Aber offensichtlich befinden sich die meisten Leute gegenüber den eigenen Ansprüchen dermaßen chronisch im Rückstand, dass sie gar nicht mehr abschätzen können, dass das, was da in ein Leben hineingepackt wird, nun wirklich jenseits des Machbaren liegt.

Selbstverwirklichung ist eben längst keine Möglichkeit mehr, sondern ein Muss.
Der Wettkampf um Arbeit, Freunde, Liebe, Sex und Aufmerksamkeit ist hart, und auf einmal gewonnenen Privilegien lässt es sich nicht ausruhen. Beziehungen zwischen mir und den anderen beruhen auf Freiwilligkeit. Das hat zur Konsequenz, dass ich anderen Menschen etwas bieten muss, wenn ich will, dass sie sich mit mir abgeben.
Um ein schöner, interessanter, origineller und erfolgreicher Mensch zu werden, reicht es natürlich nicht, wenn Sie dafür lediglich Ihre Fähigkeiten verbessern: Auch Ihre Persönlichkeit, Ihre Seele und Ihr Körper müssen optimiert werden. Am besten wäre es, Sie hätten mit Ihrer Selbstverbesserung schon gestern angefangen, denn es gibt viel zu tun!

Buchen Sie einen Kommunikationskurs, um Ihre Teamfähigkeit zu steigern und Ihre rhetorischen Fähigkeiten zu verbessern. Lernen Sie eine Fremdsprache und ein neues

Computerprogramm, denn das erhöht Ihre Chancen im Beruf. Achten Sie dabei aber auf eine optimale Work-Life-Balance, die wichtigste Voraussetzung für Ausgeglichenheit und Zufriedenheit. Gehen Sie regelmäßig ins Fitnesscenter. Vernachlässigen Sie aber auch nicht Ihre sinnlichen Seiten: Werden Sie ein perfekter Liebhaber oder eine perfekte Liebhaberin, um auf dem Beziehungsmarkt zu bestehen. Fördern Sie Ihre kreativen Seiten; malen, tanzen, schreiben Sie, denn nur ein Mensch mit vielen Interessen ist für andere attraktiv.

Suchen Sie die Gesellschaft, aber reservieren Sie auch Zeit für sich allein, in der Sie sich etwas Gutes tun, zum Beispiel spazieren gehen oder eine Ausstellung besuchen. Tun Sie was für Ihre Spiritualität, um Ihrem Leben Tiefe und Sinn zu geben. Finden Sie zu sich mit Yoga und Klangmassagen. Lernen Sie wieder, auf Ihren Körper und seine Bedürfnisse zu hören, sonst meldet er sich mit schlimmen Krankheiten und macht Ihnen einen Strich durch Ihre Lebensplanung.

Und falls mal was schiefgeht in Ihrem Leben, lernen Sie loszulassen. Zur Erläuterung: Loslassen ist die Kunst, etwas vollkommen unwichtig zu finden, dem man sich eine Sekunde zuvor noch mit all seiner Kraft und Leidenschaft gewidmet hat.

> *Am liebsten wollen wir alles zugleich: Erfolg im Beruf, viele Freunde, einen tollen Körper, eine glückliche Familie. (...) Wenn wir in allen Bereichen das für uns Optimale erreichen möchten, müssen wir Zeit und Energie gezielt einsetzen. Wie steht es um Ihre Work-Life-Balance? Wir geben Tipps zur Bestandsaufnahme und zur Verbesserung.*
> Werbetext auf www.akademie.de

Den Wettlauf um sein besseres Selbst kann man aber nicht gewinnen. Hat man einmal sein Leben zum Projekt erklärt, dann ist es nie genug. Zumal gleich mehrere Ziellinien überquert werden sollen, von denen manche am entgegengesetzten Ende der Rennstrecke liegen. Zum Beispiel ehrgeizig wie ein Spitzensportler und dabei gelassen wie ein Zen-Mönch zu sein. Es gibt sogar Menschen, die meditieren, um den Geldfluss wieder in Gang zu bringen. Genauso paradox: Sehr selbstkritisch zu sein und sich gleichzeitig so zu akzeptieren, wie man ist. Das eine schließt das andere aus, das muss eigentlich jedem klar sein. Und selbst durch gesündeste Ernährung und viel Sport ist es nicht möglich, auf ewig jung und sexy zu bleiben.

Es ist eine Fiktion, das uns allen innewohnende Gefühl der Unzulänglichkeit durch individuelles Höherstreben besiegen zu können. Es ist wie im Wettlauf vom Hasen und dem Igel: Ganz gleich, wie weit ich komme, meine Minderwertigkeitskomplexe in Form des Igels werden immer rufen: »Ich bin schon da.«

Erich Fromm stellte bereits in den Sechzigerjahren fest: »Jeder Einzelne baut sein Selbstwertgefühl auf seiner sozioökonomischen Rolle auf. Sein Körper, sein Geist und seine Seele sind sein Kapital, und seine Lebensaufgabe besteht darin, diese vorteilhaft zu investieren, einen Profit aus sich zu ziehen.«

Nichts wird einfach »nur so« getan, oder weil es sich ergibt, alles muss »bewusst« gestaltet werden. Aus jeder Erfahrung wird gelernt, und jedes Gefühl wird reflektiert. Alles, was uns passiert und was wir darüber fühlen und denken, muss ausgewertet und verwertet werden. Denn Glück und

Erfolg sind – so der neue alte Aberglaube – der Beweis, ob wir zu den Guten gehören.

> *Zufriedenheit ist das neue Statussymbol.*

Von diesem Aberglauben lebt eine ganze Industrie. Experten, die uns angeblich erklären, wie wir schöner, beliebter, schlagfertiger, verführerischer und glücklicher werden. Kein Problem, zu dem sich nicht schon irgendjemand literarisch geäußert hätte. Die Autoren klären uns darüber auf, dass in dem Augenblick, in dem wir für unsere Situation Verantwortung übernehmen, der erste Schritt zur Veränderung getan sei. Andersherum ausgedrückt: Sobald wir die Schuld für unser Unwohlsein, unsere Unzufriedenheit und Einsamkeit nicht mehr auf Familie, Freunde oder die Verhältnisse schieben, nehmen wir unser Leben in die Hand. Die angeblich positive Nachricht lautet: Wir können uns verbessern, wenn wir nur wollen!

Lesen Sie folgende Aussagen nacheinander durch, ohne lange darüber nachzudenken.

- *Haben Sie keinen Partner, lieben Sie sich nicht genügend selbst.*
- *Wenn Sie schon länger keine Arbeit haben, sollten Sie über Ihre Einstellung zum Erfolg nachdenken.*
- *Sie haben alle Möglichkeiten, es liegt nur an Ihnen, was Sie daraus machen.*
- *Sie selbst sind verantwortlich für Ihre Gefühle und Stimmungen. Wenn Sie beschließen, glücklich zu sein, kann Sie niemand daran hindern.*
- *Schlechte Gefühle ziehen Schlechtes an, gute Gefühle dagegen ziehen positive Erlebnisse in Ihr Leben.*

- *Nur Sie selbst können sich helfen.*
- *Sie können sich verändern, wenn Sie zu Veränderung innerlich bereit sind.*
- *Gute Gefühle machen gesund und lassen einen das Körperglück erleben – schlechte Gefühle dagegen können krank machen. (Klappentext Bestseller)*
- *Wenn man etwas wirklich will, kann man es auch erreichen.*
- *Jeder Tag ist ein neuer Anfang und bietet die Möglichkeit, das Beste aus ihm zu machen.*

Kreuzen Sie jetzt auf folgender Skala an, wie glücklich Sie sich gerade fühlen:

Wer sich nach der Lektüre dieser Weisheiten nicht froh und glücklich fühlt, muss sich keine Sorgen machen. Was nämlich in Ratgebern und Motivationsschriften als Hoffnung verkauft wird, ist in Wirklichkeit eine Anleitung zum Depressivwerden: Nun sind wir und niemand anderes schuld, wenn wir mutlos, traurig und enttäuscht sind. Wenn wir keine Arbeit und keinen geeigneten Partner finden, krank werden, einen Unfall haben oder auf einer Behörde gedemütigt werden.

Ängstlich beobachten wir uns, jede Unzufriedenheit wird als persönliches Versagen gewertet, jedes unangenehme Erlebnis als eigene Schwäche interpretiert (kein Wunder, dass mir das passiert ist, ich ziehe das irgendwie an …). Wer uns abweist und schlecht behandelt, wenn wir seinen

Zuspruch brauchen, dem geben wir auch noch recht: Ich sollte mich mal fragen, was mein Anteil an der ganzen Sache ist, und lieber eine Therapie machen als meinen Frust bei Freunden abzuladen, usw.

Der amerikanische Psychologe Martin Seligman, spricht sogar von »Selbstwert-Obsession«: »Selbsthilfeliteratur und eine Reihe von Therapeuten predigen das vollkommen unrealistische Ideal eines Lebens in permanenter ausgeglichener Zustimmung zu sich selbst. Die Menschen werden angehalten, alles und jedes in Bezug zu ihrem Selbstwert zu setzen. Eine Gehaltserhöhung, ein Misserfolg, Liebespech, Ablehnung, ja auch das neue Auto – alles muss im Hinblick auf die Selbstachtung beobachtet, bewertet, eingeordnet werden: Was macht das mit mir, was sagt das über mich? Und wer dabei nicht dauernd zufrieden strahlt, hat ein Selbstwertproblem und wird ermuntert, sich zu fragen, ob etwas grundlegend mit seinem Leben falsch läuft.«

Als ob jedes negative Gefühl eine Krankheit wäre, die behandelt werden muss. Als ob jede Abweichung vom angeblichen Normalzustand Glück ein Beweis dafür wäre, dass wir irgendetwas falsch gemacht haben.

> Die meisten Menschen missachten die Tatsache, dass das Leben nicht nur Glück bedeutet, Zufriedenheit ist ein nicht immer herstellbarer Zustand, es gibt 1000 Gründe, unzufrieden zu sein.
> Moshé Feldenkrais

Mit vorauseilendem Gehorsam übernehmen wir Verantwortung für Dinge, die wir nicht wirklich beeinflussen können, und versuchen, unseren Charakter, unsere Gefühle, unsere Beziehungen und sogar die zufälligen Ereignisse, die unseren Lebensweg bestimmen, zu kontrollieren, und verteidigen es als Privileg, uns den Bedingungen des Arbeitsmarktes und unseres sozialen Netzwerks anpassen zu dürfen.

Selbstverständlich sind wir mit Spaß an der Sache dabei, denn wir betrachten das Leben als Herausforderung und nicht als Last, wir sehen überall Chancen, keine Hindernisse. Wir lernen aus unseren Fehlern. Und wenn wir auf die Nase fliegen, nehmen wir's sportlich und stehen wieder auf.

Wer die Schuld bei sich sucht, rebelliert nicht gegen das System.

Aber nicht alle von uns können Gewinner sein. Es ist in unserer industrialisierten Gesellschaft nicht jedem vergönnt, sein Selbstbewusstsein auf seiner sozioökonomischen Rolle aufzubauen. Tatsächlich könnte die Wirtschaft durch die zunehmende Automatisierung mit einer kleinen Elite funktionieren. Etwa dreißig Prozent der gesamten Arbeitskraft eines Industrielandes würden ausreichen, um die Ökonomie aufrechtzuerhalten, meint jedenfalls der amerikanische Soziologe Richard Sennett in seinem Buch *Die Kultur des neuen Kapitalismus* (2005). Bei den übrigen siebzig Prozent stelle sich daher ein Bewusstsein über ihre Nutzlosigkeit ein.

Wie tatkräftig und optimistisch wir uns auch geben, heimlich fürchten wir, dass wir zu den siebzig Prozent gehören, die keiner braucht; so wie der Protestant fürchtet, dass er zu den Verdammten gehört. Wir bekämpfen das »Gespenst der Nutzlosigkeit« mit aller Kraft. Wir lassen uns coachen und therapieren, um Qualifikationen wie Konfliktfähigkeit, Kreativität oder Kommunikationsfähigkeit zu erwerben, denn die braucht man jetzt neuerdings für eine ganz normale Anstellung. Wir schicken unsere Kinder auf zweisprachige Schulen, um sie zu rüsten für den Kampf um den zukünftigen Arbeitsplatz. Wer mehr leisten könnte und es nicht tut, hat ein schlechtes Gewissen. Und wer den Schwindel nicht mehr aufrechterhalten kann, bricht zusammen.

Depression wird zur Volkskrankheit, inzwischen werden fast ein Drittel der Krankschreibungen wegen psychischer Probleme ausgestellt. Die WHO prognostiziert, dass im Jahr 2020 Depressionen neben Herz-Kreislauf-Beschwerden zu den weltweit häufigsten Erkrankungen gehören. Selbstmord und Depression kosten in Japan Milliarden, allein 2010 haben sich über 30 000 Japaner umgebracht.

Dass die Anzahl der Selbstmorde unter Menschen, mit denen es das Schicksal doch ganz gut gemeint hat, bereits in den Sechzigerjahren zunahm, erklärte sich der Psychologe Erich Fromm so: »Wer sein Leben vorwiegend als eine Art Unternehmen betrachtet, in das man seine physischen und psychischen Fähigkeiten möglichst sinnvoll investieren müsse, für den schlägt Leben fehl, wenn die Bilanz unterhalb des erhofften Werts liegt. Man begeht Selbstmord, genau wie ein Geschäftsmann seinen Bankrott erklärt, wenn die Verluste größer sind als der Gewinn.«

Depression ist heute kein Tabuthema mehr. Manche bezeichnen es als Fortschritt, dass in den Medien offen über diese psychische Erkrankung gesprochen wird. Aber vielleicht ist es gar nicht so, dass die Menschen immer depressiver werden, sondern dass Ärzte öfter Depressionen diagnostizieren, weil es inzwischen gesellschaftlich mehr anerkannt ist zu sagen, man leide an Depressionen, als: »Ich habe die Nase voll, bin lustlos, faul, traurig, wütend und pessimistisch«.

Die Diagnose Burnout und/oder Depression verschafft einem eine Atempause von der erdrückenden Verantwortung für die Gestaltung der Persönlichkeit und des Lebenswegs. Für ein paar Monate ist es dann erlaubt zu sagen: Ich würde ja gern, aber ich leide an einer ernsten Krankheit. Selbstverständlich werde ich alles dafür tun, um wieder gesund zu werden.

Wer krank ist, hat auch ein Recht auf ein Medikament: Prozac ist in den USA seit zwei Jahrzehnten ein Verkaufsschlager. Es wurde zur Modedroge, als der amerikanische Psychiater Peter D. Kramer mit seinem Buch *Glück auf Rezept* 1993 einen Bestseller landete. Er behauptete, mit Prozac sei es endlich möglich, die eigene Persönlichkeit zu formen. Das Mittel sei weit mehr als ein Antidepressivum, denn mit seiner Hilfe kann man endlich noch mehr aus sich herausholen.

Das Perfide an der allseits erwarteten Selbstverwirklichung ist, dass man so tun muss, als habe man sie selbst erwählt. Gut gelaunt richten wir uns nach den Normen der Gesellschaft, von denen eine darin besteht, dass man etwas ganz Besonderes sein und leisten müsse. (Denn anders ist es nicht möglich, zur »Elite« der dreißig Prozent zu gehören.) Selbstverständlich wird der »individuelle« Lebensstil danach beurteilt, wonach alles in dieser Gesellschaft beurteilt wird, nämlich ob man damit erfolgreich ist, das heißt, ob es einem gelungen ist, mit seiner Persönlichkeit eine

Marktlücke zu besetzen und daraus Geld zu machen. Nach welchen Kriterien sollte man den Lebensstil sonst bewerten?

Niemand fragt uns, ob wir das alles wirklich wollen, nicht einmal wir selbst. Der deutschlandweit bekannte Persönlichkeitscoach Werner Katzengruber, der viele Spitzensportler und Politiker berät, hat beobachtet, dass die meisten Ziele, die wir uns setzen, nicht wirklich unsere sind: »Es hat mit Freiheit nichts zu tun, wenn wir versuchen, den Normen und Erwartungen zu entsprechen. Wo Normen herrschen, ist kein freier Wille. Wer die ganze Zeit mit Anpassung beschäftigt ist, hat keine Zeit mehr zu leben.«

Wer zu sich kommen will, sollte seiner Meinung nach keinen Selbstfindungskurs buchen, sondern sich erst einmal allen Ansprüchen verweigern.

Die meisten Menschen gehen davon aus, dass sich das Glück automatisch einstellt, wenn sie erreichen, was gesellschaftlich anerkannt ist, zum Beispiel einen durchtrainierten, schlanken Körper. Sie arbeiten hart für ein Ziel, um dann, wenn sie es erreicht haben, verwundert festzustellen, dass dieser Zusammenhang nicht unbedingt besteht. Glück lässt sich so schwer erarbeiten.

Der Zwang, sich selbst zu verwirklichen, ist der Zwang, so zu handeln, wie es von einem erwartet wird. Wer glaubt, den Erwartungen nicht mehr entsprechen zu können, wird unglücklich. Wer unglücklich ist, muss zurück in die Wüste: Tatsächlich entspannen sich depressive Menschen, wenn sie sich länger in Wüstengegenden aufhalten. Dort, wo es nichts gibt, was verbessert werden muss, hellt sich ihre

Stimmung auf. In der Wüste gibt es kein unerledigtes Projekt und keine Menschen, mit denen ich mich vergleichen könnte. Kein Theaterstück, keine Zeitung, kein Buch, keine Ausstellung, welche von mir wahrgenommen werden müssen. Am Tag lähmt die Hitze jede Aktivität, nachts ist es die Kälte. Alles sieht gleich aus, wohin man auch schaut. Zeit und Raum lösen sich auf, also die Parameter, in denen Erfolg und Selbstverbesserung messbar wären.

Am Abend nach der Begegnung mit den Beduinen im Kibbuz Bet Alpha parkten mein Vater und ich unser Auto mitten in der Wüste Sinai. Die Sonne würde bald untergehen, und wir wollten uns den Sonnenuntergang ansehen. Am Horizont tauchte ein Beduine auf. Er war weit von uns entfernt, seine kleine Gestalt warf einen langen Schatten in unsere Richtung. Langsam bewegte er sich nach Norden.

»Wie merkwürdig, wohin geht er?«, fragte mein Vater.
»Was meinst du?«, fragte ich.
»Der Mann dort hinten. Was will er da drüben, was er nicht auch dort machen kann?«

FOLGENDE FRAGEN KÖNNEN SIE FÜR SICH
BEANTWORTEN. WENN SIE WOLLEN.

Finden Sie es besser, etwas Sinnvolles zu tun, als fernzusehen? Ja

Denken Sie, dass man im Leben die meiste Zeit glücklich sein muss? Und dass man versagt hat, wenn man es nicht ist? Ja

*Glauben Sie, dass tugendhaftes Leben belohnt, aber
ein Lotterleben irgendwann bestraft wird?* Ja

*Glauben Sie, dass Sie etwas tun müssen, um
Erfahrungen zu sammeln?* Ja

*Sagen Sie oft Sätze wie: »Ich weiß, das ist eine
echte Schwäche von mir«?* Ja

*Meinen Sie, man muss sich mit sich selbst auseinandersetzen,
um zufrieden zu sein? Zum Beispiel in einer Therapie
oder in einem esoterischen Seminar?* Ja

3
WER BESSER WERDEN WILL, WIRD WAHNSINNIG
DIE DREI FALLEN DER SELBSTOPTIMIERUNG

Wer keine üblen Gewohnheiten hat,
hat wahrscheinlich auch keine Persönlichkeit.
William Faulkner

Dies ist seine letzte Zigarette, die allerletzte. Doch die letzte Zigarette ist schnell geraucht. Schon kommen ihm Zweifel, ob er sein Vorhaben richtig angepackt hat. Es wäre absurd, ja willkürlich, einfach so mitten am Tag mit dem Rauchen aufzuhören. Es ist elf Uhr vormittags, von seinem Fenster im zweiten Stock kann er den Kiosk sehen, er schaut zu, wie einige der vorübereilenden Passanten stehen bleiben und, nach einem kurzen Wortwechsel mit dem von hier oben unsichtbaren Händler, aus der Öffnung des Verkaufsstands Zeitungen, Kaugummis oder Zigaretten entgegennehmen. Zigaretten.
Heute würde der letzte Tag sein, an dem er raucht, am Abend würde er aufhören, beschließt er. Dann würde er den nächsten Morgen unschuldig und frisch wie ein Nichtraucher beginnen.
Mein Vater geht nach unten auf die Straße, er kauft eine Schachtel Zigaretten. Kaum hat er die Packung in der Hand, reißt er den Papierstreifen entlang der perforierten Linie auf, der kleine Pappdeckel lässt sich mit einem Schnipsen seines linken Zeigefingers öffnen, schon liegen sie vor ihm in Reih und Glied, die duftenden Tabakstangen, vielversprechend und bescheiden zugleich. Wie wird er diesen Anblick vermissen, denkt er, als er die erste Zigarette aus der jungfräulichen Schachtel polkt. Doch kaum hat er sie geraucht, sorgt er sich schon. Würde die eine

Schachtel für diesen Tag reichen. Denn er will seinen letzten Tag als Raucher auskosten, und das bedeutet, er braucht nicht nur die Zigaretten zum Kaffee und die für eine Gedankenpause zwischen zwei Absätzen des Buches, welches er am Nachmittag zu lesen gedenkt, er braucht auch Zigaretten fürs Abendessen mit einem Freund in seinem Lieblingsrestaurant in der Amalienstraße. Nicht zu vergessen die Zigaretten nach dem Essen, zum Rotwein. Wie wunderbar ist es, wenn sich die Wirkung des Alkohols mit der des Tabaks vermischt, wenn der Geist durch den Wein beruhigt wird, sodass ein sanfterer und versöhnlicherer Blick auf die Dinge des Lebens möglich ist, aber gleichzeitig durch eine oder mehrere Zigaretten so angeregt, dass man die milden Gedanken in schöne, klare Worte zu fassen vermag.

Weitere Zigaretten will er für die Phase des Abends reservieren, in der er und sein Freund nicht mehr sprechen müssen, um einander zu verstehen. Was gibt es Schöneres, als neben einem guten Freund zu sitzen und dem Rauch der gemeinsam genossenen Zigaretten nachzublicken, der in der kühlen Nachtluft viel höher aufsteigt als am Tag.

Dann die letzte Zigarette, wenn der Kellner bereits die Stühle hochstellt und anfängt, die Straße zu kehren. Und die allerletzte, kurz bevor man aufsteht und sich in wortloser Freundschaft verabschiedet, um anschließend zufrieden nach Hause zu schlendern.

Um sicher zu sein, diese wertvolle letzte Zigarette am späten Abend auch bei sich zu haben, geht mein Vater erneut zum Kiosk hinunter und kauft zwei weitere Schachteln: Heute soll er nicht darben müssen.

Am Nachmittag sind die drei Schachteln aufgeraucht, für das Abendessen im Restaurant mit seinem Freund muss er eine vierte besorgen. Eine fünfte Schachtel kauft er dem Kellner ab, für den Heimweg, denn er hatte vergessen: Gerade in der Stille und Einsamkeit ist ihm die Zigarette wertvoll, wertvoller sogar als in Gesellschaft. Der bittere Geschmack des Tabaks und das leichte Ziehen in der Lunge unterstreichen die nach jeder innigen Begegnung einsetzende Melancholie, wie es kein anderes Genussmittel vermag.

Im Bett raucht er seine allerletzte Zigarette. Ein geliebtes Ritual, welches ihm sehr fehlen wird, wenn er ab dem nächsten Morgen nicht mehr raucht.

In der Nacht muss sich mein Vater übergeben. Am nächsten Tag kommt der Arzt und stellt eine akute Nikotinvergiftung fest.

Das Unglück meines Vaters ist nur, dass in der fünften Schachtel vier Zigaretten übrig geblieben sind. Es ist lächerlich, diese vier Zigaretten wegzuwerfen, denkt er, als er im Bademantel in der Küche steht und gerade im Begriff ist, die übrig gebliebene Schachtel im Mülleimer zu entsorgen. Was würde es schon ausmachen, wenn er den Tausenden von Zigaretten, die er bereits in seinem Leben geraucht hat, diese vier hinzufügen würde. Es werden schließlich seine vier letzten Zigaretten sein, und am besten, er raucht sie so schnell wie möglich (obwohl ihm der Arzt strikt verboten hat, zu rauchen), denn dann ist dieses Kapitel in seinem Leben abgeschlossen. Und obwohl er das erste Mal seit Langem keine Lust auf eine Zigarette verspürt, zündet er sie an: Die erste seiner vier letzten Zigaretten ...

Mein Vater, ein starker Raucher seit mehr als sechzig Jahren, weiß es, doch er will es nicht wahrhaben: Hinter jedem guten Vorsatz lauert die Hölle. Denn erst unser

Wunsch, unsere Laster unter Kontrolle zu bekommen, entfesselt deren zerstörerische Kraft.

Kaum begehen wir den Fehler und beschließen, diese oder jene schlechte Gewohnheit abzulegen und durch eine bessere zu ersetzen, müssen wir uns auf heftigsten Widerstand gefasst machen. Hat sich die ungeliebte Gewohnheit vorher durch kleine Spitzen gegen das Selbstwertgefühl bemerkbar gemacht und uns in der Öffentlichkeit für kurze, aber nicht uninteressante Momente der Selbstachtung und Würde beraubt, so droht sie uns nach unserer Kampfansage an den Rand unserer Kräfte zu bringen. Das Leben wird zu einem Krieg gegen sich selbst. Ein Kampf, den Sie nicht gewinnen können, denn einer von Ihnen muss verlieren.

Eher wird dich das Laster psychisch und physisch vernichten, als dass es bereit ist, von dir zu weichen.

Haben Sie zum Beispiel Ihrer Unsportlichkeit den Kampf angesagt und sich vorgenommen, ab diesem Tag morgens kalt zu duschen und anschließend zu joggen, so mögen Sie sich in den nächsten zwei Tagen, in denen Sie noch voller Elan und Idealismus zur Sache gehen, gut fühlen. Doch am dritten Morgen gehen Sie, ausnahmsweise ohne gejoggt und kalt geduscht zu haben, aus dem Haus. Nach diesem völlig harmlos klingenden Tagesanfang erscheinen Sie mit einem schlechten Gewissen im Büro. Auf dem Tag liegt ein Schatten, nur mühsam verdrängen Sie, was nicht bloß Verdacht, sondern Gewissheit ist: Die warme Dusche und die versäumte sportliche Betätigung ist keine Ausnahme. Es ist der Anfang vom Ende Ihrer sehr kurzen Existenz als vitales, gesundheitsbewusstes Individuum.

Das zwei Tage währende Hochgefühl müssen Sie teuer bezahlen. Nun werden Sie den Rest Ihres Lebens mit der Bleikugel des Versäumnisses um den Hals aufstehen. Nie wieder können Sie frohen Herzens morgens das tun, was Ihnen am liebsten ist. Es bleibt der Wermutstropfen, ein Mensch ohne Willensstärke und Charakter zu sein. Die guten Vorsätze wieder aus Ihrem Bewusstsein zu verdammen, ist ungefähr so schwierig, wie frische Fußstapfen aus einer Schneedecke zu entfernen. An dem Tag, an dem Sie sich entscheiden, ein besseres, gesünderes, erfolgreicheres Leben zu führen, verlieren Sie Ihre Unschuld!

> Der wahrhaft Unschuldige ist
> ein Mensch ohne gute Vorsätze.

Leider glauben die meisten Menschen, dass es nur ihnen so ergeht. Sie betrauern heimlich ihr Versagen und schreiben dieses ihrem außergewöhnlichen Mangel an Disziplin zu. Aber kaum haben sie sich von der selbst bereiteten Niederlage erholt, keimt in ihnen die nächste Hoffnung auf, doch noch gegen ihr schlechteres Ich gewinnen zu können.

Sie versuchen das Unmögliche, sie kämpfen gegen das antagonistische Prinzip: In jedem Menschen wirken gegensätzliche Kräfte, die sich in einem für sie typischen und sehr empfindlichen Gleichgewicht befinden. Wer einen Impuls verstärkt, zum Beispiel *Ich will nicht mehr rauchen,* ruft sofort sein Gegenstück *Ich brauche eine Zigarette, und zwar sofort* auf den Plan. Das antagonistische Prinzip ist immer und überall wirksam und lässt sich nicht mit Willenskraft ausschalten. Mit anderen Worten: Alles, was ich krampfhaft unterdrücke, rückt umso penetranter in mein Bewusstsein. Man denkt und fühlt in der Regel das, was man vermeiden will. Wer also versucht, das Gleichgewicht der Kräfte allzu stark nach einer Seite hin zu verschieben, muss damit rechnen, auch die Gegenseite ganz neu kennenzulernen:

Überprüfen Sie es selbst. Versuchen Sie durch reine Gedankenkraft, etwas an Ihrer aktuellen Stimmungslage zu ändern. Sagen Sie sich, dass Sie auf der Stelle fröhlicher sein sollten, und schauen Sie genau, was dann mit Ihnen passiert. Oder probieren Sie, Ihre Selbstliebe zu steigern, sollten Sie es nicht schon einmal versucht haben. Stellen Sie sich vor den Spiegel, und sagen Sie laut zu sich selbst: »Ich bin schön, ich liebe mich so, wie ich bin, ich habe alles Gute auf dieser Welt verdient.« Wundern Sie sich nicht, wenn es Ihnen die Tränen in die Augen treibt und Sie schluchzend in Ihrem Badezimmer zusammenbrechen.

Nichts treibt einen schneller und sicherer ins Unglück als der Versuch, ein glücklicher Mensch zu sein.

Oder haben Sie sich jemals vorgenommen, sich mehr an Kleinigkeiten zu freuen? Es ist ganz einfach. Bleiben Sie zu diesem Zweck bei einem Ihrer nächsten Spaziergänge oder auf dem Weg zum Supermarkt vor einem Blumenbeet stehen. Betrachten Sie eine der Blumen so aufmerksam wie möglich. Nehmen Sie alles ganz bewusst wahr: Die zarten Blütenblätter, die intensive Farbe, den betörenden Duft. Freuen Sie sich an jedem Detail – bis Sie nach ein paar Minuten die ersten Anzeichen einer schweren, depressiven Verstimmung spüren.
Wundern Sie sich nicht, die Versuchsergebnisse sind mitnichten ein Beweis, dass mit Ihnen etwas nicht in Ord-

nung ist. Das antagonistische Prinzip setzt so schnell keiner außer Kraft.

– Nie verspürte man weniger Lust, sich zu bewegen, als an dem Tag, an dem man sich ein strenges Fitnessprogramm auferlegt hat.
– Kuchen, Wurst, Eiscreme erscheinen leckerer denn je nach dem Beschluss, auf diese Lebensmittel zu verzichten.
– Eine unbekannte Müdigkeit überfällt einen, ausgerechnet kurz nachdem man sich geschworen hat, endlich mehr für seine Karriere zu tun, beziehungsweise sich einen neuen Job zu suchen.
– Die Straßen sind plötzlich von begehrenswerten Frauen und Männern bevölkert, wenn man sich gerade ermahnt hat, nie mehr fremdzugehen.
– Nie war der Drang größer, zum Telefonhörer zu greifen, als nach dem Entschluss, ihm nicht mehr hinterherzutelefonieren.
– Wer sich einmal wirklich jämmerlich und klein vorkommen möchte, muss sich nur vornehmen, sich mehr zu lieben.
– Selten fühlt man sich einsamer als nach der Überlegung, es fördere die Persönlichkeitsentwicklung, allein sein zu können.
– Niemals kamen einem die Menschen missgünstiger und bösartiger vor als nach der Entscheidung, sich eine positivere Einstellung zu seinen Mitmenschen zuzulegen.

Millionen von Menschen glauben dennoch daran, dass sie sich irgendwann für immer ihrer ungeliebten Seiten, also ihrer Verzagtheit, Faulheit, Lustlosigkeit, Jähzornigkeit

oder ihrer Sucht nach Schokolade, Fernsehen und Alkohol entledigen können, wenn sie sich nur genug anstrengen und zusammenreißen.
Und die Unterstützer warten schon. Auf der Jagd nach der sportlicheren, schlankeren, erfolgreicheren, positiveren oder fleißigeren Persönlichkeit bieten sie ihre Hilfe in Form von Büchern und Seminaren an. Sie versprechen, dass Selbstverbesserung prinzipiell möglich ist. Man muss nur seine Einstellung verändern und konsequent das Richtige dafür tun.

In kein anderes Projekt investieren wir so viel Zeit, Kraft und Geld wie in die Bekämpfung unserer Schwächen und Laster. Selbst, wenn wir nach Jahren dem angestrebten Ziel nur minimal nähergekommen sind, wird das Projekt nicht infrage gestellt. Das Bewältigen verzeihlicher Schwächen oder ganz normaler Gefühle kann zum Lebensinhalt werden, es kann das gesamte Denken in Beschlag nehmen und Unmengen von Energie verschlingen.
Wir geben uns selbst die Schuld, wenn wir bei unserer Selbstverbesserung nur wenig oder gar nicht erfolgreich sind. Schließlich haben wir gelernt, für unser Versagen selbst die Verantwortung zu übernehmen, wie es in vielen Ratgeberbüchern so schön heißt. Wir missachten dabei unsere Erfahrungen, nämlich dass gerade diejenigen in unserer Umgebung, die sich besonders heftig darum bemühen, ihre Persönlichkeit und ihr Gefühlsleben zu gestalten, am wenigsten mit sich zufrieden sind.
Aber so schnell geben wir die Hoffnung nicht auf. Wir haben nur noch nicht die richtige Methode gefunden, und so suchen wir weiter, nach dem nächsten Guru, der uns helfen kann, uns selbst zu optimieren, nach der nächsten

Offenbarung in einem Buch, einem Kurs oder Wochenendseminar.

> *Hoffnung ist der krankhafte Glaube*
> *an den Eintritt des Unmöglichen.*
> Henry Louis Mencken

Es gibt eigentlich nur einen Weg, den in uns tobenden Widerstreit der Kräfte auszutricksen. Er ist simpel und führt immer zum Ziel. Das antagonistische Prinzip wird dann außer Kraft gesetzt, wenn unser Handlungsspielraum so klein ist, dass uns nichts anderes übrig bleibt, als das eine zu tun.

Mit anderen Worten: Wenn es dort, wo ich gerade bin, keine Zigaretten gibt, kann ich sie auch nicht rauchen. Oder: Mein Arzt hat mir verkündet, dass ich, wenn ich weiter rauche wie bisher, mein Leben riskiere, sodass seitdem meine Todesangst größer ist als meine Lust nach einer Zigarette.

Manch ein Mensch, der unter Übergewicht leidet, sehnt sich vielleicht danach, in einem Land mit unsicheren politischen Verhältnissen gekidnappt und bei Fladenbrot und Wasser ein paar Wochen durch den Dschungel gehetzt zu werden, um dann rank und schlank nach einer spektakulären Befreiungsaktion in seine Heimat zurückzukehren. Jahrelange Mitgliedschaften bei *Weight Watchers* und in Fitnessstudios, nie durchgehaltene Fastenkuren und ein ewig schlechtes Gewissen hätten sich mit einem Schlag erledigt.

In dem Film *Fight Club* (USA, 1996) spielt Brad Pitt den Angestellten eines Autoherstellers, der an einer dissoziativen Persönlichkeitsstörung leidet. Sein zweites Ich namens

Tyler Durden tut all das, was ihm, dem unauffälligen Angestellten, nicht möglich ist: Er prügelt sich und hat Affären, gründet den Fight Club, wo ausgesuchte männliche Mitglieder sich gegenseitig an ihre körperlichen und psychischen Grenzen bringen, und plant nebenbei eine Verschwörung gegen das amerikanische Bankenwesen. Der Angestellte fährt eines Nachmittags als Tyler Durden zu einer Tankstelle und fragt den chinesischen Tankwart, der seinen Wagen auftankt, was sein eigentliches Lebensziel sei. Als der Tankwart ihm gesteht, dass er ursprünglich Medizin studieren wollte, zieht Tyler seine Waffe, hält sie dem Chinesen an die Schläfe und verkündet: »Wenn ich nächste Woche hier vorbeikomme und du mir nicht deine Immatrikulation an der medizinischen Fakultät zeigst, erschieße ich Dich.«

Leider wird man selten im Leben so eindeutig und nachdrücklich motiviert. Man nimmt also seine Selbstverbesserung selbst in die Hand, doch dabei sollte man sich bewusst sein, dass dies keine gefahrlose Unternehmung ist und dass sie einige Blessuren auf einer empfindlichen Seele hinterlassen kann.

DIE DREI FALLEN DER SELBSTVERBESSERUNG

Selbstverständlich muss man zwischen kleinen und großen Selbstverbesserungsprojekten differenzieren. Es ist auf den ersten Blick ein Unterschied, ob wir uns vorgenommen haben, mit dem Rauchen aufzuhören, oder ein ausgeglichener Mensch zu werden. Das erste Projekt scheint eine klar fassbare Aufgabe zu sein: Die Zielvorgabe ist eindeutig, die Maßnahmen ergeben sich aus der Aufgabenstellung (keine Zigarette in den Mund nehmen und anstecken).

Dagegen ist das Streben nach größerer Ausgeglichenheit ein schwer abzugrenzender Prozess. Sowohl Zielvorgabe als auch die zu ergreifenden Maßnahmen sind unklar, es lässt sich also schwer sagen, wann genau das Ziel erreicht ist und was man für dieses Ziel unternehmen muss.

Noch schwieriger aber wird es, wenn bei unseren Selbstoptimierungswünschen das Handeln Dritter beziehungsweise die äußeren Umstände eine gewisse Rolle spielen. Wer etwa einen Arbeitsplatz mit besseren Aufstiegschancen und einem höheren Gehalt anstrebt oder sich eine liebevollere Partnerschaft wünscht, oder von Freunden und Familie mehr respektiert werden möchte, kann selbstverständlich etwas dafür tun. Aber seine Anstrengungen und das gewünschte Ergebnis stehen nicht mehr unmittelbar in einem Zusammenhang.

Letztendlich ist es aber gleichgültig, wie komplex das Selbstverbesserungsprojekt ist, das wir in Angriff nehmen: Am Ende wird jedes Projekt, so simpel es auch beginnt, alle Stadien der Selbstverbesserungsspirale durchlaufen. Denn jeder gute Vorsatz hat die Tendenz, in das nächstkomplexere Stadium überzuwechseln, wenn man im ersten Anlauf an ihm scheitert.

Das lässt sich am Beispiel des Vorsatzes, Nichtraucher zu werden, gut nachvollziehen.

Sie haben sich vorgenommen, mit dem Rauchen aufzuhören. Ob Sie zu diesem Zweck die radikale Methode oder die der schrittweisen Verringerung wählen, ist unerheblich. Kaum haben Sie begonnen, Ihren Vorsatz in die Tat umzusetzen, werden Sie mit dem antagonistischen Prinzip konfrontiert: Sie spüren plötzlich, wie gern Sie eigentlich rauchen, wie viel Genuss, Entspannung und Erleichterung Ihnen die Zigaretten im Laufe des Tages verschaffen. (»Ich rauche gern« lautete daher auch 1988 der Leitspruch der Werbekampagne für die Zigarettenmarke *R1,* der genau den Gegenspieler zum Nichtraucher in Ihnen bestärkt.)

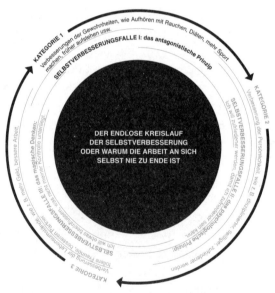

Verbesserungsversuche der Kategorie 1 werden früher oder später zu einer Frage der Persönlichkeit – siehe Kategorie 2. Wer seine Lebensumstände verbessern will – siehe Kategorie 3 – dem werden viele Dinge an sich selber auffallen, die dem im Weg stehen. Und schon spaltet sich das Projekt wieder in einzelne Aufgaben der Kategorien 1 und 2 auf.

Sie können die selbst verordnete Einschränkung nicht durchhalten und schreiben Ihre Rückschläge Ihrer fehlenden Disziplin und Ihrem mangelnden Durchhaltewillen zu.

Erleichterung befällt Sie, als Sie in einer Apothekenzeitschrift lesen, dass wissenschaftliche Versuche ergeben hätten, dass das Suchtpotenzial von Nikotin erheblich größer sei als bisher angenommen. Sie sind also gar nicht so schwach, wie Sie gedacht haben, Sie haben lediglich das Problem falsch eingeschätzt. Sie besorgen sich, wie in der Zeitschrift empfohlen, Nikotinpflaster. 72 % der Anwender schaffen es, mit dem Rauchen aufzuhören, steht im Beipackzettel. Sie kleben die Pflaster überallhin – und rauchen weiter. Der Beweis ist erbracht: Sie gehören zu den charakterschwachen 28 %.

> Mit dem Rauchen aufzuhören, ist
> kinderleicht. Ich habe es schon
> hundertmal geschafft.
> Mark Twain

An diesem Punkt ist das Projekt »mit dem Rauchen aufhören« längst in die nächsthöhere Kategorie gerutscht. Erfolg oder Misserfolg wird zu einer Frage der Persönlichkeit. Ihre Ehre steht auf dem Spiel!

Nachdem Sie eine Weile an sich selbst gelitten haben, kommt Ihnen plötzlich ein sensationeller Gedanke: Waren Sie bisher davon überzeugt, dass Ihre Unzufriedenheit daher rührt, dass es Ihnen nicht gelingt, mit dem Rauchen aufzuhören, ist Ihnen mit einem Mal klar, dass Sie nicht mit dem Rauchen aufhören können, weil Sie unzufrieden sind: Jedes Mal, wenn Sie sich innerlich leer fühlen oder nervös sind, greifen Sie zur Zigarette. Die Zigarette ist Ihr Trostpflaster, es ist das Symptom, nicht die Ursache Ihrer Probleme.

Diese Erkenntnis gaukelt Ihnen nun neue Möglichkeiten bei der Bekämpfung Ihrer Nikotinsucht vor. Sie müssen nur die Ursache in den Griff bekommen, dann ergibt sich das mit dem Rauchen wie von selbst. Noch ahnen Sie nicht, dass Sie Ihr Problem mit diesem Ansatz nur vergrößert haben.

Haben Sie in der Kategorie I Ihrer Selbstverbesserung mit dem antagonistischen Prinzip zu kämpfen gehabt, werden Sie beim Selbstverbesserungsprojekt der Kategorie II –

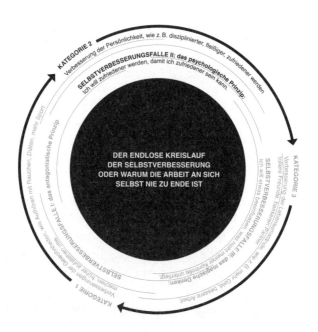

hier die Bekämpfung Ihrer Unzufriedenheit – mit einer weiteren Selbstverbesserungsfalle konfrontiert: dem psychologischen Paradox.

Das berühmteste aller psychologischen Paradoxe kennt jeder, es lautet: »Sei spontan.«
Natürlich kann nach dieser Aufforderung kein Mensch mehr spontan sein. Was immer er auch tut, bezieht sich von nun an auf diese Aufforderung, sei es, um das Geforderte zu erfüllen, oder um dagegen zu protestieren. Deswegen braucht ein Mann, dessen Frau sich darüber beschwert, dass er ihr niemals Blumen mitbringt, auch nicht in einen Laden zu rennen und welche zu kaufen. Die Frau wünscht sich selbstverständlich, dass der Mann aus sich heraus, also spontan, auf die Idee kommt, sie mit einem Blumenstrauß zu überraschen. Mit Blumen, die auf ihre Nachfrage ins Haus gebracht werden, kann sie nichts anfangen.
Ein anderes psychologisches Paradox ist die Anweisung »Entspanne dich«. Denn Entspannung bedeutet, dass man jede Anstrengung fahren lässt und kein Ziel verfolgt. Ähnlich hoffnungslos wie auf Befehl spontan oder entspannt zu sein, ist es, die Anweisung »Mach es mir nicht dauernd recht« zu befolgen.
Und genauso paradox ist es, sich zu bemühen, ein zufriedener Mensch zu sein, denn dieses Bemühen kann ja nur aus einer Unzufriedenheit mit sich selbst entstehen. Mit meinen anderen Charaktereigenschaften verhält es sich ähnlich: Wer sich überwinden muss, um diszipliniert zu sein, ist kein wahrhaft disziplinierter Mensch. Ein Laster, das man jeden Tag aufs Neue bekämpfen muss, hat genauso viel Macht über einen wie eines, das man auslebt. Wahr-

scheinlich sogar mehr. Kurz: Je größer die Anstrengungen sind, die ich zu meiner Selbstverbesserung unternehme, desto mehr wächst in mir die Überzeugung, dass es so, wie ich gerade bin, nicht in Ordnung ist.

Wer besser werden will, hat's nötig.

Es ist an der Zeit, eine entscheidende Frage zu stellen: Wozu machen wir das alles, warum tun wir uns das an – und schon sind wir bei den Selbstverbesserungen der Kategorie III angelangt.

Wer zufriedener werden möchte (Kategorie II), tut dies vielleicht, weil er sich davon mehr Freundschaften oder gar die große Liebe erhofft – alles Ziele, die zu den Selbstverbesserungen der Kategorie III gehören.

Wer wünscht sich das nicht, einen wundervollen Partner, der einen liebt, weil man sich endlich selbst liebt – so wie man ist. (Nein, natürlich nicht so, wie man jetzt gerade ist, sondern wie man bald sein wird, wenn man durch seine Eigenliebe zu einer liebenswerteren Persönlichkeit geworden ist – siehe Selbstverbesserungsfalle der Kategorie II »psychologisches Paradox«.)

Aufregende Liebhaber und viele Freunde, mehr Geld und Ruhm, einen schönen Körper und Gesundheit – das sind alles absolut nachvollziehbare Wünsche, doch deren Erfüllung unterliegt nicht immer unserer Kontrolle. Ob jemand Weltmeister, Außenminister, Millionär und/oder Schönheitskönigin wird, hängt von vielen Komponenten ab. Diese Tatsache ist offensichtlich, sie bedarf eigentlich keiner Erläuterung. Es liegt in der Natur der Sache, dass sich unsere Träume, je kühner sie sind, umso mehr unserem Einflussbereich entziehen. Tatsächlich gibt es Menschen, die uns versprechen, Kontrolle über Umstände zu erlangen, die man nicht kontrollieren kann. Mit diesem Versprechen werden inzwischen auf der Welt Milliarden verdient, wobei die Nutznießer ihren finanziellen Erfolg gleich als Beweis dafür benutzen, dass ihre Methode funktioniert: Ein billiger Trick.

Eine dieser Methoden lautet »Positives Denken«, und die These, die dahintersteckt, besagt: Nur das, was ich mir vorstelle, kann in der realen Welt Gestalt annehmen, und daher muss ich mir das, was ich mir wünsche, nur fest genug vorstellen, dann werden meine Vorstellungen wahr. Wenn das nicht klappt, habe ich es mir noch nicht fest genug vorgestellt.
Das ist die dritte Selbstverbesserungsfalle: das magische Denken, dessen berühmtester Vertreter das positive Denken ist.

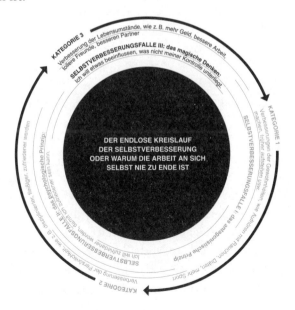

Mit dem magischen Denken ist es wie mit den Kettenbriefen: Die, die zuerst darauf gekommen sind, werden reich, die anderen müssen zahlen.

Man scheint sich mit dem positiven Denken in ein für den Normalsterblichen nicht sichtbares Paralleluniversum beamen zu können. Man muss sich zum Beispiel als heterosexuelle Frau nur den superliebevollengutaussehendenundgroßzügigen Mann vorstellen, der einem daraufhin begegnet. Das ist natürlich wirklich prima, denn bis jetzt war es so, dass man mit den meisten Männern, die einem begegnet sind, auf keinen Fall zusammen sein wollte. Diese Tatsache hat einem manche Party und manches Abendessen verdorben, aber zum Glück wissen wir jetzt, wie wir das ändern können: durch die Kraft der Imagination.
Die tollen Jobs, das viele Geld, Glück, Zufall, Gesundheit, Spontanheilungen kommen zu uns, ganz ohne Anstrengung, sobald wir positiv denken.

Dass Bücher wie *Erfolgreich wünschen* oder *Grüße vom Universum* millionenfach verkauft werden und Millionen Menschen immer noch arbeitslos sind oder unzufrieden mit ihren Jobs, mit ihren Partnern und ihren Lebensumständen, sollte uns eigentlich misstrauisch machen. Doch wir hoffen wie der Calvinist, dass wir zu den Guten gehören, denen das positive Denken gelingt, weil wir die Kraft haben, daran zu glauben. Die anderen, die das Schicksal trotz der Lektüre solcher Bücher immer noch beutelt – mit denen brauchen wir kein Mitleid zu haben, denn sie sind selbst schuld, wenn sie sich so ungehemmt ihren negativen Gedanken und Gefühlen hingeben.

Inzwischen sind alle Bevölkerungsschichten vom magischen Denken infiziert, und man muss sich daher genau überlegen, wem man sich überhaupt noch mit seinem Frust, seinen Ängsten und seinem Ärger anvertrauen kann: Spricht man beispielsweise über seine Existenzängste, weil in dem In-Viertel, in dem man wohnt, die Mieten immer teurer werden, die Jobs aber immer weniger und immer schlechter bezahlt, muss man sich darauf gefasst machen, dass selbst gute Freunde »keine Lust haben, sich das Gejammer anzuhören« und dass man »etwas an seiner Einstellung ändern« müsse. Endgültig zu Feinden werden sie, wenn man ihren Vorschlag ablehnt, bei einer Heilerin einen 250 Euro teuren Kurs zu buchen, in dem man lernt, seinen Geldfluss wieder in Gang zu bringen. Das Argument, dass man nicht 250 Euro für eine Wunderheilerin ausgeben wolle, wenn man nicht einmal weiß, wie man die nächste Miete bezahlen soll, zählt für sie nicht: Wer nicht einmal 250 Euro investieren will, um sein Problem zu lösen, der ist an seiner Situation selbst schuld und hat ihrer Meinung nach den Erfolg nicht verdient.

Wussten Sie übrigens, dass der Versuch, seine Gedanken zu kontrollieren, wahnsinnig machen kann? Im besten Falle aber macht er unglücklich und arm.
Die US-Journalistin Barbara Ehrenreich hat ein ganzes Buch über die negativen Folgen des positiven Denkens mit dem Titel *Smile or Die* geschrieben. Am Beispiel der Krankheit Brustkrebs erläutert sie, wie Tausende von Frauen versuchen, die oft tödliche Krankheit durch positive Gedanken zu besiegen. Als wäre ihr Schicksal nicht schon Unglück genug, vergrößern sie also ihr Leid, indem sie sich dafür verantwortlich machen. In Internetforen kla-

gen sie sich an, weil es ihnen nicht gelingt, durch Gedankenkraft den Tumor in ihrer Brust und die Metastasen in ihrer Lunge zu verkleinern. Doch wer Todesangst hat, kann sich keine hellen und hoffnungsvollen Gedanken machen, das liegt in der Natur der Sache. Wer es trotzdem versucht, wird noch verzweifelter werden, als er es ohnehin schon ist.

Es gibt ein einfaches Experiment, mit dem Sie erleben können, wie der Versuch, positiv zu denken, genau das Gegenteil von dem bewirkt, was man sich allgemein davon verspricht:
Joanne Wood von der kanadischen University of Waterloo berichtete, dass Probanden mit gering ausgeprägtem Selbstbewusstsein allein durch das Aufsagen allgemein positiv konnotierter Sätze ihre Stimmung, ihren Optimismus und ihre Bereitschaft an Aktivitäten teilzunehmen, messbar verschlechterten.

Sie können nicht einmal positiv denken?
Sie sind wirklich zu nichts nutze!

Positives Denken ist, als versuche man, nicht an den rosa Elefanten zu denken, nur um sich anschließend schuldig zu fühlen, weil man es doch tut. Das Blöde ist: Ist der Elefant erst einmal im Kopf, geht er so schnell nicht wieder heraus. Nun müssen Sie sich noch davon überzeugen, dass der rosa Elefant in Ihrem Kopf schuld daran ist, dass Sie sich vor ein paar Wochen den Fuß gebrochen haben, dass Sie nicht den Partner haben, den Sie sich wünschen, und nicht so viel Geld verdienen, wie Sie gerne würden. Wenn Ihnen das gelungen ist, dann sind Sie Experte im positiven Denken.

In allen drei Stadien der Selbstverbesserung ist also das Scheitern vorprogrammiert. Oft mündet die Selbstoptimierung in dem Versuch, die gewünschte Verbesserung durch magische Praktiken herbeizuzaubern.
Noch während man im dritten Stadium steckt, also versucht, durch reine Gedankenkraft das Lebensglück anzuziehen, beginnt die Spirale der Selbstverbesserung wieder von vorn. Sie läuft jetzt parallel.
Denn natürlich ist kein Mensch so naiv zu glauben, dass es ausreicht, sich den Traumjob vorzustellen, um ihn – ohne sich zu bewerben – tatsächlich zu bekommen. Oder dass der Traumpartner nach intensivsten Tagträumen einfach zum berühmten Fenster hereinfliegt. Man zerlegt daher das große Ziel, zum Beispiel das Finden des Traumpartners, wieder in kleinere Schritte wie »Abnehmen«, »mehr Sport machen«, »Schüchternheit abbauen«, »nicht mehr so viele Abende fernsehen, sondern ausgehen« und so weiter – und landet dort, wo man mit der Selbstverbesserung angefangen hat.

Der italienische Schriftsteller Italo Svevo, ein profunder Kenner der absurden Pirouetten, die man bei der Selbstverbesserung drehen kann, stellte fest, dass man nicht durchs Leben geht, sondern eher stolpert. Der gerade Lebensweg, den man aufrecht und mit gutem Gewissen in stiller Würde entlangschreitet, existiert nicht. Oder nur für wenige.
»Das Leben verträgt keine Behandlungen.« Diesen Satz legte Italo Svevo seinem berühmten Helden Zeno Cosini in den Mund. Zeno Cosini ist ein Triester Kaufmann, der ein Leben lang gegen seine Nikotinsucht kämpft und in diesem Punkt viele Ähnlichkeiten mit meinem Vater hat.

Wie mein Vater schafft es Zeno natürlich nie, mit dem Rauchen aufzuhören. Aber eines hat Zeno Cosini nach einem Leben voller Rückschläge und Selbstzweifel herausgefunden: »Das Leben ist eine Krankheit, kennt tägliche Besserungen und Verschlechterungen, aber im Gegensatz zu anderen Krankheiten ist das Leben nicht heilbar, es endet immer tödlich.«

FOLGENDE FRAGEN KÖNNEN SIE FÜR SICH
BEANTWORTEN, WENN SIE WOLLEN.

Denken Sie bei jeder Flasche Wein, die Sie leertrinken, dass Sie einen schwachen Charakter haben?   *Ja*

Glauben Sie, dass andere Menschen disziplinierter und optimistischer sind als Sie?   *Ja*

Haben Sie ein oder mehrere Bücher gelesen, in denen as positive Denken empfohlen wird?   *Ja*

Haben Sie das Gefühl, dass sich nach der Lektüre dieser oder ähnlicher Bücher Entscheidendes in Ihrem Leben geändert hat?   *Ja*

Haben Sie das Gefühl, dass nur Ihnen das positive Denken nicht gelingt?   *Ja*

Sprechen Sie mit anderen Menschen über Ihre Unfähigkeit zum positiven Denken?   *Ja*

Befällt Sie manchmal die Sehnsucht, sich auf eine Insel oder in ein einsames Kloster zurückzuziehen, an einen Ort also, an dem Sie gewaltsam sämtlichen Gewohnheiten und Verführungen entrissen werden? *Ja*

Wenn Sie die wichtigsten Sachen aufzählen, die Sie gerne an sich ändern würden – brauchen Sie dafür mehr als die Finger an einer Hand? *Ja*

4
DÜNNE MENSCHEN
HABEN MEHR SEX!
... UND ANDERE LÜGEN ÜBER DEN NUTZEN VON DIÄTEN, SPORT UND BILDUNGSPROJEKTEN

*Ich fing mit einer Diät an,
hörte auf zu trinken und zu rauchen,
und in vierzehn Tagen
verlor ich exakt zwei Wochen.*
Joe E. Lewis

Grundsätzlich ändern können wir uns nicht, doch mit Disziplin lässt sich einiges erreichen, könnten einige besonders hartnäckige Selbstoptimierer einwenden. Das stimmt. Wem Sport keinen Spaß macht, der wird sich sicher eine Weile oder auch länger zwingen können, sich sportlich zu betätigen. Schlechte Gewohnheiten können mit einiger Willenskraft abgestellt werden. Man kann sich einem straffen Tagesplan unterwerfen und jeden Abend in ein Notizbuch eintragen, inwieweit man die selbst gesteckten Ziele erreicht hat, wie es die Anhänger des bayerischen Psychologen und Glücksforschers der ersten Stunde, Gustav Grossmann, machen. Einige tun sich in Gruppen zusammen, um gemeinsam abzunehmen und/oder mit dem Trinken oder Rauchen aufzuhören.

Nehmen wir also einmal an, die guten Vorsätze werden in die Tat umgesetzt und die angestrebte Verbesserung ist erreicht. Dann ist es Zeit, eine entscheidende Frage zu stellen: Haben diese Verbesserungen tatsächlich die Auswirkungen auf unsere Gesundheit und unser Leben, die wir uns von ihnen erhoffen? Leben wir länger, wenn wir uns gesund ernähren? Sind wir attraktiver und begehrenswerter, wenn wir schlanker sind? Sind wir dann zufriedener?

Bevor man Verzicht und Quälerei auf sich nimmt, gilt es – nüchtern und unvoreingenommen – zu prüfen, ob sich die Anstrengung überhaupt lohnt.

Selbstverbesserung: Fast unmöglich, und dann auch noch unnötig?

Um die vielen allgemein bekannten Wahrheiten, welche in der Öffentlichkeit kursieren und im Internet und in Zeitschriften verbreitet werden, richtig einordnen zu können, muss man wissen, wie Forschungsergebnisse zustande kommen: Experten untersuchen den Zusammenhang von zwei Faktoren, zum Beispiel »Verzehr von Gemüse« und »Häufigkeit von Herzinfarkt«, und setzen sie miteinander in Beziehung. Dann vergleichen sie dieses Ergebnis mit dem einer Kontrollgruppe. Möglicherweise finden sie dadurch heraus, dass Menschen, die viel Gemüse essen, seltener einen Herzinfarkt erleiden. Aber was sagt mir das? Und was hat das mit meinem Leben zu tun?

Dazu an dieser Stelle ein Schnellkurs in Statistik:

Die Autoren der Studie *Journal of the American Medical Association* (JAMA 2011) fanden heraus, dass starker Fernsehkonsum die Lebenserwartung einschränkt. Wer also sechs Stunden und mehr am Tag fernsehe, schrieben sie im *British Journal of Sports*, verkürze sein Leben statistisch gesehen um siebzehn Minuten pro Stunde Fernsehen. Zum Vergleich: Jede geraucht Zigarette verkürzt das Leben statistisch um elf Minuten.

Die Wissenschaftler nahmen also eine Gruppe – nämlich Menschen, die sehr viel fernsehen – und setzten diese Gewohnheit in Bezug zu ihrer Lebenserwartung. Dann verglichen sie das Ergebnis mit dem Untersuchungsergebnis einer Kontrollgruppe. Diese bestand aus Menschen, die tagsüber nicht nur fernsehen, sondern auch arbeiten,

einkaufen gehen, ihre Kinder von der Schule abholen, kochen, tanzen, baden und Freunde besuchen.
Zum Ergebnis der Studie bemerkt am 16.08.2011 auf *www.aerztezeitung.de* der Arzt Thomas Georg Schätzler sehr treffend, dass hier Ursache und Wirkung verwechselt werden. Es seien vor allen Dingen schwer kranke und bettlägerige Menschen, die aufgrund ihrer Bettlägerigkeit gezwungen seien, ihre Zeit vor dem Fernsehapparat zu verbringen. Der Fernsehkonsum verkürze nicht ihr Leben, sondern ihre lebensverkürzende Krankheit sei die Ursache für den exzessiven Fernsehkonsum. Dr. Thomas Georg Schätzler schreibt: »Unsere Patienten sterben nicht, *weil* sie fernsehen, sondern *während* der Fernseher läuft!«

Bei der Frage, ob Sport wirklich gesund ist, verhält es sich ähnlich. Auch hier drängt sich der Verdacht auf, dass Ursache und Wirkung verwechselt werden. Zumal man davon ausgehen muss, dass in den meisten Untersuchungen viele Merkmale, in denen sich Sportler von Nicht-Sportlern unterscheiden, nicht berücksichtigt werden. Der Mediziner und Molekularbiologe Perikles Simon von der Gutenberg-Universität in Mainz warnt, dass man aus derartigen Untersuchungen insbesondere nicht folgern könne, dass für Personen, die mit Sport beginnen, um ihre Gesundheit zu verbessern, die Lebenserwartung in dem Ausmaß steigen würde, wie sie für Sportler beobachtet wird, die schon immer freiwillig Sport getrieben haben. Es gibt eine Reihe von Indizien dafür, dass Sport, der keinen Spaß macht und mit großem Widerwillen im Hinblick auf den Wunsch nach einer Verbesserung der Gesundheit betrieben wird, nur in seltenen Fällen Erfolg bringt. Das wird aber in den Statistiken nicht erfasst. Genauso wenig wird mit einberechnet, inwieweit Sport das Leben verkürzen kann, durch Sportunfälle oder übertriebenes Training zum Beispiel. Der pauschale Aufruf zum Sport dient nicht der Volksgesundheit, findet Dr. Simon. So tauchen zum Beispiel nach Marathonläufen ein Drittel der Teilnehmer beim orthopädischen Facharzt auf, um sich behandeln zu lassen. Das sind in Deutschland pro Jahr immerhin 100 000 bis 150 000 Menschen!

Was als allgemein gültig verkauft wird, betrifft also nur eine spezielle Gruppe der Bevölkerung, nämlich Menschen, denen Sport guttut und die zufällig bei der Ausübung ihrer Sportart keinen Unfall erleiden. Und wer weiß, ob wir dazu gehören.

Sport ist eine Methode, Krankheiten
durch Unfälle zu ersetzen.
Ottfried Fischer

Ich könnte ebenfalls eine Studie erstellen und etwa drei Dutzend Menschen untersuchen, die über hundert Jahre alt sind und bekennende Sporthasser sind. Solche Menschen sind nicht schwer zu finden. Es gibt viele, die das Nichtsporttreiben gut überstehen, allein in meiner Familie gibt es drei: Meine Oma väterlicherseits wurde 104 Jahre alt, und ich kann mir nicht vorstellen, dass sie jemals Sport getrieben hat. Meine Oma mütterlicherseits wurde 102 Jahre, und auch sie hat sich nie sportlich betätigt. Genauso ihr Mann, der immerhin 97 Jahre alt wurde. Sobald ich genug alte Menschen für die erste Gruppe zusammenhabe, würde ich nun eine ähnlich große Kontrollgruppe zusammenstellen. Ich würde im Freundeskreis herumfragen, wessen Großeltern einigermaßen sportlich waren und außerdem früh verstorben sind. Dann wird noch die

Lebenserwartung der zwei Gruppen verglichen – Simsalabim, habe ich ein Ergebnis, das mir gut gefällt: Wer wenig Sport treibt, wird über 100 Jahre alt!

Allgemein anerkannte Gesundheitsregeln sind also mit Vorsicht zu genießen. Zudem lässt sich zu jedem Forschungsergebnis im Internet eine Studie finden, die das genaue Gegenteil besagt. Sie könnten also die Selbstoptimierung sein lassen und sich stattdessen mit einer Tafel Schokolade (wussten Sie, dass Schokolade nachweislich den Blutdruck senkt und ab 7,5 Gramm pro Tag das Risiko eines Herzinfarkts oder Schlaganfalls um ganze 39 Prozent verringert?) an den Rechner setzen und nach Studien googeln, welche genau zu Ihrem aktuellen Lebensstil passen.

Die folgende Liste gibt einen Überblick über die häufigsten Selbstverbesserungsziele und stellt deren tatsächlichen Nutzen infrage:

KÖRPER
ENDLICH DIÄT MACHEN – BLOSS NICHT!

Die meisten Diätprodukte werden in den USA hergestellt und konsumiert. In dem Land, in dem Körperkult und Fitnesswahn allgegenwärtig sind, leben merkwürdigerweise die meisten Dicken!
Wer abnehmen will, möchte vor allen Dingen sexuell attraktiver sein, denn Dicke, mit denen will doch keiner schlafen. Das stimmt aber nicht unbedingt. Die Frauenärztin Bliss Kaneshiro von der Universität Honolulu wunderte sich vor

Kurzem über die Tatsache, dass in den USA übergewichtige Frauen häufiger ungewollt schwanger werden als schlanke. Es gibt nun zwei Möglichkeiten: Entweder dicke Frauen verhüten weniger – oder sie haben mehr Sex.
Sie forschte nach, und es stellte sich heraus, dass dicke und sogar fettleibige Frauen alles andere als abstinent waren. Sie schliefen sogar häufiger mit Männern als die vermeintlich begehrteren Schlanken. Bliss Kaneshiro warnte also ihre Kollegen: »Manche Ärzte gehen davon aus, dass dicke Frauen ohnehin keinen Sex haben. Sie beraten sie daher unzureichend über Verhütung oder wie sie sexuell übertragbare Krankheiten vermeiden können. Das Vorurteil entbehrt aber offenbar jeder Grundlage.«

GESÜNDER ESSEN – WEM'S SCHMECKT, DEM WIRD'S SCHON NICHT SCHADEN

Wer gesund lebt und sich gesund ernährt, hat eine höhere Lebenserwartung: Diese Annahme wird von niemandem ernsthaft bestritten. Doch eine aktuelle Studie des Longevity Genes Project kommt zu dem Ergebnis, dass der Lebensstil relativ wenig Einfluss auf die individuelle Lebenserwartung hat. Die Forscher hatten knapp 500 Amerikaner zwischen 95 und 112 Jahren zu ihrem Lebensstil befragt, das heißt zu ihrem Alkohol- und Tabakkonsum, der Ernährung und ihrem körperlichen Training. Was diese Amerikaner gemeinsam hatten, war ihre Herkunft: Die Befragten waren europäische Juden (Aschkenasim). Ihre Daten wurden anschließend mit den Daten von über 3000 Personen verglichen, die an einer Untersuchung in den 1970er Jahren teilgenommen hatten und im gleichen Zeitraum geboren worden waren.

Das Ergebnis: Menschen, die älter als der Durchschnitt werden, leben nicht gesünder als der Rest der Bevölkerung. In einigen Punkten schnitten sie sogar schlechter ab als die Mitglieder der Kontrollgruppe. Damit stehe fest, so die Forscher, dass Umwelteinflüsse eine wesentlich kleinere Rolle für Langlebigkeit spielen als bislang angenommen. Studienleiter Nir Barzilai von der Albert Einstein Universität in New York erklärt: »Die europäischen Juden haben stattdessen Gene, die sie vor negativen Umwelteinflüssen schützen.«

MINDESTENS DREI LITER WASSER AM TAG TRINKEN – WER HAT DAS EIGENTLICH GESAGT?

Irgendwann kam es in die Welt, das Märchen, dass wir alle zu wenig trinken. Durst, so heißt es in sämtlichen Gesundheitsmagazinen, sei ein Warnsignal des Körpers, besser sei es, man käme diesem bedrohlichen Zustand zuvor. Mindestens zwei, wenn nicht drei Liter am Tag solle ein erwachsener Mensch trinken, denn Wasser macht gesund und schön. Auch ich war davon überzeugt, dass ich mich, wenn ich drei Liter Mineralwasser über den Tag verteilt in mich hineinwürge, gegen sämtliche Krankheiten wappne und meiner Cellulite den Garaus mache. Trotz dieser wunderbaren Aussichten habe ich dieses Pensum selten geschafft. Umso mehr freut es mich, dass neue Studien aus England und den USA gezeigt haben, dass die empfohlenen zwei bis drei Liter übertrieben sind. Die Empfehlung sei sachlich unbegründet, schreiben die Wissenschaftler. Woher sie stammt, konnten sie nicht ermitteln. Sie wird einfach immer weitergegeben. Dabei kann zu viel Flüssigkeit ungesund sein, denn das Blut wird verdünnt, und dadurch kann ein Natriummangel ausgelöst werden.

Besonders Sportler trinken zu viel, da ihnen von Experten geraten wird, ihren Flüssigkeitsverlust auszugleichen. Die Folge ist, dass 13 Prozent der Marathonläufer Natriummangel haben.
Die Wissenschaftler empfehlen Folgendes: Trinken Sie, wenn Sie durstig sind. Bei gesunden Menschen meldet der Körper seinen Bedarf an Flüssigkeit schon, auch wenn die Industrie oft anderes behauptet.

ÖFTER MAL ENTSCHLACKEN – WAS SIND EIGENTLICH SCHLACKEN?

Manche sehen ihren Körper als einen dreckstarrenden Sack an, der nicht nur äußerlich, sondern gerade auch innerlich der regelmäßigen Reinigung bedarf. Darmreinigung und Fastenkuren sind ihrer Meinung nach unerlässlich, um die vielen Schlacken, die sich in unserem Körper und unserem Fettgewebe angesammelt haben, »auszuschwemmen«. Nur, dass es diese Schlacken nicht gibt. »Schlacken« fallen im Körper nicht an. Unsere Leber und Nieren und unsere Lunge entsorgen tagtäglich die anfallenden Stoffwechselprodukte.
Es wird schon nicht im Notarztwagen enden, wenn Sie mal fasten, wie die Deutsche Gesellschaft für Ernährung und Diätetik glaubt, die eindringlich vor dem Heilfasten warnt. Aber alle, die bis jetzt noch nie eine Fastenkur über vierundzwanzig Stunden durchgehalten haben, haben nun eine wunderbare Entschuldigung: Ein medizinisch positiver Effekt des Fastens und Schlackenausschwemmens ist bis jetzt nicht belegt.

SEELE
SELBSTERKENNTNIS HILFT – UND MACHT TIEFTRAURIG

In sich hineinzuhorchen, bringt Gutes. Man wird sich klar über seine Ängste und Gefühle und erweitert sein Bewusstsein. Meditation, bestimmte Formen von Yoga oder die Greenberg-Methode sollen uns zur Selbsterkenntnis führen. Doch in Wirklichkeit macht der Blick nach innen viele Menschen traurig.

Die Meditationsmeister und Yogalehrer behaupten, dass gerade dieser Effekt zeige, wie viel negative Gefühle wir in unserem Körper abgespeichert haben, die man durch die Meditation auflösen beziehungsweise verwandeln könne. Das macht naturgemäß keinen Spaß und fühlt sich auch nicht angenehm an, aber jemand, der zum Beispiel meditiert, hat ja gerade beschlossen, vor diesen Emotionen nicht mehr wegzulaufen.

Und gerade das macht es so tückisch, warnt der amerikanische Wissenschaftler Deane H. Shapiro. 1992 fand er heraus, dass 62,9 Prozent der von ihm untersuchten Meditierenden negative Auswirkungen während und nach der Meditation beklagten. 7,4 Prozent erfuhren schlimme negative Effekte. Panik- und Angstattacken, starke depressive Verstimmungen und Verzweiflung wurden auch nicht weniger, wenn über Jahre und sogar Jahrzehnte regelmäßig meditiert wurde. Dass es ihnen durch die Meditation ganz offensichtlich schlecht ging, war kein Grund für diese Leute aufzuhören, sie waren überzeugt davon, dass dies ein Teil dieses Weges sei.

Dass sie damit schlicht das Gefühl dafür verlieren, was ihnen guttut, darauf kamen sie nicht.

Natürlich soll jeder, der meditieren möchte, meditieren; und ich glaube allen, die sagen, dass sie sich damit wohlfühlen. Ich weigere mich aber zu glauben, dass etwas Gutes dabei heraus-

kommt, wenn man einer Tätigkeit nachgeht, die einen unglücklich macht.

MEHR SELBSTBEWUSSTSEIN FÜHRT INS ABSEITS

Kaum einer, der sich nicht wünschte, selbstbewusster zu sein. Was hätte man nicht alles erreichen können, wenn man nicht so von Selbstzweifeln geplagt wäre. Und ohne die lästigen Minderwertigkeitskomplexe käme man auch besser bei anderen Menschen an und könnte sich viel unbefangener künftigen Sexualpartnern nähern. Aber stimmt das? Sie können das ganz leicht überprüfen, denn der von vielen herbeigesehnte Zustand lässt sich recht einfach herstellen: Eine Prise Koks zum Beispiel, und man fühlt sich, als gehöre einem die Welt und man habe alles im Griff.
Gehen Sie anschließend unter Leute, die nicht gekokst haben. Beobachten Sie genau, wie sich das anfühlt, ein selbstsicherer Mensch zu sein. Bitten Sie am nächsten Tag die Menschen, denen Sie während dieses Experimentes begegnet sind, Ihnen ehrlich zu schildern, welchen Eindruck sie von Ihnen hatten. Eines kann ich Ihnen jetzt schon verraten: Sympathisch macht ein gesteigertes Selbstbewusstsein nicht.

OPTIMISMUS – WER AN SICH GLAUBT, STIRBT FRÜHER

Wer an sich glaubt, erreicht mehr? Nein, er stirbt früher: Das Vertrauen von Optimisten, Schwierigkeiten in ihrem Leben zu besiegen, und die Bereitschaft, mehr Risiko im Leben einzugehen, könnte die Erklärung bieten, warum Optimisten häufiger jung sterben, so eine Studie der Universität Kalifornien. Ergänzend hierzu gibt es eine Studie der Stanford Universität: Fröhlichere Kinder neigen im späteren Erwachsenenalter zum Rauchen, sie trinken mehr und haben riskantere Hobbys.

GLÜCKLICHER SEIN - WOZU EIGENTLICH?

Wer wunschlos glücklich ist, würde ziemlich bald sterben. Das leuchtet ein. Unser Organismus hat viele Bedürfnisse, die er uns durch deutliches Unwohlsein anzeigt, zum Beispiel Hunger und Durst. Dadurch werden wir aktiv, um den Status quo wiederherzustellen.
Aber auch auf geistiger Ebene kann Unzufriedenheit fruchtbar sein. Unzufriedenheit und die Konzentration auf Dinge, die falsch laufen, halten einen wach und machen erfinderisch. Und geistig wach und erfinderisch zu sein, ist allemal mehr wert, als glücklich zu sein. Glück ist sowieso ein flüchtiges Gefühl, und sobald man sich bewusst ist, dass man glücklich ist, ist man es schon nicht mehr.
Welche seltsamen Wege das Glück übrigens geht, erfährt, wer im World Values Survey *nachliest, welche Länder auf dieser Welt die glücklichsten Einwohner haben. In der Regel sind wohlhabende Länder glücklicher als arme, so belegt Dänemark in der Glücksskala seit Jahren den Platz eins. Aber vor neun Jahren haben sich die Nigerianer als das glücklichste Volk der Welt geoutet. Nichts wie hin nach Nigeria, könnte man denken. In das Land mit der korruptesten Regierung weltweit, wo mehr als drei Millionen Menschen mit Aids infiziert sind und jedes zehnte Baby seinen ersten Geburtstag nicht erlebt. Kriminelle Banden haben das Sagen in Lagos,*

der größten Stadt Nigerias. Sie rauben, vergewaltigen und morden, ohne dass sie jemand daran hindert.
»Das Geheimnis des Glücks meiner Landsleute ist womöglich die Gelassenheit, die sich einstellt, wenn ein Menschenleben nichts mehr zählt«, schreibt Reuben Abati, Kommentator der Zeitung Guardian *(Lagos) 2003 auf* BBC News Online.
Ich möchte dieses Glück nie erleben.

Die wahren Lebenskünstler sind bereits
glücklich, wenn sie nicht unglücklich sind.
Jean Anouilh

SPIRITUALITÄT
ABSICHTSLOS SEIN MIT ALLER GEWALT

Geben Sie sich keine Mühe. Erwachen kann man nämlich auch vor dem Fernseher mit einer Tüte Chips in der Hand.

GEIST
SICH GEISTIG MEHR HERAUSFORDERN –
THEORETISCH EINE GUTE IDEE

Bereit sein, Neues zu lernen, sich stets herausfordern, sich für etwas begeistern können – das sind alles lobenswerte Eigenschaften. Man will sich schließlich geistig fit halten. Eine neue Sprache zum Beispiel eröffnet einem nicht nur menschlich und beruflich neue Möglichkeiten, sondern ist gleichzeitig ein gutes »Gehirnjogging«.
Aber obwohl die Vorteile auf der Hand liegen, können Sie sich nicht überreden, endlich mit Ihrem persönlichen Bildungs-

projekt anzufangen? »*Das liegt daran, dass die Idee, etwas zu tun, was gut für einen wäre, nur ein Gedanke ist*«, *sagt der Psychiater Dr. Mazda Adli von der Charité Berlin.* »*Und für einen Gedanken kann man nicht wirklich Begeisterung aufbringen.*«
Begeisterung kann man sich nicht vornehmen und auch nicht erzwingen. Begeisterung entsteht von ganz allein, und meistens nicht für einen Gedanken, sondern für etwas Lebendiges. Wer beispielsweise eine Sprache lernen will, sollte sich nicht in der nächsten Volkshochschule anmelden, sondern lieber einen Liebhaber oder eine Geliebte suchen, mit dem oder der man sich ausschließlich in dieser Sprache verständigen kann. Im Bett, gemeinsam mit einem realen Menschen, lernt es sich leichter als am Schreibtisch.

MATERIE
GARTENARBEIT

Ich sollte mehr im Haus und/oder im Garten tun. Wer mit diesem Gedanken mehr Zeit verbringt als mit der tatsächlichen Gartenarbeit, sollte besser sein Haus und den Garten verkaufen!

Auch wenn man gerade nicht an sich arbeitet, schleppt man eine Reihe von Vorhaben mit sich herum, die der Umsetzung harren. Selten ist einem bewusst, wie viel Energie es einen kostet, die Stimme zu ignorieren, die unablässig mahnt: Du wolltest doch abnehmen, eine Woche keinen Wein mehr trinken, keinen Industriezucker mehr essen, weniger fernsehen und mehr Sport treiben.

Energie, die man auch für etwas anderes verwenden könnte.

Statt also Schlacken im und am Körper abzubauen, Keller, Haus und Seele aufzuräumen, wird es höchste Zeit, die guten Vorsätze auszusortieren: Welche Vorhaben sind älter als drei Jahre alt, ohne dass man sie bisher in den Alltag integriert hätte? Weg damit. Welche Vorhaben haben sich inzwischen erledigt, und in welchem Punkt haben sich Körper und Geist so weiterentwickelt, dass das ehemals angestrebte Ziel nicht mehr ohne ein Wunder erreicht werden kann?

Streichen Sie so viele Vorsätze wie möglich von Ihrer inneren Projektliste. Ein für allemal. Werfen Sie den Stapel aus ungelesenen Zeitungen und Büchern in die Papiertonne. Eliminieren Sie Pflichttermine für Kultur und Sport aus Ihrem Kalender. Werfen Sie kaputte Gegenstände weg, die Sie schon lange reparieren wollen, aber bis heute nicht repariert haben. Kleidung, die Sie sich gekauft haben, um sich für Ihr künftiges Traumgewicht zu belohnen, und die Ihnen immer noch nicht passt, können Sie getrost entsorgen oder verkaufen. Das regelmäßige Tagebuchschreiben quält Sie, aber Sie tun es dennoch, weil Sie glauben, es sei gut für Ihre Seelenhygiene? Lassen Sie es!

Alles, was Sie sich jemals vorgenommen haben, sollte ganz neu auf den Prüfstand gestellt werden. Insbesondere, wenn Sie mit Ihren Vorhaben Ihre Mitmenschen beglücken möchten. Denn nicht alles, was theoretisch sinnvoll und vernünftig erscheint, erfüllt diesen Anspruch auch in der Praxis. Und was die Bedürfnisse anderer Menschen angeht, kann man sich gewaltig irren.

In der Zeit, als meine Schwester und ich die Grundschule besuchten, war die Stimmung in unserer Familie nicht optimal. Eine Familienbesprechung wurde einberufen. Mit ernstem Gesicht verkündete unsere Mutter, dass sie beschlossen habe, vieles müsse sich ändern. Sie wünsche sich, dass unser Zusammenleben schöner und harmonischer werde, und sie habe sich diesbezüglich Gedanken gemacht. Gespannt erwarteten wir ihre Vorschläge, das hörte sich großartig an. Es gab vieles, was unserer Meinung nach verbesserungswürdig war, zum Beispiel würden wir gerne öfter bei unseren Freundinnen übernachten oder abends länger draußen bleiben. Auch die Hausaufgabenkontrolle und die abendliche Überwachung unserer Körperpflege schienen uns übertrieben. Vielleicht ließ sich sogar die Gunst der Stunde nutzen, und man konnte ein paar lang gehegte Wünsche einfordern, wie einen Hund oder mehr Fernsehen.

Unsere Mutter nahm die Hand meines Vaters: »Euer Vater und ich wollen uns bei euch entschuldigen, dass wir so wenig Zeit für euch haben. Und wir haben uns vorgenommen, dass wir in Zukunft mehr mit euch spielen.«

Entgeistert schauten meine Schwester und ich uns an. Wir hatten vieles erwartet, aber darauf wären wir nicht gekommen. Meine Schwester protestierte als Erste: »Wir wollen nicht mit euch spielen! Spinnt Ihr?«

> Staatlich verordnetes schlechtes Gewissen:
> Immer wieder mahnt das Bundesministerium
> für Familie in Hochglanzbroschüren und auf
> flächendeckenden Anzeigen: Spielt mehr mit
> Euren Kindern.

WAS WOLLEN SIE AN SICH ÄNDERN?

Schreiben Sie alles auf ein weißes Blatt Papier, was Sie an sich, also an Ihrem Körper und Ihrem Charakter verbessern wollen, beziehungsweise, was Sie an Ihrem Leben verändern möchten.

Dann knüllen Sie den Zettel zusammen und werfen ihn weg.

5
SCHLUSS MIT DER ARBEIT AN SICH SELBST!
WAS MAN NICHT ERREICHEN WILL, KANN AUCH NICHT UNGLÜCKLICH MACHEN

»I'm born this way!«
Lady Gaga

Eines Morgens klebte an der Wohnungstür unserer Wohngemeinschaft ein Zettel, auf dem stand, dass wir binnen zwei Wochen auszuziehen hätten. Es war zu meinen Studienzeiten, unser Hausbesitzer war pleite gegangen und nach Ibiza abgehauen. Wir waren fünf Mädchen Anfang zwanzig, und alle suchten ein neues und vor allen Dingen günstiges Zimmer. Da es gerade mitten im Semester war, nahm ich das erstbeste Angebot an. Ein paar Straßen weiter vermietete eine Frau Mitte vierzig ein Zimmer in ihrer 130 Quadratmeter großen Wohnung. Sie schien vertrauenswürdig, Bad und Küche waren sauber, und – das war das Wichtigste – sie ging jeden Tag zur Arbeit, würde also tagsüber nicht da sein.

Es dauerte nicht lang, bis ich feststellte, dass meine neue Vermieterin zwanghaft war. Sie putzte nach einem strengen Zeitplan, zählte die Nahrungsmittel im Kühlschrank, die Blätter auf den Klopapierrollen, wusste, wie oft ich telefonierte, ein Bad nahm oder die Spülung zog. Die wenigen Telefonanrufe, die sie erhielt, schnitt sie mit und archivierte sie. Sie klaubte vertrocknete Gurkenschalen und leere Joghurtbecher aus dem Müll und legte sie mir vor die Zimmertür, weil ich sie in die falschen Abfallbehälter geworfen hatte. Das passierte oft, denn sie hatte über ein Dutzend Müllbehälter in ihrer Küche aufgestellt, und es fiel mir schwer, sie alle auseinanderzuhalten, allein für

leere Flaschen gab es fünf: einen für dunkle Flaschen, einen anderen für Weißglas, einen dritten Drahtkorb für die Flaschen, die im Bioladen abgegeben wurden, und einen vierten für Gläser, die man wiederverwenden konnte. In den fünften kamen schließlich die normalen Pfandflaschen. Sie duldete kein benutztes Geschirr neben der Spüle, keine Wäsche auf dem Wäscheständer (außer montags), keinen Schuh oder Mantel von Besuchern in ihrem Flur. Kurzum: Sie kontrollierte alles.
Nach einer Weile erfuhr ich auch, warum mein Zimmer frei geworden war. Meine Vermieterin hatte bis vor Kurzem mit ihrer Freundin zusammengelebt, einer hübschen und fröhlichen Frau, so jedenfalls mein Eindruck, nachdem sie mir einige Fotos gezeigt hatte. Sie hatte sie verlassen, weil sie ihre Zwanghaftigkeit nicht mehr ertragen konnte. Der Auszug ihrer Freundin habe sie so aufgewühlt, dass sie nur wenige Tage später eine Therapie begonnen habe, gestand sie mir bei einem gemeinsamen Abendbrot. Am darauffolgenden Samstagmorgen stand ich auf und ging in die Küche. Meine Vermieterin war schon aus dem Haus. Auch am Nachmittag, als ich mit Einkäufen in die Wohnung zurückkam, war sie nicht da. Das war ungewöhnlich, denn sie hatte so gut wie keine Freunde, mit denen sie sich am Wochenende treffen konnte. Erst am frühen Abend kam sie zurück, durchgefroren, aber aufgeräumt und fröhlich. Während sie ihre Brotbox und die leere Thermoskanne auswusch, erzählte sie mir den Grund ihrer guten Laune: Sie hatte heute genau das gemacht, was sie wollte. Ihre Therapeutin hatte ihr erklärt, dass ihre Zwanghaftigkeit daher rühre, dass sie nie wirklich aus sich herauskäme und selten das tue und sage, wonach ihr sei. Ihre Aufgabe für dieses Wochenende sei also gewesen, das

zu tun, was ihr spontan in den Sinn käme, und den Menschen, denen sie begegne, ganz unverblümt ihre Meinung zu sagen. Das hörte sich großartig an, bestätigte ich und erfuhr dann sogleich, was meiner Vermieterin an diesem Morgen in den Sinn gekommen war.

Sie hatte sich an der großen Kreuzung mit dem Matratzengeschäft und dem Kaufhaus hinter den großen Blumenkübeln aus Beton versteckt, welche den Bürgersteig und den Fahrradweg voneinander trennten. Jedes Mal, wenn nun ein Fahrradfahrer den Radweg in der falschen Richtung entlangkam, war sie hinter den Kübeln hervorgesprungen, hatte sich dem Radfahrer in den Weg gestellt und ihn zum Anhalten gezwungen. Während sie den Fahrradlenker festhielt, damit der Radfahrer nicht fliehen konnte, hatte sie ihm aus der Verkehrsordnung die Stelle zitiert, die sich mit seinem speziellen Vergehen befasste.

Das war ihr schon lange ein Bedürfnis gewesen, sagte meine Vermieterin, dank ihrer Therapeutin habe sie den Mut gefunden, dieses Vorhaben auch in die Tat umzusetzen, und es habe ihr richtig gutgetan.

Mich wunderte, dass meine Vermieterin an dem Tag, an dem sie sich endlich getraut hatte, sich so zu zeigen, wie sie ist, nicht spontan von ihren Opfern eine gescheuert bekommen hat. Man kann nur froh sein, dass sich offensichtlich mehr Menschen im Griff haben, als man allgemein annimmt.

Diese Geschichte ist nicht ausgedacht, und ich hoffe, dass meine ehemalige Vermieterin dieses Buch niemals in die Finger bekommt, denn sie war nicht nur zwanghaft, sondern auch nachtragend und rachsüchtig, wie ich in den wenigen Wochen, die ich bei ihr wohnte, erleben musste.

Aber sie ist ein schöner Beleg dafür, dass Menschen, die beschließen, ihre Schwächen in Angriff zu nehmen, die Angelegenheit stets verschlimmern.

Es liegt in der Natur der Sache, dass meine ehemalige Vermieterin etwas anderes unter »aus sich herauskommen«, »wahrhaftig sein« und »seine Meinung offen sagen« versteht als ihre Therapeutin. Wenn sie es nicht täte, hätte sie ja keine Probleme damit. Denn nichts, was man ihr oder mir oder Ihnen zur Bekämpfung eines persönlichen Ticks vorschlagen würde, könnte helfen, denn die Maßnahmen werden in jedem dieser Fälle durch denjenigen wahrgenommen, der eben genau diesen Tick oder jene Charaktereigenschaft ausgebildet hat. Wer zwanghaft ist, wird auch seine Zwanghaftigkeit zwanghaft bekämpfen, sobald er beschlossen hat, darin ein Problem zu sehen. Ein Gehemmter, der sich bemüht, mehr aus sich herauszugehen, wird Dinge tun, die ihm nicht entsprechen – und sich erst recht unwohl fühlen. Alles, was wir hören und sehen, wird so gedeutet, wie es unserer Gesamtpersönlichkeit entspricht. Es gibt keinen Ausweg aus uns selbst.

Wenn ich dumm bin und sage, ich muss intelligent werden, ist diese Bemühung um Intelligenz nur eine größere Form von Dummheit.
Jiddu Krishnamurti

Das lässt sich am deutlichsten bei anderen erkennen. Da nicht wenige Menschen einen Großteil ihrer Zeit und Kraft darin investieren, ihre unliebsamen Eigenschaften zu bekämpfen, kann man in seiner Umgebung Folgendes beobachten: Das Bemühen, seine schlechten Eigenschaften zu überwinden, führt dazu, dass Menschen erst recht immer wieder über sie stolpern. Der Kampf gegen die eigene Schwäche liefert einen Beweis nach dem anderen dafür, dass man sie hat. Warum sich die Leute diese Erfahrung nicht ersparen, ist eines der großen Rätsel des Alltagslebens.

Meist lassen sich schon von dem Ort, an dem sich bestimmte Leute bevorzugt aufhalten, Rückschlüsse auf ihre größten Schwächen und Fehler ziehen. Die angeführten Beispiele wirken klischeehaft. Ein Klischee ist ein Klischee, weil damit Personen und Tatsachen beschrieben werden, die so typisch und allgegenwärtig sind, dass man diese Beschreibung nicht mehr als originelle Beobachtung verkaufen kann. Diese Beobachtung hat jeder gemacht, der sich irgendwann einmal auf eine Veranstaltung oder zu einer Institution begeben hat, in der Hoffnung, dort Gleichgesinnte zu treffen, nur, um dann zu der Überzeugung zu gelangen, dass er sie dort, wo er sie vermutete, auf keinen Fall trifft.

– **In Kreativseminaren** sitzen stets die besonders Unkreativen, die für jeden Pinselstrich und jeden Tanzschritt eine Anweisung brauchen und über jede ihrer künstlerischen Äußerungen wissen wollen, ob sie »gut« oder »schlecht« sei. Sie gieren nach Maßstäben, statt welche zu setzen (was aber jeder ernstzunehmende Künstler tut).
– **Auf Partys,** bei denen Sex, Drugs und Rock 'n' Roll reichlich zur Verfügung gestellt werden (man das also nicht selber mitbringen muss), sind es die Biedermänner, die am stärksten auf die Kacke hauen. Doch leider tritt auf dem Höhepunkt ihrer Ekstase ihre Biederkeit zutage – wie vor ein paar Jahren in Budapest auf der Party der damaligen Hamburg-Mannheimer Versiche-

rung, wo die Prostituierten nach jedem Gang aufs Zimmer abgestempelt wurden wie die Lochkarten am Montagmorgen in der Firma.

- **Modeschauen, Messen,** Vernissagen und Empfänge ziehen den Kleinbürger an, der dort beweist, wie wichtig es ihm ist, sich in der Nähe von Prominenten aufzuhalten. Je dichter man an einen so genannten VIP herankommt, desto langweiliger die Leute, die dort herumstehen und versuchen, mit ihrem Handy Fotos zu machen, auf denen sie mit Karl Lagerfeld oder Lothar Matthäus zu sehen sind.

- **Im Fitnessstudio** betreiben nicht diejenigen, die ihren Körper am meisten lieben, den größten Körperkult, sondern diejenigen, die ihn als etwas betrachten, das man beherrschen und kontrollieren muss.

- **Dass die Teilnehmer** von Glücksseminaren, Retreats und Selbsterfahrungsreisen sich in Wirklichkeit oft verzweifelt und unglücklich fühlen, wird in dem Kinofilm *Hotel Very Welcome* von Sonja Heiss wunderbar dargestellt. So sieht man die Hauptfigur Marion in einem indischen Ashram zusammen mit anderen tanzen und in spirituellen Sitzungen das Glück beschwören. Doch kaum ist sie wieder allein in ihrem Zimmer, bricht sie zusammen.

- **Wer einmal in seinem Leben** auf die Idee gekommen ist, sich für eine gute Sache einzusetzen, weiß: In politischen Gruppierungen mit einem sozialen Anliegen wird oft bis aufs Blut gestritten. Falls Sie Beweise benötigen, tragen Sie sich in die Mailingliste einer Partei Ihrer Wahl ein, und verfolgen Sie die Diskussionen der Teilnehmer – siehe auch mein Buch »Bündnispartner gesucht«.

- **Auf buddhistischen Veranstaltungen** versammeln sich meist die Menschen, die sich vor allen um sich selbst drehen – und das, obwohl sie mitunter seit Jahrzehnten ihre Ich-Bezogenheit bekämpfen. Sie fühlen sich jedem Neuankömmling überlegen, weil ihr Ego schon viel kleiner ist als das von denen, die noch nicht so lange an sich arbeiten. Darauf ist ihr kleines Ego stolz.
- **Im Fan-Club** des Eisbären Knut waren Menschen Mitglied, die vor Liebe zu dem inzwischen verstorbenen Eisbären schier zerplatzen. Wie Furien kämpften sie um Privilegien, wie etwa dem Bären Fisch zu spenden, und kannten mit ihren Konkurrenten kein Pardon.

Es gibt Schlimmeres, als nicht besonders kreativ, lustig, kontaktfreudig, sportlich oder gelassen zu sein. Fehler, wie gehemmt und einfallslos zu sein oder sich die meiste Zeit des Tages unzufrieden zu fühlen und mit anderen Menschen nicht wirklich auszukommen, sind absolut verzeihlich. Unangenehm werden diese Eigenschaften erst, wenn man versucht, sie zu überwinden: Warnende Beispiele von Menschen, die tagtäglich gegen ihre ungeliebten Eigenschaften ankämpfen und offensichtlich nicht bemerken, dass sie diese damit erst recht herausstreichen:

- **Der ehemalige Bundespräsident** Christian Wulff versuchte ständig, seine Kleinbürgerlichkeit zu verbergen. Nur dem Kleinbürger ist es wichtig, bekannte Persönlichkeiten zu kennen und seine Freunde zu nennen. Die Freude darüber, nun endlich auch dazuzugehören, vernebelte ihm den Verstand. Christian Wulff begriff nicht, dass nicht er, sondern seine Position als Minister und später als Bundespräsident gemeint war, wenn andere freundlich zu ihm waren und seine Nähe suchten – wie zum Beispiel der Chefredakteur der Bildzeitung Kai Diekmann. Als die Bildzeitung über den fragwürdigen Hausbau-Kredit, den Wulff von dem Unternehmer Egon Geerkens erhalten hatte, berichten wollte, beschwerte sich Christian Wulff bei Kai Diekmann und hinterließ wütende Worte auf dessen Anrufbeantworter. Wulff muss bis zu diesem Zeitpunkt geglaubt haben, er sei mit Diekmann befreundet. Mit dem Chefredakteur der Bild befreundet zu sein – das kann nur ein Kleinbürger glauben!

- **Anstatt zu seiner extremen Eitelkeit** zu stehen, gibt Karl-Theodor zu Guttenberg den selbstkritischen Intellektuellen, der sich ständig hinterfragt und die anstehenden Aufgaben höher stellt als seine eigenen Interessen. Als die Sache mit seiner abgeschriebenen Doktorarbeit aufflog, tat er Buße. Aber immer schön vor Publikum und sorgsam auf die Außenwirkung bedacht.
- **Der Politiker** Oswald Metzger (SPD, Grüne, CDU) möchte bei jedem seiner Auftritte davon überzeugen, dass er einer der letzten aufrichtigen und geradlinigen Politiker ist. Einer, der sich noch traut, Dinge auszusprechen, die andere nicht gerne hören – angeblich ganz ohne Rücksicht auf das Ansehen der eigenen Person. Nicht wenige macht genau dieses Bemühen misstrauisch. Seine Kritiker werfen ihm vor, dass er unpopuläre Meinungen nur deswegen vertritt, weil genau das die Aufmerksamkeit der Medien garantiere. Aufmerksamkeit nicht für die Themen, sondern vor allen Dingen für ihn, Herrn Metzger, selbst.
- **Als Kinder** lebten wir in einem Dorf in Süddeutsch-

land. Unsere Nachbarn waren erzkatholisch, und ihr ganzes Streben und Trachten war es, Gottes Liebe an ihre Umgebung weiterzugeben. Ob dies von der Umgebung gewünscht war oder nicht. Ende der Achtzigerjahre wanderten sie nach Kenia aus, um Gottes Liebe auch in entfernte Erdteile zu tragen. Sie schickten zweimal im Jahr Briefe, und in diesen Briefen schrieben sie sich um Kopf und Kragen. Anfänglich wurden noch mit viel Verständnis die fremden Sitten und Gebräuche der Bediensteten geschildert, die zum Beispiel mit unbedeckten Busen durch Haus und Hof gingen, obwohl man es ihnen verboten hatte, um am Ende zu gestehen, »dass es schon anstrengend ist, unter den armen, schwarzen Teufeln zu leben«.
- **Zum Abschluss** ein positives Beispiel, das zeigt, dass man nur gewinnen kann, wenn man nicht gegen etwas ankämpft, was sowieso offensichtlich ist: Als Rolf Eden vor Kurzem wegen seiner Playboyrolle, die er auch im Alter von 80 Jahren nicht aufgeben mag, von einer Berliner Zeitung zum peinlichsten Berliner gewählt wurde, meinte er dazu: »Von vier Millionen Einwohnern bin ich der peinlichste. Wer ist das schon, ich finde das sehr gut.«

Wer an sich arbeitet,
macht sich zur Witzfigur.

Es gibt nur einen Trost dafür, dass wir uns im Wesentlichen nicht ändern können: Es geht jedem so! Der Psychiater Dr. Mazda Adli stellt klar: »Auf eines kann man sich verlassen, man bleibt so, wie man ist. Keine Therapie kann da helfen. Wer so wirkt, als habe er einen Besenstil verschluckt, wird nie ein Mensch werden, der bei Partys auf den Tischen

tanzt, und wenn er noch so an sich arbeitet. Wer aufbrausend ist, wird es immer bleiben. Aus einem unkreativen Menschen kann niemand einen kreativen, aus einem zurückhaltenden keinen vorlauten Menschen machen.«
Auch dass man unter sich selbst leidet, ist Adlis Meinung nach noch kein Fall für den Psychiater. Nichts gegen die ungeliebten Eigenschaften ausrichten zu können, gefällt uns nicht. Das kann niemandem gefallen! Denn es geht nicht um Kleinigkeiten, es sind essenzielle Dinge, an denen wir alle immer wieder scheitern: Manche verlieren schnell ihre Beherrschung, andere haben keine Idee, was sie gegen ihre Neidgefühle unternehmen könnten. Wieder andere schämen sich, weil sie ihre Gelüste nicht im Griff haben. Vielen Menschen ist es unangenehm, dass sie so schüchtern sind, und sie können sich kaum vorstellen, dass es Nichtschüchternen unangenehm sein könnte, dass sie sich in Gesellschaft nicht zurückhalten können. Was für Schüchterne nach unverkrampfter Kontaktaufnahme aussieht, kann auch der Zwang sein, den Entertainer zu spielen.
Man kann unter seiner Leichtgläubigkeit leiden, aber auch unter seinem Misstrauen. Man kann bedauern, dass man sich so leicht ablenken lässt, während andere sich wünschten, sie wären flexibler. Es gibt sogar Menschen, die sich zu intelligent fühlen und glauben, dass ihr Dasein angenehmer wäre, wenn sie ein bisschen dümmer wären. Nicht wenige kämpfen gegen ihre Beschwerdesucht, und andere trauen sich kaum, berechtigte Kritik zu üben, und hassen sich dafür.

Es gibt tausend gute Gründe,
sich nicht zu mögen.

Der einzige Punkt, an dem man eingreifen sollte, sei, wenn die eigenen Schwächen oder Ängste solche Ausmaße annehmen, dass man seinen Alltag nicht mehr bewältigen kann. Wenn einen die Angst vor Bakterien also daran hindert, auf die Straße zu gehen, oder man mit seiner Spielsucht sich selbst und die Familie ruiniert. Solche Dysfunktionalitäten kann man durch eine Verhaltenstherapie eindämmen, sagt Dr. Mazda Adli. Bei allem anderen lohnt die Mühe nicht.

Unsere Persönlichkeit ist ein komplexes Gebilde und jeder Nachteil ist untrennbar mit seinem Vorteil verbunden. Das ist eine Binsenweisheit, jeder weiß das, aber wie wäre es, wenn wir diese Tatsache einmal auf uns beziehen würden: Wie oft wollen Menschen etwas an sich ändern, von dessen Vorteilen sie und ihre Umgebung tagtäglich profitieren.

Wir sind darauf gepolt, das Negative zu sehen, unser Gehirn ist ständig mit der Fehlersuche beschäftigt und bewertet die negativen Seiten einer Sache immer stärker als die positiven, erklärt der Psychologe und Persönlichkeitscoach Werner Katzengruber.

Wer also etwas an sich entdeckt hat, was ihn stört, sollte vielmehr überlegen, worin der Vorteil an dieser von ihm so ungeliebten Eigenschaft liegen könnte.

> Ich habe die Erfahrung gemacht,
> dass Leute ohne Laster
> auch sehr wenige Tugenden haben.
> Abraham Lincoln

Was würden Sie am liebsten eher heute als morgen an sich ändern? Wenn Sie in dieser Liste etwas finden, von dem Sie gerne etwas mehr hätten, schauen Sie auf die rechte

Spalte – und denken Sie darüber nach, ob Sie auf den Vorteil Ihrer Schwäche verzichten könnten.

Freundlichkeit	Durchsetzungsvermögen
Souveränität	Empfindsamkeit
Interesse an Menschen	Unabhängigkeit
Leistungsbereitschaft	Genussfähigkeit
Ausgeglichenheit	Temperament
Kreativität	Organisationstalent
Eleganz	Ausgelassenheit
Geduld	Effizienz
Gelassenheit	Engagement
Originalität	Routine
Fähigkeit zur Selbstkritik	Selbstbewusstsein
Versöhnlich sein	höherer Anspruch an sich selbst
weniger Schulden machen	mit finanziellem Druck umgehen können

Meine ehemalige Vermieterin hätte sich also besser als Leiterin einer Müllsortierungsanlage bewerben sollen, als zu versuchen, ihre Zwanghaftigkeit zu besiegen.
Leider ist die Gesellschaft noch nicht so weit, dass viele Arbeitgeber Neurosen bei der Auswahl ihrer Mitarbeiter berücksichtigen und die Vorteile dieser leichten seelischen Deformationen gezielt nutzen. Eine Ausnahme ist die Schweizer Firma *Asperger Informatik*, die bevorzugt Menschen mit dem Asperger-Syndrom beschäftigt, da sie oft über außergewöhnliche mathematisch-analytische Begabungen und außerdem über extreme Konzentrations- und Fokussierungsfähigkeit verfügen. Dafür sind sie in der Regel unspontan und lieben einen geregelten Tagesablauf, was eigentlich kein großes Problem darstellen sollte.

Kollegen mit Persönlichkeitsstörungen sind häufig kreativer und offener für ungewöhnliche Lösungen, das haben die amerikanischen Psychologen Bradley Folley und Sohee Park in einer Studie herausgefunden. Sie sind zwar nicht überall beliebt, denn sie sind oft unnahbar, humorlos und tragen komische Kleidung, dazu sind sie auch noch misstrauisch und reizbar. Aber das muss man halt in Kauf nehmen.

Menschen mit der Diagnose »Depression« können Krisensituationen durch ihre pessimistische Lebenssicht deutlich besser einschätzen und auch vorhersagen. Das wurde in zahlreichen wissenschaftlichen Studien nachgewiesen. Depressive sollten aber nicht gezwungen werden, sich gegen andere Mitbewerber durchzusetzen, Begeisterung zu heucheln, wo sie keine empfinden, oder jeden Tag acht oder mehr Stunden konzentriert zu arbeiten. Nur so könnten sie der Gesellschaft zeigen, was in ihnen steckt.

Stattdessen wird in Therapien von ihnen verlangt, sie sollten die Welt nicht realistisch, sondern unrealistisch sehen, nämlich positiv. Wie bereits mehrfach dargelegt, vergrößert solcherlei Bemühen das Problem. Ein Depressiver, der versucht, positiv zu denken, wird irgendwann zu der Überzeugung gelangen: Nicht einmal positiv denken kann ich, ich bin aber wirklich zu gar nichts nutze.

> *Eine gute Schwäche ist besser*
> *als eine schlechte Stärke.*
> Charles Aznavour

Es ist geradezu unheimlich, wie man, kaum versucht man die Grenzen seiner Persönlichkeit ein wenig auszuweiten, immer wieder auf den Ausgangspunkt zurückgeworfen wird. Einen Ausgangspunkt, den man dadurch überhaupt

erst kennenlernt. Normalerweise macht man diese Erfahrung zum ersten Mal in der Pubertät, wenn man beginnt, sich Gedanken darüber zu machen, wer man überhaupt ist und wer man gerne wäre. Das unlösbare Problem der Selbstgestaltung stellt sich dann ungefähr so dar:
Es gibt Typen, die sind souveräner und cooler als man selbst, beziehungsweise Mädchen, mit denen alle coolen Typen zusammen sein wollen. Man fragt sich daher, was man an sich ändern könnte, um ebenfalls so cool oder anziehend zu wirken; wie man gehen und stehen, was man tun und sagen, was man anziehen, essen, rauchen, trinken könnte, um tiefen Eindruck auf seine Umgebung zu machen.
Irgendwann dämmert es einem, dass es gerade die Beschäftigung mit dieser Frage ist, welche einen so uncool macht. Man wähnt sich dem Geheimnis der Ausstrahlung nahe: Würde man sich nicht mehr fragen, wie es kommt, dass man so uncool ist, wäre man auch nicht mehr uncool. Jetzt muss man es also nur noch schaffen, damit aufzuhören, darüber nachzudenken, warum man jemand ist, der ständig über sich und seine fehlende Coolness nachdenkt. Dieser Quatsch hört zum Glück nach ein paar Jahren auf.

Sigmund Freud bezeichnete das Gefühl, nicht der »Herr im eigenen Hause« zu sein, als die dritte narzisstische Kränkung der Menschheit. Die Erfahrung, dass das Unbewusste und nicht so sehr das bewusste Ich die Kontrolle über unsere Gedanken und Gefühle hat, setze logischerweise das Selbstwertgefühl herab. Die ersten beiden Menschheitskränkungen waren Freuds Ansicht nach das Heliozentrische Weltbild Nikolaus Kopernikus' und 350 Jahre später die Erkenntnis Charles Darwins, dass der

Mensch eher ein Werk der Evolution denn ein Werk eines Gottes sei.

Die ersten beiden Kränkungen haben Sie doch unbeschadet überstanden, da werden Sie die dritte wohl auch noch verkraften?!

DAS MASS ALLER DINGE – DAS BIN ICH!

Ich freute mich sehr, als ich endlich meine erste eigene Wohnung hatte, denn die typischen WG-Streitereien um Putzpläne und Kühlschrankfächer waren mir sehr auf die Nerven gegangen. Von unangenehmen Erfahrungen wie der mit meiner zwanghaften Vermieterin ganz zu schweigen. Ich kaufte Gummihandschuhe, Lappen, Schrubber und Desinfektionsmittel und begann erst mal zu putzen. Ich wollte es in meiner eigenen Wohnung ganz sauber haben, auch in den Ecken. Keine Flaschen sollten sich im Flur stapeln, wie in meiner letzten Wohngemeinschaft, wo ich mit vier Männern zusammengewohnt hatte. Kein Schimmel sollte sich im Bad ausbreiten und auf der Ablage keine mit Zahnpasta verkrusteten Zahnbürstensträuße in Gläsern herumstehen. Auch den Abwasch würde ich nicht tagelang stehen lassen und die Kalkflecken regelmäßig von den Kacheln wischen. Als ich auf Knien im Flur lag und die Ecke hinter der Tür mit einer Bürste schrubbte, kam mir auf einmal der Gedanke, dass ich vielleicht zu gründlich putzte und drauf und dran war, so putzsüchtig zu werden wie meine ehemalige Vermieterin. Ich kniete in der

Ecke und wusste nicht, wie ich weitermachen sollte. Setzte ich meine Reinigungsorgie in dieser Ecke fort, wie ich es vorgehabt hatte, putzte ich womöglich gründlicher als nötig und verplemperte meine kostbare Jugend. Putzte ich nur oberflächlich, wäre die Wohnung schmutziger, als es mir angenehm wäre, zumal ich die vor Dreck starrende Ecke nun aus nächster Nähe gesehen hatte und ihre Existenz nicht mehr ignorieren konnte. Ich überlegte mir einen Kompromiss: Ich würde die Ecke nur ein bisschen putzen, aber gleich darauf war mir klar, dass dies auch keine Lösung des Dilemmas war, denn ab welchem Punkt sollte ich damit aufhören?

Wann hatte ich den Punkt überschritten, an dem aus ein bisschen zu viel wird? Wie konnte ich herausfinden, ob mein Bedürfnis nach Sauberkeit und Hygiene noch normal oder schon krankhaft war?

Wen sollte ich fragen, ob in meiner Wohnung angemessene oder übertriebene Sauberkeit herrschte? Fragt man fünf Freunde, wird man fünf unterschiedliche Antworten erhalten. Jeder hat vernünftige Argumente für seine Meinung: Was für den einen noch akzeptabel ist, findet der andere unzumutbar, wo der eine keinen Schmutz sieht, kann der andere vor Ekel kaum essen. Bei dem einen wiegt die Bequemlichkeit mehr als die Hygiene (es gibt Wichtigeres, als zu putzen), bei dem anderen ist es genau andersherum (schlampig zu putzen, ist eine Lieblosigkeit gegen sich selbst).

Es gibt Publikationen, die einen über die »richtige« Haushaltsführung aufklären, in denen könnte man nachschlagen, was die Autoren als angemessen empfinden. Es gibt Bücher für Menschen, die in diesem Punkt unter Perfektionismus leiden, und dann natürlich auch Bücher für

Leute, denen das Putzen und Aufräumen schwerfällt. Zu welcher Sorte Mensch gehörte ich?

Das Maß aller Dinge könnten die eigenen Bedürfnisse sein, aber denen gegenüber ist man misstrauisch geworden, weil man plötzlich ein Selbstbild vor Augen hat, nach dem man sich gerne formen würde (beziehungsweise ein abschreckendes Beispiel, welches man unbedingt vermeiden möchte). Das ist der Punkt, an dem man abhängig wird von der Meinung anderer. Denn nun müssen andere Menschen kommen und einen darüber aufklären, was richtig ist. Und ganz gleich, was man an sich in Frage stellt, es wird sich immer einer finden, der einen in der Überzeugung unterstützt, irgendetwas sei nicht in Ordnung mit einem.

Kommt man beispielsweise eines Tages auf die Idee, das eigene Sexualleben könnte leidenschaftlicher sein, so kann man in eine Buchhandlung gehen und unter Dutzenden von Büchern auswählen, in denen einem Schritt für Schritt erklärt wird, wie man zu einem feurigen Liebhaber beziehungsweise zu einer feurigen Liebhaberin wird.
Glaubt man dagegen, man habe zu viel Sex, wird man genug Leute finden, die nur zu gerne bereit sind, einem dabei zu helfen, sich von seiner Sexsucht zu befreien. Hat man gar keinen Partner, bucht man einen Kurs, in dem einem beigebracht wird, wie man Frauen beziehungsweise Männer um den Verstand bringt.
Findet man sich zu dick, bieten zahlreiche Experten ihre Unterstützung beim Abnehmen an. Ist man jedoch zu dem Entschluss gekommen, man müsse lernen, mehr zu sich selbst und zu seiner runden Figur zu stehen, wird man genug Menschen finden, die das ebenso sehen.

Mitstreiter zu haben, ist schön, währt aber nicht lange: Sobald sich herausstellt, dass man es nicht schafft, ihre Ratschläge und Anweisungen zu befolgen, und das Projekt Selbstveränderung abbrechen muss, werden sie ärgerlich. Und sie werden keine Gelegenheit auslassen, uns unser Versagen unter die Nase zu reiben.

Weil dies ebenfalls ein sogenannter Ratgeber ist, in dem angeblich erklärt wird, wie man sein Leben leichter und schöner gestalten kann, sollte an dieser Stelle eine Anleitung stehen, wie man diesem Dilemma entkommt, also in etwa:

Erklären Sie an sich selbst nichts mehr zum Problem, dann wird alles gut.

Aber natürlich weiß längst jeder, der bis hierhin gelesen hat, dass das Unsinn ist, denn wer sich nicht zum Problem erklärt, bedarf dieses Hinweises nicht, und wer dazu neigt, sich ständig zu problematisieren, wird mit diesem Hinweis dazu aufgefordert, sein Problematisieren zu problematisieren, was sein Leben auch nicht schöner macht.

Sobald ich beschließe, mich zu ändern,
gebe ich meinen Gegnern
tausend Argumente in die Hand.

Was soll man also tun? Es ist doch nicht alles falsch, was andere Menschen einem raten? Vor Jahren wurde ich Zeugin einer Szene, welche mir diesbezüglich die Augen geöffnet hat. Es war der Moment, in dem ich begriff, dass es nicht darauf ankommt, ob das, was andere Leute sagen, falsch oder richtig ist – man kann ja sogar mit ihnen einer

Meinung sein und trotzdem feststellen, dass man an seinem Verhalten nichts ändern kann oder will.

Als ich noch studierte, hatte ich einen Freund, der Mitglied bei Scientology war. Mit ihm besuchte ich mehrere Informationsveranstaltungen – denn ich war neugierig, was denn an der als so dämonisch verschrienen Sekte dran war. Im Großen und Ganzen war es bei Scientology eher langweilig als aufregend, die Psycho- und Persönlichkeitstests, die man machen konnte, erschienen mir nicht wesentlich besser als die, die man aus Frauenzeitschriften kennt. Und als ich sagte, dass ich kein Interesse mehr habe, hat kein Sektenmitglied hinter mir hertelefoniert, um mich zu weiteren Tests oder Kursen zu überreden.

Nur einmal lauschte ich einem Gespräch, das der besagte Freund mit einem anderen Mitglied der Sekte führte. Dieses Mitglied passte ihn ab, als er gerade aus der Teeküche kam, und es war deutlich, dass mein Freund dem Mann im grauen Anzug mit blau-silberner Anstecknadel am liebsten aus dem Weg gegangen wäre.

Ich hörte, wie der Mann im Anzug meinen Freund fragte, warum dieser in letzter Zeit keine Kurse gebucht habe. Der Freund versuchte zu erklären: »Meine Wohnung, das Studium und meine Tochter – es ist alles so teuer, ich habe im Moment kein Geld für die Kurse.«

»Das sind doch Ausreden«, unterbrach ihn der Mann.

»Ja, ich weiß.«

»Gerade, wenn wir in schwierigen Situationen sind, dürfen wir uns nicht gehen lassen. Deine Werte sind auch schlechter geworden.«

»Ich weiß zurzeit nicht, wo mir der Kopf steht. Wenn das Semester vorbei ist, nehme ich die Kurse wieder auf.«

»Heute ist dies und morgen ist das. Wir wollten doch keine Ausreden mehr gelten lassen, warum wir nicht an unseren Zielen arbeiten. Nur Verlierer finden stets Gründe für ihr Versagen.«

Mein Freund sah zu Boden: »Ich weiß ja, dass du recht hast.«

Der Mann im Anzug klopfte ihm auf die Schulter: »Ich bin froh, dass du das einsiehst.«

Es hat keinen Sinn, mit Menschen, die von Verlierern und Gewinnern sprechen, zu diskutieren – mit Menschen also, die noch nie etwas von der dritten narzisstischen Kränkung der Menschheit gehört haben. Ihr Weltbild würde zusammenbrechen, wenn sie sich bewusst würden, dass man sich weitaus weniger gestalten kann, als sie es sich wünschen.

Warum Gurus, Meister und Sektenführer auf manche so eine Macht ausüben können, liegt in der Tatsache begründet, dass Selbstverbesserung ein Ziel ist, an dem man nie ankommt. Es gibt keinen Grund, mittendrin aufzuhören und mit sich und dem Erreichten zufrieden zu sein. Was es braucht, um aus dieser Neverending Story auszusteigen, hat der Mann im Anzug von Scientology bereits in dem nacherzähltem Dialog angedeutet: Ausreden!

Ausreden helfen, uns aus dem, was uns theoretisch richtig erscheint, aber praktisch leider nicht möglich ist, herauszuwinden. Selbst, wenn wir den prinzipiellen Glauben daran, irgendwie irgendwann doch noch einmal etwas an uns ändern zu können, nicht verloren haben, werden wir, bis wir perfekt sind, noch des Öfteren in die Situation kommen, uns für unser problematisches Verhalten rechtfertigen zu müssen.

Es ist in solchen Fällen für beide Seiten unbefriedigend, den Ankläger auf eine unbestimmte Zukunft verweisen zu müssen. Eine Zukunft, in »der wir alles ganz anders machen werden« und in der wir uns dann als bessere Menschen begegnen, denn das Problem besteht ja hier und jetzt, und nur jetzt ist man an einer Lösung dieses Problems interessiert. (Das alles gilt übrigens auch für den Fall, dass man Ankläger und Beklagter in einer Person ist.)

> Ein Hoch auf die Ausreden – ohne
> Ausreden wäre man bewegungsunfähig!

Viel wirkungsvoller als ein Versprechen, an das schon lange keiner mehr glaubt, ist eine Erklärung, die sich logisch anhört und die beweist, dass hier höhere Mächte am Werk sind, gegen die wir nichts auszurichten vermögen.
Wichtig bei diesen Erklärungen ist, dass sie auf den Adressaten so wirken, als würde man aufrichtige Ursachenforschung betreiben. Die Schritte, die danach kommen, werden jedoch im Ungewissen gelassen. Denn das Wesen einer Ausrede besteht darin, es bei der vorgetäuschten Ursachenforschung zu belassen, das heißt, den »Erkenntnissen« keinerlei Aktivitäten folgen zu lassen. Es kann nicht schaden, sich ein wenig naiv und dumm zu stellen, denn je mehr Mitleid unser Gegenüber mit uns hat, desto weniger wird er über die anschließende Untätigkeit verärgert sein.

SO REDEN SIE SICH PERFEKT HERAUS!

Perfekte Ausreden lehnen sich an geläufige Selbsterkenntnisse an, wie sie bereits in den vorangehenden Kapiteln erwähnt wurden. Sie werden sehen: Dieser nachdenklichen und selbstkritischen Pose kann kaum einer ernsthaft etwas entgegensetzen. Es ist übrigens ein großer Unterschied, ob man glaubt, was man da sagt, oder ob man das Gesagte nur einsetzt, um eine Weile Ruhe vor den Leuten zu haben, die unsere Selbstverbesserung einfordern. Echte Erkenntnisse bringen einen in Zugzwang, nur Ausreden machen frei.

Diese Ausreden funktionieren sowohl gegenüber unseren Kritikern als auch gegenüber uns selbst:

– *Ihre Umgebung erwartet von Ihnen, dass Sie sich beruflich verbessern, das heißt, einen Job suchen, den nächsten Karriereschritt in Angriff nehmen oder sich selbstständig machen:*
»*Ich weiß, dass es richtig ist, was du sagst, aber irgendetwas wehrt sich in mir, ich muss unbedingt herausfinden, was es ist, bevor ich weitermache.*«

– *Sie haben eine Diät oder den Fitnessplan nicht eingehalten:*
»*Ich habe inzwischen alle Methoden ausprobiert, die es gibt, und bin gescheitert. Nun habe ich mir überlegt, es ab heute mit dem Gegenteil von Zwang und Disziplin zu versuchen, und ich will schauen, wie ich mich damit fühle.*«

– *Sie haben angekündigt, Ihren Partner zu verlassen (und das nicht zum ersten Mal), und nun müssen Sie Rede und*

Antwort stehen, warum Sie es immer noch nicht getan haben:
»Mir ist aufgefallen, dass ich Situationen immer mit Gewalt ändern will. Ständig treffe ich Grundsatzentscheidungen, damit alles anders wird. Deswegen werde ich mir in nächster Zeit anschauen, was passiert, wenn ich zur Abwechslung einfach mal nichts entscheide.«

– *Sie zeigen zu wenig Ehrgeiz, sowohl im Job als auch bei Ihren privaten Angelegenheiten:*
»Vor Kurzem ist mir bewusst geworden, dass es eine Stimme in meinem Kopf gibt, die unablässig fordert: Du musst immer und überall der/die Beste sein. Diese Stimme ist die Stimme meines Vaters/meiner Mutter. Sie ist schuld daran, dass ich davon überzeugt bin, dass ich etwas gar nicht zu tun brauche, wenn ich es nicht sehr gut machen kann. Ich habe beschlossen, mich ab heute ernsthaft mit dieser frühkindlichen Prägung auseinanderzusetzen.«

– *Sie sollen mehr im Haushalt helfen:*
»Komisch, meiner Mutter war Putzen immer so wichtig, wichtiger als ein Gespräch oder eine gemeinsame Unternehmung. Eigentlich weiß ich gar nicht, wie sauber ich es wirklich haben will. Ich habe mir vorgenommen, in diesem Punkt meine eigenen Maßstäbe zu entwickeln.«

– *Man wünscht sich von Ihnen mehr Zuwendung und Aufmerksamkeit:*
Hier ist es schwierig, den anderen damit abzuspeisen, dass man monatelang oder gar jahrelang in sich hineinhorchen wolle, wie man zu Aufmerksamkeit im Allgemeinen und im Einzelnen steht, denn es ist nicht auszuschließen, dass

der andere nicht die Geduld hat, das Ergebnis dieser Selbstfindung abzuwarten.
Meistens tut jeder in dieser Situation instinktiv das Richtige: Er weist den Anspruch mit dem Hinweis auf die anderen Vorsätze, die er in Angriff nehmen wollte, zurück. »Du hast doch gesagt, ich soll mehr Bewerbungen schreiben, regelmäßig joggen gehen, mich mehr um mich selbst kümmern, mehr lesen, mehr meditieren und so weiter.«

Achtung: *Wenn Ihnen jedoch eine Person zusammen mit dem Vorwurf die fertige Analyse Ihrer Beweggründe für Ihr Fehlverhalten mitliefert, dann ist Schluss mit Ausreden: Sagt also zum Beispiel Ihr Partner zu Ihnen: »Du kümmerst dich nur nicht um einen neuen Job, weil du Angst vor dem Erfolg hast«, so sollten Sie sich darauf auf keinen Fall einlassen, sondern Klartext reden. »Nein, ich habe keine Angst vor Erfolg, ich habe keine Lust, einen neuen Job zu suchen«, lautet dann die angemessene Antwort.*

Es gibt gesellschaftlich anerkannte Ausreden, die uns tagtäglich von sogenannten Experten zur Verfügung gestellt werden. Sie entlasten uns von unserer Verantwortung für uns selbst und machen uns dadurch wieder handlungsfähig. Horoskope sind solche gesellschaftlich akzeptierten Ausreden.
So kann zum Beispiel eine Frau, die unter dem Sternzeichen Fisch geboren ist, in einem Astrologie-Forum erfahren, dass sie eine Frau ist, die in besonderem Maße der Liebe eines Mannes bedarf: Wird die Fische-Frau nicht geliebt, ist sie traurig, steht unter *Die Fische-Frau und die Liebe.* Wer so etwas liest, wird, ob er will oder nicht, eine Art Erleichterung spüren. Ich kann also nichts dafür,

begreift die Fische-Frau, es ist eine Bestimmung, die ich akzeptieren muss. Und mit einem Mal wird ihr klar, dass sie mit dieser »Bestimmung« eigentlich ganz gut leben kann, denn wer nicht verantwortlich für seine Gefühle ist, muss sich keine Selbstvorwürfe mehr machen: Es sind die Sterne, die sie zwingen, hinter einem Mann herzutelefonieren, den sie schon lange nicht mehr liebt, der Zeitpunkt der Geburt ist schuld daran, dass ihr nichts mehr Spaß macht, wenn sie keinen Partner hat. Und das, obwohl in ihrem zuletzt gekauften Ratgeber steht, dass sie eigene Interessen entwickeln soll, denen sie dann nachgehen kann, wenn eine Beziehung zu Ende gegangen ist.

Anderen Sternzeichen wird zugeschrieben, dass es den jeweiligen Betroffenen zwar nicht an Einfällen mangelt, es ihnen aber schwerfällt, Dinge zu Ende zu bringen. Das nächste Sternzeichen hat Schwierigkeiten mit Verantwortung, das andere damit, sich durchzusetzen. Wieder ein anderes kann sinnlichen Versuchungen schwer widerstehen. Manch einer fühlt sich von allem angesprochen, was im gesamten Tierkreis an Selbstzweifeln, Mängeln und Schwächen aufgezählt wird. Das ist aber nicht erstaunlich, denn wir tragen natürlich die Eigenarten sämtlicher Tierkreise in uns, nur sind sie jeweils verschieden ausgeprägt, wird uns von Astrologen erklärt.

> Seit 5000 Jahren suchen Menschen nach himmlischer Entlastung von der Verantwortung für sich selbst.

Mit Ausreden kann man sich bis an sein Lebensende durchmogeln. Ganz gleich, ob man sie nur für sich selbst braucht oder ob man sie ersinnt, um vor seinen Mitmenschen Ruhe zu haben.

Mystische Ausreden, wie sie die Astrologie bietet, sind zur Lebensbewältigung am besten geeignet, weil sie einem nahelegen, sich mit seinen unabänderlichen Persönlichkeitseigenschaften zu arrangieren. Auch die psychologischen Erklärungen der eigenen Schwächen haben eine ähnliche Funktion, doch da sie den Nimbus der Wissenschaftlichkeit haben, kommen sehr viele Leute auf die Idee, die in einer Therapie gewonnenen Selbsterkenntnisse doch noch zur Umgestaltung der ungeliebten Persönlichkeit zu nutzen.

In der Regel unterstützen Therapeuten diese Bemühungen, schließlich verdienen sie ihr Geld damit. Doch jeder erfahrene Therapeut wird zugeben, dass man zwar manches an sich erklären kann und dass diese Erklärungen dem einen oder anderen das Akzeptieren seiner Schwächen erleichtert, aber dass man sie deswegen noch lange nicht abstellen kann.

Bevor man jedoch anfängt, seine Ausreden selbst allzu ernst zu nehmen, sollte man sich zwischendurch klarmachen, wie es wirklich um einen steht, denn nachher ist man am Ende selbst davon überzeugt, dass man seine schlechten Angewohnheiten mit ein wenig Arbeit und Selbstdisziplin abstellen kann. Es schadet nichts, wenn die Umgebung von Zeit zu Zeit die Wahrheit über die eigene, unverbesserliche Person erfährt, denn es ist auf Dauer eine unbefriedigende Sache, sich ständig aus irgendwelchen Ansprüchen herauszuwinden. Irgendwann kommt der Punkt, an dem will man nicht in Ruhe gelassen, sondern verstanden werden!

Ich will meinen Freunden mitteilen, dass ich keine Lust habe, jenes zu tun, und nicht die Kraft habe, anderes zu unterlassen. Dass ich nicht weiß, warum ich immer wieder alle um mich herum verärgern muss, dass ich es aber auch nicht herausfinden möchte. Dass mir die Freunde meines Partners auf die Nerven gehen, obwohl sie mir nichts getan haben. Dass mir der Partner auf die Nerven geht, obwohl der mir nichts getan hat. Dass ich mich selbst schrecklich finde und trotzdem kein Verlangen verspüre, etwas an mir zu ändern. Dass ich mich nicht freuen will, weder an meinem Leben noch an meinen Möglichkeiten, noch an diesem schönen Tag. Dass ich meine Lebenszeit gerade lieber zum Fenster herauswerfen würde, als sie sinnvoll zu nutzen.

Vielleicht sollten wir überhaupt die Vorstellung aufgeben, dass da tief in uns drinnen ein reineres Ich existiert, welches nur verschüttet ist unter den Trümmern unserer Vergangenheit. Ein Ich, welches wir nur mit viel Arbeit an uns selbst freilegen müssen, damit wir endlich authentisch und kreativ leben können.

Der autonome, glückliche und von allen Traumata und Selbstzweifeln befreite Mensch ist ein theoretisches Konstrukt, eine Wahnvorstellung der Psychoindustrie und damit von uns selbst, in der Menschen wie meine ehemalige Vermieterin durch Therapeuten in ihrem Narzissmus bestärkt werden. Therapeut und Patient treffen sich dann regelmäßig, um an dieser Utopie zu arbeiten. Damit schaden sie zwar niemandem – vor allen Dingen deswegen nicht, weil einem das Leben schon zeigt, wann man sich mit seinen Vorstellungen zu weit von der Wirklichkeit entfernt –, nerven aber trotzdem ungemein. Wenn also meine ehemalige Vermieterin sich weiterhin an Radwegen postiert und dort anderen Verkehrsteilnehmern derart auf den Wecker fällt, bis sie doch noch mal eins auf die Fresse bekommt, wird sie ihr Treiben einstellen, ganz egal, was ihr die Therapeutin rät.

> Es geht nicht darum, ob mein Handeln
> richtig oder falsch ist, sondern ob ich
> es mir erlauben kann.

Nichts therapiert so sehr wie das Leben: Wer zu zwanghaft ist, sodass niemand mit ihm Zeit verbringen mag, wird sich überlegen, was ihm wichtiger ist – seine Gewohnheiten oder die Gesellschaft anderer Leute. Wer vor lauter Putzen nicht mehr dazu kommt, sich mit Freunden zu treffen, wird bestimmt von allein darauf kommen, dass es unangemessen ist, was er tut.
Überhaupt sollten wir mehr auf unseren Verstand vertrauen, denn Menschen können relativ gut einschätzen, was sie sich erlauben können und was nicht. Wie viele Eigenheiten und Spleens sie in der Arbeit, zu Hause oder bei Freunden ausleben dürfen, weil sie diese durch ihr Geld, ihren Charme und ihren Witz ausgleichen.

Warum aber rennen wir dann trotzdem zu Gurus und Therapeuten, wenn wir die Lösung zu unseren vermeintlichen Problemen in uns tragen? Die Menschen sind stets auf der Suche nach einer Möglichkeit, den Weg zum freieren Ich abzukürzen. Zeugnisse, wie sie versuchen, die Utopie schneller zu erreichen als andere, findet man zum Beispiel auf *YouTube,* wo Menschen sich nach irgendwelchen Problembefreiungsritualen vor Begeisterung weinen und lachend in die Arme fallen, etwa in den Videos *From Zero to Hero* des Telefonakquise-Trainers Carsten Beyreuther.
Eine dieser Methoden wurde vor 30 Jahren populär, sie hieß *NLP, Neurolinguistische Programmierung.* Vor einiger

Zeit wurde auch ich eingeladen, die sensationellen Erfolge, die man mit *NLP* erzielen kann, live zu erleben. Auf einer Bühne warb der *NLP*-Berater um Freiwillige, an denen er demonstrieren wollte, wie man seine drängendsten Probleme in nur fünfzehn Minuten loswerden könne. Alles, was er dazu brauchte, war ein Bürostuhl auf Rollen. Ein Dutzend Personen meldete sich, und ich und circa hundert andere Leute sahen die nächsten zwei Stunden dabei zu, wie sich einer nach dem anderen auf den Bürostuhl setzte, wo er auf Geheiß des Beraters seine Augen schloss und möglichst tief in sein Problem hineinfühlte. Wenn er das Gefühl hatte, dass sein Schmerz über das Problem am intensivsten sei, sollte er seinen rechten Zeigefinger heben. Schluchzend hoben sie ihre Zeigefinger und wurden daraufhin auf dem Bürostuhl herumgewirbelt. Der Berater erklärte, dass er die Probanden auf diese Weise aus ihrem Problem herausdrehe. »Stell dir vor, ich drehe dich jetzt nach oben aus diesem Konflikt heraus, und wenn du von diesem Stuhl aufstehst und weggehst, wirst du nie wieder damit zu tun haben«, rief er.

Anschließend standen die Leute auf der Bühne und gestanden mit rauer Stimme, dass sie solches noch nie erlebt hätten und wie dankbar sie seien, dass ihr Problem, welches sie für unlösbar gehalten hatten, nun von ihnen genommen sei.

Ich habe damals beschlossen, dass es für mich im Leben Wichtigeres gibt als Fortschritt, Glück und Zufriedenheit. Nämlich, mich vor fremden Leuten nicht zum Affen zu machen.

30 JAHRE LANG HABE ICH ES VERSUCHT

Wer könnte einem besser sagen, ob Selbstverbesserung möglich ist, als Menschen, die es schon lange versuchen. Daher habe ich einige über Sechzigjährige dazu befragt, ob es etwas gibt, was sie schon immer an sich ändern wollten und wann der Moment kam, an dem sie es aufgegeben haben.

Claudia, 67 Jahre, Germanistin und Dozentin für »Deutsch als Fremdsprache«, lebt in Köln

»Ich wollte immer ordentlich und bürgerlich leben und mit einem Mann zusammen sein, dem es wirtschaftlich gut geht. Mein Exfreund sagte, um einen solchen Mann kennenzulernen, müsste ich netter sein, mich nicht immer über die Männer lustig machen, denn das mögen sie nicht. Meine Freundin empfahl mir, mich schöner und verführerischer zu kleiden. Ich habe beides versucht, obwohl sich alles in mir dagegen sträubte; ich wusste auch nicht, wie lange ich das durchhalten würde, mich derart zu verstellen. Einen Tag, zwei Tage? Länger geht das doch nicht. Die Vorstellung, diese Maskerade eine ganze Ehe lang durchzuhalten, ist grauenhaft. Irgendwo muss man doch ungehemmt sein dürfen und nicht überlegen müssen, was man sagt und tut – und wo soll das sein, wenn nicht zu Hause? Aber abgesehen davon hätte das sowieso nicht geklappt, denn ich habe etwas an mir, dass diese Sorte Männer abschreckt: Die riechen das, dass das mit uns nicht passt, da kann ich freundlich sein und schöne Kleider tragen, wie ich will.

Inzwischen weiß ich durch meine Freundinnen, wie es ist, eine solche Ehe zu führen, sprich, sich in sogenannten besseren Kreisen zu bewegen – und ich bin froh, dass mir das erspart geblieben ist.«

Sybille, 73 Jahre alt, ehemalige Journalistin, lebt in Frankfurt

»Mein Leben lang habe ich versucht, weniger zu reden. Meine Eltern haben mich richtig aufgezogen, weil ich schon als Kind sehr gesprächig war. ›Du redest wie ein Wasserfall‹, hieß es, oder: ›Kann man das irgendwo abstellen?‹. Ständig war es Thema, dass ich ihrer Meinung nach zu viel sprach. Ich bewunderte Leute, die es schafften, auf einem Abendessen oder einer Party am Rand zu sitzen und den ganzen Abend keine zwei Worte zu sagen. Stille Wasser sind tief, heißt es, und auch ich war davon überzeugt, dass diese Menschen besonders geheimnisvoll und tiefsinnig sind, und wenn sie sich äußerten, dann musste man genau hinhören, denn bestimmt war alles, was sie von sich gaben, von ausgesuchter Weisheit.

Besonders schlimm war natürlich, dass ich als Mädchen so viel redete, denn Frauen, die ständig schnattern müssen (der Wortlaut meines Vaters), sind ungefähr das Unsexieste, was es gibt. Ich wollte feminin und begehrenswert sein und nahm mir daher als Jugendliche einmal vor, eine Woche lang gar nichts zu sagen, nicht einmal in der Schule, mich also nur im äußersten Notfall zu äußern. Keine zwei Tage habe ich es durchgehalten, was mich sehr unglücklich gemacht hat.

Inzwischen habe ich herausgefunden, dass stille Leute nichts sagen, weil sie nichts zu sagen haben. Das ist das ganze Geheimnis. Stille Wasser sind nicht tief, es sind einfach flache Pfützen.«

Irit, 70 Jahre alt, lebt in Tel Aviv

»Es gibt eine bestimmte Art von Leuten, gebildete und überhebliche Leute, die mir ablehnend begegnen. Wenn ich zu irgendeiner Veranstaltung gehe und solche Menschen dabei sind, konzentriere ich mich wider Willen auf sie, obwohl sie mir deutlich zeigen, dass sie nichts mit mir zu tun haben wollen. Es ist eine Art Zwang. Ich will von ihnen akzeptiert werden, wünsche mir, dass sie mich kennenlernen, erkennen, wie intelligent und wohlerzogen ich bin.
Aber sie scheinen das zu merken und weigern sich, mir eine Chance zu geben. Dabei wäre es so einfach, ich müsste nur sagen, dass mein Sohn Botschafter von Israel ist, und diese Leute würden mich mit ganz anderen Augen ansehen. Dazu bin ich aber zu stolz, das wäre wirklich auch zu einfach. Ich will, dass diese Leute mich um meiner selbst willen in ihren Kreis aufnehmen. Dieses zwanghafte Verhalten hat mich immer an mir geärgert. Und selbst, wenn ich dem äußerlich nicht nachgegeben habe und mich an einem Abend mit anderen unterhalten habe, war doch meine Aufmerksamkeit bei denen, die nichts mit mir zu tun haben wollen. Vor Kurzem habe ich festgestellt, dass dieser Zwang schwächer geworden ist, man kann sagen, dass er fast weg ist. Woran das liegt, ist ganz klar, ich bin alt geworden, dann sind einem solche Dinge egal. Mit 70 Jahren weiß man, wer man ist, und muss niemanden mehr etwas beweisen.«

David Bourmad, 71 Jahre, lebt in München

»Alle um mich herum sagen, ich soll Sport machen. Das sei wichtig im Alter. Ich habe nie Sport gemacht, ich konnte mich noch nie dazu überreden. Aber als ich hörte, dass meine Brüder Albert und Eli in Israel dreimal die Woche ins Fitnesscenter gehen, da dachte ich, das kann ich nicht auf mir sitzen lassen und ich muss mich auch anmelden. Also ging ich mit meiner Frau. Sechs Wochen habe ich es versucht, und ich war jedes Mal erleichtert, wenn ich in der Umkleidekabine stand und es vorbei war. Fast im Minutentakt habe ich auf die Uhr gekuckt, die Zeit kam mir endlos vor. Ich wusste, es würde immer eine solche Quälerei bleiben und ich werde mich nicht daran gewöhnen. Allein der Geruch nach Schweiß in den Umkleidekabinen, das Quietschen von Sportschuhen auf dem Hallenboden, das Atmen und Stöhnen des Nachbarn, ich finde das abstoßend. Ein Freund empfahl mir, joggen zu gehen, doch ich finde es lächerlich, in Sportkleidung ohne Grund und Not um den Block zu laufen.
Ich habe es aufgegeben. Endgültig. Für den Rest meines Lebens.«

Karsten, 84 Jahre alt, ehemaliger Kurator

»Ich bin ungeduldig und hasse Leute, die sich dumm anstellen. Das war schon als Kind so, als ich in die Grundschule ging. Deswegen wird mir auch oft Arroganz vorgeworfen. Das hat mich immer sehr getroffen, denn arrogant darf man ja nicht sein. Ein Leben lang habe ich versucht, Verständnis für Menschen zu haben, die weniger intelligent sind als ich. Geduld aufzubringen für ihre Langsamkeit und Begriffsstutzigkeit. Es gelingt mir nicht.

Ich habe mir gesagt, dass nicht jeder Mensch gleich ist und dass auch ich Dinge habe, die mir nicht so liegen und dass diese Menschen vielleicht Talente haben, die ich nicht besitze. Es hat nichts geholfen: Ich kann sie nicht leiden, sie gehen mir schrecklich auf die Nerven. Ich habe es aufgegeben, nett zu ihnen zu sein, heute gehe ich ihnen aus dem Weg, das ist das Beste.«

FOLGENDE FRAGEN KÖNNEN SIE FÜR SICH
BEANTWORTEN. WENN SIE WOLLEN.

*Glauben Sie, dass andere Menschen besser mit sich
selbst klarkommen als Sie?*   *Ja*

*Finden Sie es wichtig, mit allem, was Sie tun,
sagen und denken, im Reinen zu sein?*   *Ja*

*Sind Sie erleichtert, wenn Sie lesen, dass Ihrem Sternzeichen
ein Fehler zugeordnet wird, den Sie von sich selbst kennen,
und das, obwohl Sie gar nicht an Sternzeichen
glauben?*   *Ja*

*Würden Sie gerne zu manchen Ihrer Eigenschaften eine
Expertenmeinung darüber hören, ob diese noch normal oder
schon krankhaft sind? Welche Art Experte sollte
das sein?*   *Ja*

*Glauben Sie dem Rat eines Psychologen mehr als
den Ratschlägen Ihrer Freunde?*   *Ja*

Finden Sie, dass Sie sich Zeit nehmen sollten, um einmal in Ruhe über sich und Ihr Leben nachzudenken? Ja

Glauben Sie, dass die richtige Therapie Ihnen helfen könnte, ein anderer/eine andere zu sein? Ja

Glauben Sie, dass Sie voller unentdeckter Talente stecken, die Sie lediglich aufgrund diverser widriger Umstände nicht ausleben konnten bzw. können? Ja

Können Sie sich mit unangenehmen Erlebnissen in Ihrer Vergangenheit leichter aussöhnen, wenn Sie das Gefühl haben, dass diese trotz allem zu etwas gut gewesen sind? Ja

6
FÜR ALL DIE BLÖDEN TYPEN SIND SIE GUT GENUG
WARUM SELBSTOPTIMIERUNG IN DER LIEBE NICHTS ZU SUCHEN HAT

Mit dreißig Jahren erkrankte der amerikanische Mathematiker John Forbes Nash an einer schizophrenen Psychose. Die Stabilisierung seines geistig-seelischen Zustands nahm fast drei Jahrzehnte in Anspruch. 1994 erhielt er den Nobelpreis für Wirtschaftswissenschaften, eine kleine Sensation, da es normalerweise keinen speziellen Nobelpreis für Mathematiker gibt. Seine Nash-Gleichung revolutionierte jedoch die Spieltheorie, mit der sich das konkrete Verhalten von Individuen in wirtschaftlichen und sozialen Zusammenhängen vorhersagen lässt.

Zu seinem Ausnahmetalent kam die Schizophrenie. Es ist nicht auszuschließen, dass die Krankheit, die ihn wertvolle Lebenszeit kostete, diese außergewöhnliche Begabung begünstigt hat. Denn Schizophrene können, was Nicht-Schizophrene nicht können: viele Informationen gleichzeitig aufnehmen, ohne sie schon im Vorhinein in unwichtig oder wichtig zu filtern.

Eine der Hauptleistungen des Gehirns ist nämlich die Aufrechterhaltung einer klaren Linie im Denken und Handeln. Dafür müssen bestimmte Umweltreize vom Gehirn unterdrückt, andere wieder hervorgehoben werden. Zum Beispiel ist das Schreien eines Babys oder der Geruch nach Feuer wichtiger als das Murmeln und Lachen von Unbekannten, die hinter einem im Bus sitzen. In akuten schizophrenen Phasen ist diese Funktion des Gehirns jedoch gestört, es kommt zu einem Bombardement mit Informationen, und für die Betroffenen wird es unmöglich, sich auf etwas zu konzentrieren, das heißt, die Aufmerksamkeit auf etwas Bestimmtes zu richten. Alles – auch das Nebensächlichste – wird plötzlich bedeutsam.

Man kann sich vorstellen, was diese Reizüberflutung im Kopf eines Genies anrichtet. Mit einem Mal werden Assoziationen zwischen Dingen möglich, die einem nicht schizophrenen Menschen wortwörtlich nie in den Sinn kämen, denn nahezu 90 Prozent von dem, was wir wahrnehmen, wird schon im Vorhinein durch unsere Filter im Gehirn aussortiert, bleiben also unbewusst.

Aus den Schilderungen vieler Betroffener weiß man, dass es durch diese Reizüberflutung zu dem Gefühl kommen kann, dass die Realität fremd und unecht sei. Im nächsten Schritt sucht der Erkrankte nach Erklärungen für dieses unheimliche Erleben. Diese dann Wahnbildung genannten Erklärungen sind somit der völlig verständliche Versuch, Ordnung in dieses Chaos von Eindrücken und frei fluktuierenden Gedanken zu bringen. Weil der Schizophrene also die Normalität in seinem Kopf wiederherstellen will, entwickelt er das, was Außenstehende als verrückt wahrnehmen.

Auch John Nash musste eine Erklärung dafür finden, dass ihm plötzlich jede Kleinigkeit in seiner Umgebung auffiel: Der Mann auf der Straße, der an ihm vorüberging und nicht grüßte, ein Zettel auf dem Fußboden im Flur seiner Universität, die Zusammenstellung des Menüs in der Mensa, eine kleine Anzeige in der Zeitung, eine Radiomeldung, die Tauben auf dem Campus, die Lage der Stifte auf seinem Schreibtisch. Alles, was er sah und hörte, musste in einen sinnvollen Zusammenhang gebracht werden. Es schien sich um geheime Botschaften an ihn zu handeln. Er erkannte in allem komplexe Muster, Schwarmbewegungen und vielschichtige Strukturen. Schließlich steigerte er sich in den Wahn hinein, er entschlüsselte im Auftrag der amerikanischen Regierung Geheimcodes sowjetischer Agenten.

Schizophrene suchen also nach Mustern, um ihr Weltbild zu retten. Wer aber nicht schizophren ist, für den ergibt dieses Verhalten keinen Sinn. Schon gar nicht, wenn man kein mathematisches Genie ist und aus diesem Treiben irgendeinen Zweitnutzen ziehen könnte. Dennoch werden weite Kreise der Bevölkerung tagtäglich dazu aufgefordert, das Verhalten anderer Menschen im übersteigerten Maße auf sich zu beziehen und Zusammenhänge zu erkennen, wo keine sind. Aber nicht im Handbuch für Geheimagenten, sondern in Liebesratgebern und Frauenzeitschriften. In diesen Medien werden die schizoiden Wahnvorstellungen verbreitet und von begeisterten Leserinnen und Lesern kommentiert – meistens sind es Frauen, die empfänglich für solche Musterdiskussionen sind, weil Männer sich traditionell nicht für Beziehungsfragen zuständig fühlen. Endlich haben sie eine Erklärung für das Chaos in ihren Beziehungen zu anderen Menschen gefunden, schreiben sie dann in Leserbriefen und Internetforen. Der Beitrag habe ihnen geholfen, die wahren Zusammenhänge hinter einer Zurückweisung oder einem Missverständnis zu verstehen.
Durch stetige Wiederholung werden diese Thesen immer bekannter. Aber nur, weil sie vertraut klingen, müssen sie nicht wahr sein. Werfen wir einen analytischen Blick auf eine dieser Pseudoerkenntnisse:

Schlagen Sie eine beliebige Frauenzeitschrift auf, und suchen Sie einen Artikel nach dem Motto »Geraten Sie auch immer wieder an den Falschen?«. Es gibt kaum eine Ausgabe, die sich nicht dieser Frage widmet.

In diesen Artikeln erklärt man Ihnen, dass es eventuell nicht nur mit Pech zu tun hat, wenn Sie sich immer wieder in Männer verlieben, die sich Ihnen entziehen oder mit denen sich das Zusammensein nach dem ersten Höhenflug unerfreulich gestaltet. Es ist gut möglich, so der zitierte Experte, dass ein Kindheitsmuster, welches Ihnen bis dato nicht bewusst war, schuld an Ihren zahlreichen Beziehungskatastrophen ist.

Anschließend klärt man Sie darüber auf, wie Sie Ihr Muster erkennen und auflösen können. Mit anderen Worten, wie Sie mit der Aufarbeitung Ihrer Vergangenheit verhindern, dass eine Beziehung nach der anderen scheitert, und somit die echte und erfüllende Liebe in Ihrem Leben endlich Wirklichkeit wird.

In diesen Artikeln wird übrigens stets etwas vorausgesetzt, was die meisten von uns so nicht erleben: Ich kenne jedenfalls wenige, die so viele Beziehungskatastrophen hinter sich haben, dass man daraus ein Muster ablesen könnte, aber da man als moderne Frau offensichtlich eine Beziehung nach der anderen hat, muss mit mir, die ich Schwierigkeiten habe, überhaupt erst einmal *einen* Partner zu finden, etwas nicht stimmen. Weil man meint, dass das eigene Leben aber diesem Mythos entspricht oder doch zumindest entsprechen sollte, liest man weiter und erfährt: Die Männer, die man sich immer wieder erwählt, mögen äußerlich sehr verschieden sein, aber eines haben sie gemeinsam: Sie werden von der geheimen Kraft des unbewussten Kindheitsmusters angezogen. Wie ein Schlüssel zum Schloss passen sie zu dem Problem, mit dem man schon seit seiner Kindheit kämpft, ohne dass sich etwas ändert.

Ob man sich den gut aussehenden Macho, den seriösen Geschäftsmann oder den jungenhaften ewigen Studenten ins Bett holt – stets geht es darum, ein unbearbeitetes Drama zu wiederholen, also neu zu inszenieren, selbst wenn man darunter leidet.

Tausende und Abertausende Frauen erkennen sich in solchen Beschreibungen wieder. Kaum eine Frau, die über ihren Zwang zur Wiederholung nicht mit einer ihrer Freundinnen gesprochen hat. Mütter beichten »es« ihren Töchtern und andersherum, Kolleginnen sprechen darüber beim gemeinsamen Mittagessen, Therapeuten erklären es ihren Patientinnen, Journalistinnen schreiben über diese unheimlichen Zusammenhänge Artikel und garnieren sie mit Fallbeispielen aus ihrem Bekanntenkreis: Ein Muster, gespeist aus unserer unglücklichen Kindheit, bestimmt unser Verhalten in der Gegenwart und lässt uns wie fremdgesteuert aus Hunderten von netten, beziehungsfähigen und großzügigen Männern um uns herum, die uns achten, lieben und auf Händen tragen würden, den *einen*, völlig gestörten und ich-bezogenen Idioten auswählen. Mit schlafwandlerischer Sicherheit picken wir uns *immer und immer wieder* – also so ungefähr drei bis acht Mal im Leben – den Mann mit den meisten Minderwertigkeitskomplexen heraus und lassen die selbstsicheren und souveränen Typen links liegen.

Es irritiert die Leserinnen solcher Artikel nicht, dass ihre Freundinnen in der Regel Partner haben, die auch nicht besser sind und die meisten Single-Frauen darüber klagen, dass sie selten Männer kennenlernen, die ihnen richtig gut gefallen. Die Freundinnen der Leserinnen werden eben auch von ihren unguten Kindheitsmustern verfolgt.

Wenn sie es schaffen könnten, ihr Kindheitsmuster loszuwerden, dann wäre ihre unmittelbare Umgebung von ihrem Bann erlöst, und andere Männer könnten ihnen näherkommen. Und sie würden diese Männer mit einem Mal erkennen und somit der »echten Liebe« endlich eine Chance geben.

Die Frauen arbeiten also an sich und ihrer Ausstrahlung, weil ihnen die Charaktereigenschaften und das Verhalten von Männern nicht gefallen. Das ist verrückt.

DAS WÜRDE ICH MIR AN DEINER STELLE NICHT GEFALLEN LASSEN

Ein beliebtes Gesellschaftsspiel geht so: Freunde und Bekannte fordern einen auf, das Verhalten des Partners auf das eigene Selbstwertgefühl zu beziehen. »Ich an deiner Stelle würde mir so ein Verhalten nicht bieten lassen«, sagen die Freunde, »warum machst du das, das hast du doch nicht nötig?«

Sogar äußere Umstände wie Wohnort und Arbeitsplatz des Partners sollen in einem geheimnisvollen Zusammenhang mit den eigenen psychischen Defiziten stehen: »Dein neuer Partner wohnt 500 Kilometer von dir entfernt – du hast wohl Angst vor Nähe.«

Jeder ist davon überzeugt, dass er für eine Beziehung weniger Kompromisse eingeht als seine Mitmenschen, und zieht daraus sein Überlegenheitsgefühl: Das Chaos, das die anderen veranstalten, würde man ja nie mitmachen. So viel Selbstachtung würde man sich bewahren, viel eher würde man Gren-

zen und Schlussstriche ziehen und so weiter. So verachtet einer den anderen für seine Schwächen.
Diesem Gesellschaftsspiel sollte man, wo es möglich ist, aus dem Weg gehen, denn man kann es nicht gewinnen. Große Wachsamkeit ist also geboten, wenn man Sätze wie diese hört:

- *Dein Partner schläft noch mit anderen Männern oder Frauen? – Das würde ich mir nie bieten lassen!*
- *Mit einem Partner zusammen zu sein, der keinen Ehrgeiz hat? – Das wäre nichts für mich, dass du dich damit zufrieden gibst, wundert mich.*
- *Dein Partner ist Workaholic und ist kaum zu Hause? – Da habe ich aber ganz andere Ansprüche an eine Beziehung als du.*
- *Ihr habt zwei Kinder, und dein Partner hilft nicht im Haushalt? – Das könnte sich mein Partner bei mir nie erlauben.*
- *Dein Partner wohnt in einer anderen Stadt und will seinen Job nicht für dich aufgeben? – Ich wusste gar nicht, dass du auf Fernbeziehungen stehst.*

Verwunderlich ist dabei, dass die Kritiker meist selbst in furchtbaren Beziehungen stecken. Der Freund der Freundin, die nie mit einem Mann zusammen wäre, der nicht im Haushalt hilft, muss regelmäßig aus Entzugskliniken abgeholt werden. Der Mann, der seiner Freundin nie erlauben würde, mit anderen Männern zu schlafen, schläft nicht einmal selbst mit ihr. Aber die Kritiker können nichts dafür. Das hat sich in ihren Beziehungen alles so ergeben. Ein Zufall, der nichts mit ihnen oder ihrem Handeln zu tun hat. Aber die anderen sollten sich wirklich mal Gedanken machen, warum sie immer und immer wieder an so schreckliche Partner geraten.

Sagt die Tatsache, dass viele Menschen in ihren Beziehungen nicht wirklich glücklich sind, nicht mehr über unsere Gesellschaft und die Unerfüllbarkeit menschlicher Bedürfnisse und Wünsche an sich aus als über die psychischen Probleme einzelner Personen?

Aber nehmen wir doch spaßeshalber einmal an, es gelänge der ein oder anderen hart an sich arbeitenden Person, sich von diesen angeblich vorhandenen alten Mustern und Zwängen zu befreien – wo sollen dann plötzlich all die wunderbaren Männer herkommen, mit denen die »echte Liebe« möglich ist? Wo halten sie sich auf, beziehungsweise wie tarnen sie sich, solange wir Frauen noch »neurotisch« sind. Mit wem sind sie zusammen, während circa achtzig Prozent aller Frauen an sich arbeiten, um ihrer würdig zu sein?

Wäre es nicht logischer anzunehmen, dass sowohl Frauen als auch Männer ziemlich oft an schwierige und lieblose Menschen geraten, weil die meisten Menschen schwierig und lieblos sind? Und muss man nicht davon ausgehen, dass man als befreiter Mensch unter lauter Unfreien noch einsamer wäre, als man es sowieso schon ist?

Die Frage »Warum musste ausgerechnet ich wieder an so einen geraten?« hilft jedenfalls nicht weiter, sondern schafft vielmehr neue Probleme, wo vorher keine waren.

Warum machen Menschen so etwas? Man kreiert aus einem allgegenwärtigen Phänomen ein persönliches Problem, um den Wahn aufrechtzuerhalten, durch die Arbeit an sich selbst könne man die Liebe in sein Leben holen. Werner Katzengruber, Autor mehrerer Sachbücher rund um die Themen Psychologie, Führung, Verkauf und Erfolg, der in den Achtzigerjahren Psychologie mit dem

Schwerpunkt Verhaltens- und Kommunikationspsychologie in den USA und der Schweiz studiert hat, meint: »Es gibt richtige Trends, was die Erforschung dessen, was einer glücklichen Beziehung im Wege steht, betrifft. Nehmen wir ein typisches Beispiel: Eine Frau hat eine Beziehung und fühlt sich nicht geliebt. Dann beginnt die Ursachenforschung. In den Achtzigerjahren war es modern, zu vermuten, man sei in der Kindheit Opfer von sexuellem Missbrauch gewesen, den man vollkommen verdrängt habe, und der einen unfähig macht, Liebe zu empfangen und zu geben.«

Das Kindheitstrauma verhindert dann, dass es mit der Liebe nicht »klappt«. Daraus entwickelt sich eine große und schwierige Aufgabe, denn jeder weiß ja, dass die Kindheitserfahrungen fürs Leben prägen und sich so leicht nicht verarbeiten lassen. Die Bewältigung dieser biografischen Belastung nimmt viel Zeit und Kraft in Anspruch, und teuer ist sie mitunter auch. Aber ob das Leben dadurch leichter und die Beziehungen romantischer werden, ist ungewiss.

Doch die viel bemühten Therapeuten wissen auch nicht weiter. Eine von mir interviewte Psychologin und Psychotherapeutin, die nicht namentlich genannt werden will, meinte, sie könne es nicht mehr ertragen, dass 95 Prozent ihrer Klienten über nichts anderes reden als über Beziehungsprobleme – und das über Jahre und ohne dass sich etwas ändert. Im Familienviertel Berlins, dem Prenzlauer Berg, sind Paartherapeuten ausgebucht.

Die Idee, dass sie selbst es seien, die dem Ideal der romantischen Liebe nicht entsprechen, lässt viele Menschen zweimal die Woche zum Therapeuten rennen, um ihre Unzulänglichkeit wegtherapieren zu lassen, erklärt die israelische Soziologin Eva Illouz in einem ihrer Interviews zu ihrem neuen Buch *Warum Liebe wehtut*.

Was für so viele problematisch ist, kann doch eigentlich keine individuelle Herausforderung mehr sein. Handelt es sich dabei nicht vielmehr um ein gesellschaftliches Problem? Für Eva Illouz ist die Art, wie wir lieben beziehungsweise nicht lieben, abhängig von den gesellschaftlichen Bedingungen, unter denen wir leben. Die Soziologin interessiert sich nicht für individuelle Liebesprobleme, sie versucht herauszufinden, wie die meisten Männer und Frauen über Liebe und Glück, Romantik und Beziehung denken und wie sie zu ihren Überzeugungen gekommen sind. Sie analysiert Zeitungen und Frauenzeitschriften, Romane, Kinofilme, Fernsehserien und die Gespräche mit ihren Interviewpartnern und stellt fest: »Früher wurde das gebrochene Liebesversprechen geächtet, das war eine moralische Verfehlung«, heute sei es umgekehrt: Das Stehenbleiben, das Nichtentwickeln, kaschiert durch eine nur lausig betriebene Selbstoptimierung, werden sanktioniert. »Und weil wir unsere Position in der Welt ausschließlich aus uns selbst ableiten müssen«, sagt Illouz, »sind wir so unsicher und verletzlich wie nie zuvor...«

Heute müssen wir uns also vorbereiten auf die Liebe und uns die glückliche Beziehung durch harte Arbeit an uns selbst verdienen. Wir müssen in unserer Seele aufräumen, in unserer Kindheit herumwühlen, Verhaltensmuster analysieren und ausmerzen, bevor wir die Liebe erleben dürfen.

Und sogar aus einer Trennung müssen wir noch das Beste herausschlagen: Da muss an der Trennung gewachsen, da

müssen Lehren für die Zukunft gezogen werden, bevor man sich auf die Suche nach einem neuen Partner macht; zum Beispiel nach einem Partner, der einen noch konsequenter bei der Weiterentwicklung unterstützt.
Aber was ist, wenn ich mich durch eine Trennung nicht weiterentwickelt habe? Wenn ich nichts aus der alten Beziehung gelernt habe und mich einfach nur schrecklich fühle? Und der nächste Partner nicht besser, sondern schlechter ist? Was mache ich dann?

FRAGE: MÖCHTEN SIE MIT DIESER PERFEKTEN PERSON BEFREUNDET SEIN?

In einer Frauenzeitschrift fand ich einmal einen Persönlichkeitstest, es ging um Beziehungsfähigkeit. Wenn man die »richtigen« anerkannten Antworten ankreuzte, erhielt man ungefähr folgendes Persönlichkeitsprofil. Sie können selbst überlegen, ob Sie es aushalten würden, mit einer solch perfekten Frau befreundet zu sein:

Sie können mit Brüchen und Trennungen umgehen. Ganz gleich, wie groß Ihr Schmerz ist, Sie sind in der Lage, auch aus Trennungen eine positive Erfahrung zu ziehen. Sie haben keine Angst, eine Beziehung oder Freundschaft einzugehen, nur, weil Sie daran denken müssen, dass sie auch einmal zu Ende gehen könnte. Sie sind immer mit vollem Herzen dabei. Gleichzeitig, und das ist eine ganz besondere Qualität von Ihnen, meistern Sie aufkommende Differenzen mit Unparteilichkeit und Objektivität. Wenn ein Liebhaber oder Ihr Freund Ihnen plötzlich den Lauf-

pass gibt, fragen Sie nach dem Grund. Ihr Interesse ist aufrichtig, denn Sie wollen nicht anklagen, sondern verstehen: Haben Sie sich falsch verhalten? Haben Sie Ihren Liebsten verletzt – ohne es zu wollen?

Wenn Sie mit ihm sprechen, um die Situation zu analysieren, dann natürlich nicht, um ihn zu überreden, wieder mit Ihnen zusammen zu sein – nein, Sie wollen aus der Situation lernen, um dieselbe Situation nicht noch einmal mit einem anderen Mann zu durchleben.

Sie haben eben das unerhörte Glück, zu den Menschen zu gehören, die überall und stets das Positive sehen. Und so, wie Sie Ihr Privatleben meistern, so meistern Sie auch Ihren Beruf. Werden Sie beispielsweise von Ihrem Chef oder Ihrem Kunden kritisiert, hören Sie sich diese Kritik mit echtem Interesse an und ziehen nüchtern Ihre Lehren daraus. Es könnte doch sein, dass es Ihrer Arbeit an Originalität gefehlt hat oder Sie etwas übersehen haben.

Durch diese selbstkritische und optimistische Lebenseinstellung ist es nur eine Frage der Zeit, dass Sie den Mann Ihres Lebens treffen, der Sie auf Händen trägt. Sie haben es verdient.

Dass trotz unserer Bemühungen selten eintritt, wonach wir uns sehnen, macht uns natürlich unzufrieden. Aber Vorsicht: Wer unzufrieden ist, findet erst recht niemanden! Schnell muss nach Mitteln und Wegen gesucht werden, diese beziehungsverhindernde Frustration in uns auszumerzen. Wobei man natürlich nicht zugeben darf, dass es eben die fehlende oder unerfreuliche Beziehung ist, die einen so unzufrieden macht, denn wer sein Glück von anderen Menschen abhängig macht, ist unattraktiv.

Es ist doch in jeder Frauenzeitschrift zu lesen: Wer eine glückliche Beziehung führen will, muss zuerst lernen, allein glücklich zu sein. Da aber jemand, der sich nach einer Beziehung sehnt, gerade nicht allein glücklich ist, ist diese Aufgabe nicht lösbar. Sie ist nichts weiter als eine paradoxe Prüfung, die einem, wenn man sie annimmt, einen Haufen Schuld- und Minderwertigkeitsgefühle einbrockt, aber keinen Partner.

> Niemand sollte so leichtsinnig sein, zuzugeben, dass es die Liebe ist, nach der er sich wie verrückt sehnt.

Die Umwelt verlangt, dass wir unabhängig sind. Dass wir uns selbst glücklich machen – und wenn wir es nicht sind, müssen wir eben an unseren Gefühlen arbeiten.

Deswegen sollten wir darüber nachdenken, ob es »in Wirklichkeit« der unbefriedigende Job ist, der schuld an der eigenen Unzufriedenheit hat oder die »lausig betriebene Selbstoptimierung«, die Eva Illouz erwähnt. Auf jeden Fall wird die Angelegenheit immer wirrer, und die Hindernisse, welche wir auf dem Weg zur »echten Liebe« zu überwinden haben, werden immer zahlreicher und größer.

Dabei sind die Dinge doch ganz einfach: Alle Menschen wollen geliebt und angenommen werden – und zwar hier und jetzt, bedingungslos, sofort und für immer. Nur können wir, und das wissen wir alle im Grunde unseres Herzens ebenfalls, das, was wir uns so sehr wünschen, von den Menschen um uns herum nicht bekommen. Und weil wir diese schlichte Wahrheit nicht ertragen, verkomplizieren wir die Zusammenhänge.

DIE IDEALE ROMANTIK –
EIN WIDERSPRUCH IN SICH

Viele Menschen sehnen sich nach der romantischen Liebe. Aber sie wissen gar nicht, was Romantik ist. Sich die Liebe durch Arbeit an sich selbst verdienen zu wollen, ist jedenfalls eine durch und durch unromantische Idee. Romantik verweigert sich jeder Norm, sie ist der Triumph des unvollkommenen Individuums gegenüber der Allgemeinheit. Romantische Liebe ist ungeplant und kommt immer ungelegen. Sie durchkreuzt Lebens- und Karrierepläne. Richtig romantisch wird es, wenn durch die Liebe zweier Menschen die Konventionen der Gesellschaft erschüttert werden und die Liebenden sogar dann zueinander stehen, wenn sie damit riskieren, aus der Gesellschaft ausgestoßen zu werden. Diese harte Prüfung wählen sie übrigens nicht selbst, sie werden von ihr erwählt. Die Liebe »trifft sie wie aus heiterem Himmel«, sie suchen nicht nach ihr im Internet oder auf einer Single-Party.
Und keine romantische Liebe hält vernünftigen Überlegungen stand. Sie gefährdet nämlich alles, was man sich bis dahin an gesellschaftlichen Positionen und Annehmlichkeiten erarbeitet hat, weil sie einem vor Augen führt, wie wenig wert solche Äußerlichkeiten doch sind. Für diese Liebe ist man bereit, alle Privilegien aufzugeben, die man besitzt – bis hin zu seinem Leben.
So wie bei Romeo und Julia, den Protagonisten der berühmtesten Liebesgeschichte der Welt.

Doch die moderne Geschichte von Romeo und Julia geht inzwischen anders: Nicht äußere Hindernisse stehen zwischen den Liebenden, keine Standesunterschiede und

Tabus müssen überwunden werden, damit Mann und Frau, Mann und Mann oder Frau und Frau zueinander finden können. Die Hindernisse in und an uns selbst sind es, die abgearbeitet werden müssen. In der Therapie und im Fitnesscenter versuchen wir uns zu normieren und das schlechte und unglückliche Ich loszuwerden, das unserer erfolgreichen Partnersuche im Wege steht. Wir versuchen, uns eine gesellschaftliche Stellung zu erarbeiten, um attraktiv für andere zu werden und auf diese Weise einen entsprechenden Gegenwert einfordern zu können.

Wir geben uns auch nicht wie im 18. Jahrhundert unseren Gefühlen hin, sondern bemühen uns, sie unter unsere Kontrolle zu bekommen. Denn nur starke, unabhängige Menschen, die Verantwortung für ihre Gefühle übernehmen, haben eine Chance auf eine Beziehung mit einem ernst zu nehmenden Partner.

Die moderne Liebesgeschichte ist eine Geschichte der mühsam erkämpften Anpassung.

> Wenn die Leute wüssten, was Romantik ist, würden sie sich nicht danach sehnen.

In einer großen, deutschen Wochenzeitschrift wurden Paare vorgestellt, die von sich sagen, dass sie eine funktionierende Liebesbeziehung führen. Dort fand ich ein junges, modernes Paar, das davon überzeugt ist, alles richtig zu machen:

Mann und Frau haben jeweils ihre eigene Firma, beide arbeiten viel. Ihre Arbeit macht ihnen Spaß, und sie haben Erfolg. Außerdem haben sie zwei Kinder, einen Jungen und ein Mädchen. Um sowohl die beruflichen als auch die familiären Verpflichtungen unter einen Hut zu bringen, hat dieses Paar Regeln aufgestellt: Wer viel schaffen will, muss eben gut organisiert sein. Am Montag kommt er früher von der Arbeit, damit sie zum Sport gehen kann. Am Dienstag ist es umgekehrt. Mittwochabend haben die beiden die Zeit ohne Kinder für sich reserviert, damit sie sich auch als Paar wahrnehmen und nicht nur als Eltern. Darauf freue sie sich, so die Frau im Interview, immer riesig. Am Donnerstag arbeitet sie länger und holt Versäumtes vom Anfang der Woche nach. Am Freitag bleibt sie zu Hause und arbeitet vom Home-Office aus und erledigt kleinere Hausarbeiten. Der Samstag ist für Unternehmungen mit Freunden reserviert, und am Sonntag ist der Tag, an dem die ganze Familie zusammen ist. Wichtig ist beiden, dass trotz Kindern und Karriere die Erotik und der Sex nicht zu kurz kommen, der Sonntagabend gehört daher nur wieder ihnen, das haben die Kinder inzwischen gelernt. Meinungsverschiedenheiten werden im respektvollen Gespräch gelöst, in dem jeder die Zeit bekommt, seine Argumente darzulegen.

So klingen Liebesgeschichten heute. Es braucht der optimalen Ausnutzung des Terminkalenders, um endlich eines Romeos, beziehungsweise einer Julia würdig zu sein. In so einer Liebe werden nicht vor Wut die Türen geknallt und die Kinder verdroschen – man trainiert den Stress im Fitnesscenter ab. Da säuft keiner am Mittwochabend vor dem Fernsehapparat und sagt, dass er keine Lust hat auf die »Quality Time« zu zweit. Da rufen die Freunde nicht unpassenderweise am Dienstag an. Die Angelegenheit zwischen Romeo und Julia ist ein Erfolg auf ganzer Linie, das heißt, es passt alles zusammen, die Liebe, der Job, die Figur.

Der Partner soll uns nicht von der Gesellschaft trennen und unsere Loyalität und unsere Bereitschaft zum Verzicht auf die Probe stellen. Er soll unseren Stand in der Gesellschaft festigen und uns in den Augen der anderen aufwerten. Schließlich investieren wir in uns, und dafür können wir auch etwas verlangen.
Und je mehr wir an uns arbeiten, desto mehr wachsen unsere Ansprüche. Je schöner, klüger und toller ich bin, desto schwerer wird es für mich, einen Partner zu finden, mit dem ich zufrieden sein kann. Dazu kommt, dass durch das Internet die Illusion der unendlichen Auswahl entstanden ist. Nun will ich sicher sein, dass ich auf dem Sex- und Beziehungsmarkt wirklich das bekomme, was meinem »Marktwert« entspricht. Wie Spekulanten versuchen Liebessuchende in Partnerbörsen den besten Partner zu ersteigern. Ihr Ehrgeiz ist es, jemanden zu finden, der einen Hauch mehr zu bieten hat, als ihnen zusteht. Man will ein Schnäppchen machen, und so prüft und vergleicht man, pokert und hält warm, und hat man endlich einige Kandidaten in die engere Wahl gezogen, wird man den Verdacht nicht los, dass sich hinter dem nächsten Profil doch noch etwas Besseres verbirgt.

> *Die Partnersuche wird zur Schnäppchenjagd:*
> *Jeder will mehr, als ihm zusteht.*

Nach zwanzig oder dreißig abgecheckten Kandidaten wird sich schwerlich Romantik einstellen. Wer zwanzig Dates hinter sich hat, in denen er nüchtern die Vor- und Nachteile des Zusammenlebens mit seinem Gegenüber abgewogen hat, kann sich nicht mehr verlieben.
Man verstellt sich auf diese Weise den Blick auf die Einzigartigkeit eines Menschen und lässt keinen Platz für die

Schönheit des Nebenbei: Verlieben hat etwas mit Überraschung zu tun; eine besondere Begegnung ist eine Begegnung, die sich unerwartet und ganz von allein ergibt, die mich herausreißt aus meinem Trott und meinen vorgefertigten Überzeugungen.

Mit meiner Liebesbeziehung will ich mich selbst verwirklichen. Mein Partner soll mir das ermöglichen, was ich mir unter einem erfolgreichem Leben vorstelle: Er oder sie muss gut aussehen und einen tollen Beruf haben und etwas darstellen, mit mir nach Paris reisen, mir schöne Gefühle und eine Traumhochzeit bescheren und obendrein eine Eigentumswohnung als Absicherung fürs Alter sein eigen nennen. Diese Person sollte außerdem gleich alt und Nichtraucher sein, in derselben Stadt wohnen, die gleichen politischen Ansichten haben und sich für ähnliche Dinge interessieren. Denn nur das garantiere eine glückliche, stabile Beziehung. So geben wir alles, was wir uns wünschen, in unser Flirtprofil ein, als könnte man sich seinen Traumpartner im Internet bestellen.

In dieser virtuellen Welt behandelt jeder die jeweils anderen so, als sei er oder sie für die Erfüllung der eigenen Wünsche zuständig. Das aber ist keine romantische Liebe, das ist ein knallhartes Geschäft. Eigentlich ist gegen dieses Geschäft nichts einzuwenden, vor allem dann nicht, wenn zwei Handelspartner sich einig würden und beide mit dem Abschluss einigermaßen zufrieden wären. Aber Tatsache ist, dass niemand mehr mit niemandem zufrieden ist, weil er oder sie seinen Partner ständig mit einem potenziellen besseren Partner vergleicht. So zerstört der Terror der Selbstverwirklichung unsere Beziehungen.

WARUM HABEN ALLE JEMANDEN, NUR ICH NICHT?

Die meisten Menschen gehen davon aus, dass mit ihrer Selbstverbesserung ihre Chancen auf dem Beziehungsmarkt steigen. Kaum einer wagt den Gedanken, dass man auch zu schön und zu klug sein könnte, um bei der Partnersuche erfolgreich zu sein. Dabei braucht man sich nur umzusehen, um festzustellen, dass dieser Gedanke gar nicht so abwegig ist.
Männer, die so aussehen wie auf der Hugo-Boss-Werbung, sind selten. Viel häufiger trifft man auf Männer, denen man auf den ersten Blick ansieht, wie langweilig und humorlos sie sind. In praktische Funktionskleidung gewandet und mit schlechter Haltung sitzen sie neben einem im Café oder am Schreibtisch gegenüber im Büro. Sie sind nicht schön, nicht klug, nicht unfreundlich. Keine Stunde mag man mit ihnen verbringen, geschweige denn das ganze Leben. Plötzlich klingelt ihr Telefon, ihre Frau ist dran und will wissen, wer heute Nachmittag die Kinder abholt.
Natürlich haben alle diese Männer Frau und Kinder, nur wie machen sie das, fragt man sich, während man am Abend die Tür zur Wohnung aufschließt, wo niemand auf einen wartet. Diese Männer werden drei- bis viermal am Tag von ihrer Familie angerufen, man möchte über jeden Schritt, den sie tun, unterrichtet sein, man rechnet mit ihnen am Abend und am Wochenende. Kommen sie eine Stunde zu spät, werden sie schon vermisst. Man selbst dagegen könnte in der Wohnung tot umkippen, und es würden Tage, wenn nicht Wochen, vergehen, bis das jemandem auffällt.

Bei Frauen ist es ähnlich. Es herrscht einige Aufregung am Morgen in der Teeküche im Büro. Die vollschlanke Chefsekretärin ist umringt von Kolleginnen. Mit gerötetem Gesicht erzählt sie, dass ihr Freund sie gestern Abend mit einem riesigen Rosenstrauß überrascht und um ihre Hand angehalten hat. Die Kolleginnen gratulieren, man macht sich seinen Milchkaffee und schleicht sich aus der Küche. Was hat man falsch gemacht, überlegt man den ganzen Vormittag. Es muss ein Geheimnis geben, das diese Frauen kennen, welches einem verborgen geblieben ist, denn anders kann man sich die Welt nicht mehr erklären. Obwohl man ungefähr zwanzig Kilogramm leichter ist als die Sekretärin und wahrscheinlich auch zehnmal unterhaltsamer, hat man noch nie einen ernsthaften Heiratsantrag bekommen. Man ist selbstverständlich nicht neidisch auf die Beziehungen der anderen, das wäre auch zu albern, man weiß nur nicht, wie lange man den Glauben daran noch aufrechterhalten kann, dass man lieber allein ist, als sich mit einem dahergelaufenen Biedermann zusammenzutun.

Es trägt auch nicht zum eigenen Wohlbefinden bei, dass der öde Bürokollege und die vollschlanke Sekretärin offensichtlich nicht darüber nachgrübeln, was denn an ihnen nicht in Ordnung ist und wie sie das ändern könnten, während man selbst ständig mit diesen Fragen beschäftigt ist.

Bei der Partnersuche siegen die Durchschnittlichen!

Das Geheimnis der Durchschnittlichen ist, dass sie zugreifen, wenn ihnen ein einigermaßen akzeptables Angebot gemacht wird. Sie machen sich keine Illusionen, das heißt, sie haben ein gesundes Gefühl dafür, wie viel sie zu bieten haben und was sie vom Leben und der Liebe verlangen können. Sie können ihren Marktwert richtig einschätzen und versteigen sich nicht in vermessene Ansprüche.

Und weil sie durchschnittlich sind, ist auch ihre Auswahl größer. Wer zu attraktiv ist, der schreckt alle ab, die weniger attraktiv sind. So haben Frauen, die sehr schön sind, größere Probleme, einen Partner zu finden. Prominente Schönheiten wie Liz Hurley, Sharon Stone und Giselle Bündchen klagen öffentlich darüber, aufgrund ihrer optischen Attraktivität zu wenig Sex zu haben. Sharon Stone hat beobachtet: »Männer schmachten schöne Frauen aus der Ferne an, aber kaum einer ist Manns genug, das Objekt der Begierde tatsächlich kennenlernen zu wollen.«

ERST DIÄT MACHEN, DANN FLIRTEN?

Dass es mitnichten nötig ist, schlank und schön zu sein, um erfolgreich zu flirten, zeigen Experimente, die an Hotelbars und auf Partys durchgeführt wurden. In diesen Experimenten wurde ermittelt, welche Frauen besonders oft von Männern angesprochen werden. Es stellte sich heraus, dass nicht die jüngsten und/oder attraktivsten am häufigsten angesprochen wurden, sondern die Frauen, welche signalisierten, dass sie angesprochen werden wollten. So einfach sind manchmal die Zusammenhänge.

Besonders effektiv ist es, wenn man anderen Menschen einen unverfänglichen Grund gibt, einen anzusprechen. Wer einmal mit einem niedlichen Hund spazieren gegangen ist, wird festgestellt haben, dass man in der Begleitung dieses Tieres dauernd in ein Gespräch verwickelt wird. Wer keine Hunde mag und auch keine Menschen, die Hunde mögen, der kann ein interessantes Kleidungsstück tragen.

Schönheit kann ein Handicap sein.

Spanische Wissenschaftler haben herausgefunden, dass Männer, die man mit einer schönen Frau allein im Zimmer lässt, nach einer Weile ganz schön gestresst sind. Der Stress ist umso größer, je attraktiver die Frau ist, und am größten ist er, wenn die Männer ihr weibliches Gegenüber als attraktiver empfinden als sich selbst.

Viele Frauen glauben, dass sie wunderschön sein müssen, damit sich möglichst viele Männer in sie verlieben. Doch das stimme nicht, meinten die spanischen Forscher, die nicht nur die Ausschüttung von Stresshormonen bei ihren Probanden gemessen, sondern auch Interviews mit ihnen geführt hatten. In diesen Interviews gestanden die meisten Männer, dass schöne Frauen ihnen Angst machen und dass sie sie für unerreichbar halten. Es gibt auch Männer, die ein zu perfektes Aussehen bei einer Frau schlicht und einfach nicht mögen, oder sie fürchten, sich mit einer solchen Frau zu viel männliche Konkurrenz ins Haus zu holen.

Auf jeden Fall ist ein perfektes Äußeres für Männer noch lange kein Grund, stärkeres Interesse, sexuelles Begehren oder gar Liebe für eine Frau zu empfinden. Fragt man Frauen, die dem aktuellen Schönheitsideal entsprechen, wie intensiv sie von Männern umworben werden, erhält man in der Regel nur Klagen. Sie werden nicht häufiger als andere Frauen angesprochen, sondern seltener. Sie machen häufig die Erfahrung, dass die wenigsten der Männer, die ihnen hinterhergucken, versuchen, sie anzusprechen und kennenzulernen.

Frauen geht es ähnlich. Zwar steht regelmäßig in Männermagazinen wie *Men's Health,* dass es wissenschaftlich erwiesen sei, dass Frauen auf Muskeln stehen, gefolgt von der achthundertsten Übung für den Waschbrettbauch. Aber fragt man in seinem Bekanntenkreis herum, dann wird man von einigen Frauen hören, dass sie einen Waschbrettbauch eher abstoßend finden und einem sehr durchtrainierten Männerkörper wenig abgewinnen können.

Meine Freundin Ines verbrachte einmal eine Nacht mit einem gut aussehenden Schauspieler. Am Morgen wachte sie auf, weil sie heftiges Atmen neben sich hörte: Der Schauspieler machte auf dem Teppich neben ihrem Bett Liegestütze. Als er merkte, dass sie wach war, unterbrach er die Übung und erklärte, er sei bereits joggen gewesen, habe auf dem Rückweg frische Brötchen eingekauft, und wenn er mit den Liegestützen fertig sei, würde er ein schönes Frühstück machen. »So viel Vitalität und gute Laune am Morgen finde ich entsetzlich«, meinte Ines. Sie hat sich kein weiteres Mal mit ihm getroffen, und zwar aufgrund des »Dramas, das in einer möglichen Beziehung immer wieder neu inszeniert werden würde«. Ein Drama, in dem ihr permanent ihre Unsportlichkeit und Bequemlichkeit vor Augen geführt werden würde. Eine für sie ganz und gar unattraktive Vorstellung.

BIN ICH SCHÖN?

Man ist so schön, wie man sich fühlt, heißt es, und daher gibt es viele mentale Übungen, die darauf abzielen, das eigene Schönheitsempfinden zu steigern. Man solle sich zum Beispiel jeden Morgen vor den Spiegel stellen, sich dabei fest in die

Augen sehen und dabei das Mantra »Ich bin schön« sprechen. Das wird dann so lange wiederholt, bis man glaubt, was man sagt – und siehe da, von diesem Augenblick an wird einen auch die Umgebung anders wahrnehmen.
»Aber schön zu sein – das ist doch auch wieder die Norm«, meint Werner Katzengruber. »Will ich denn die Norm sein, und was bringt mir das? Warum muss ich ›schön‹ sein? Reicht es nicht, sich vor den Spiegel zu stellen und zu sagen: ›Ich bin o.k.‹?«
Die Übung »Ich bin o.k.« ist der Realität angemessener, und man ruiniert mit ihr auch nicht seine gesunde Selbsteinschätzung. Darüber hinaus integriert diese Einstellung auch die Tage, an denen man sich einfach hässlich und bescheuert fühlt. Denn die wird es immer geben, da kann man »Sich-schön-Fühlen« üben, wie man will.

BEZIEHUNGSUNFÄHIGKEIT – WAS IST DAS?

Ist man als Frau nicht nur zu schön, sondern auch zu gebildet, wird es ganz schwierig. Viele sehr erfolgreiche Frauen sind allein, weil man als Chefarzt zwar die Krankenschwester heiraten kann, aber als Chefärztin nicht unbedingt den Krankenpfleger. Die Auswahl »gleichwertiger« Männer wird eben kleiner, wenn man Professorin für Wirtschaft und neue Medien ist.

Natürlich ist es wundervoll, Professorin oder Chefärztin zu werden, wenn man Professorin oder Chefärztin werden will. Aber man erhöht damit nicht seine Chancen auf dem Beziehungsmarkt. Mit diesem Beispiel will ich mitnichten

Frauen auffordern, die Suche nach einem Mann wichtiger zu nehmen als ihre Karriere. Ich will an dieser Stelle nur deutlich machen, dass die Verbesserung der eigenen sozialen und ökonomischen Situation nicht unbedingt die Partnerfindung erleichtert, und schon gar nicht, wenn man sich innerhalb der gesellschaftlichen Konventionen bewegt – sich also nur vorstellen kann, mit einem Partner zusammen zu sein, der eine vergleichbare gesellschaftliche Stellung innehat.

> Es gibt drei Geschlechter:
> Männer, Frauen und Doktorandinnen.
> Chinesischer Witz

Viele Menschen mit einem hohen Anspruch an sich selbst und der Bereitschaft, über sich nachzudenken, fragen sich, ob es an ihnen liegt, wenn sie keine oder nur kurze Beziehungen haben. Sie sind bereit zu lernen, an sich zu arbeiten, mit sich und anderen ehrlich zu sein und Fehler zuzugeben. Aber einer stabilen und schönen Beziehung bringt sie das auch nicht näher.

Sie ahnen nicht, dass sie mit ihren Bemühungen ihre Situation noch verschärfen, da sie bereits in jeder Hinsicht überqualifiziert sind: Denn stabile Beziehungen haben nichts mit der vermeintlichen »Beziehungsfähigkeit« der Beteiligten zu tun. Beziehungen zwischen Menschen sind dann stabil, wenn gewisse äußere Zwänge sie zusammenhalten. Das kann ein gemeinsames Haus, gemeinsame Kinder, eine gewisse ökonomische und/oder seelisch-körperliche Abhängigkeit sein, also alles, was zwei Menschen aneinander bindet, ohne dass sie sich lieben müssen. Freiheit und Beziehungsfähigkeit sind also umgekehrt proportional. Diese Erfahrung macht jeder, der nach Freiheit strebt.

*Trennen oder nicht trennen? Das fragen sich
nur Leute, denen es zu gut geht.*

Menschen, für die die freie Auswahl auf dem Beziehungsmarkt aufgrund spezieller Bedürfnisse, finanzieller Abhängigkeiten und/oder körperlicher Voraussetzungen nicht gilt, sind von der unendlichen Suche nach dem optimalen Partner erlöst. So leben stark Übergewichtige statistisch gesehen in stabileren Beziehungen, denn sie sind sich sehr wohl darüber im Klaren, dass sie es schwerer haben als andere, einen neuen Partner zu finden. Da überlegen sie es sich zweimal, ob sie sich trennen und zu »neuen, spannenden Ufern« aufbrechen. Berufliche und geistige Unabhängigkeit dagegen macht wählerisch.

Wenn ich aber weiß, dass ich nicht in der Position bin, an dem, was mir zuteil wird, auch noch herumzumosern, dann weiß ich, was zu tun ist: aus dem, was da ist, das Beste zu machen. Schon bin ich beziehungsfähig.

*Das Geheimnis einer langen Ehe ist,
sich nicht scheiden zu lassen.*
Marcel Reich-Ranicki

Die Freiheit der Wahl ist einer Liebesbeziehung offensichtlich nicht zuträglich. In dem Roman über das Leben des rauchenden und zweifelnden Triester Kaufmanns Zeno Cosini von Italo Svevo stellt sich am Ende heraus, dass das Einzige, was ihm in seinem Leben glückte, die Beziehung zu seiner Frau Agathe war. Mit ihr, stellt er eines Nachmittags erstaunt fest, während sie gemeinsam im Garten sitzen, ist er zeit seines Lebens zufrieden gewesen – so zufrieden, wie es ihm eben möglich war. Natürlich hat er die, die so gut zu ihm passte, nicht gewollt. Nicht

Liebe stand am Anfang ihrer Beziehung, sondern ein Missverständnis.

Agathe hinkt und ist nie besonders schön gewesen. Sie ist die älteste von vier Schwestern, und Zeno Cosini hatte sich vor vierzig Jahren nicht für sie, sondern für die schönste und jüngste der Schwestern interessiert. Fast jeden Abend machte er damals der Familie seine Aufwartung, da er aber nicht aufdringlich sein wollte, unterhielt er sich mit der jüngsten Schwester nur wenig, dafür mehr mit der ältesten Tochter, der hinkenden Agathe.

Irgendwann nahm ihn der Vater der Mädchen beiseite und meinte, dass Zeno Agathe langsam kompromittiere, und so kam es zu der Hochzeit von Agathe und Zeno Cosini.

Agathe, die heimliche Hauptfigur des Buches, weiß genau, wie ihre Ehe zustande kam, aber sie nimmt es Zeno nicht übel. Ohne ihn wäre sie allein geblieben, und das wäre allemal schlechter gewesen. Ihr stilles Selbstbewusstsein, ihre Souveränität, speist sich nicht aus Äußerlichkeiten, sondern aus ihrem Wissen um die Begrenztheit der Menschen. Daher ist Agathe das Beste, was Zeno Cosini passieren konnte, und Zeno ist das Beste, was ihr passieren konnte. Von allen vier Schwestern führt Agathe die glücklichste Ehe. Ohne etwas Besonderes dafür zu tun.

Eine Liebesbeziehung ist eben eine sehr unwahrscheinliche Sache, so beschreibt es der Soziologe Niklas Luhmann in seinem bekanntesten Werk *Liebe als Passion*. Kaum ein Mensch lebt gern allein. Wenn er sich aber, wie es seit dem 18. Jahrhundert die Idee ist, vorher verlieben muss, bevor er eine Bindung eingeht, wird eine sehr unwahrscheinliche Bedingung an den Beginn einer Partnerschaft gestellt.

In einer Beziehung soll heute also eine Notwendigkeit – nämlich mit anderen Menschen zusammenzuleben – mit einer Unwahrscheinlichkeit – nämlich sich in einen Menschen zu verlieben, der sich gleichzeitig in einen verliebt – in Übereinstimmung gebracht werden. Und diese Liebe soll dann auch noch ein Leben lang halten. Alles andere wirkt mit diesem Anspruch wie ein Kompromiss oder wie ein Provisorium. Als säße man mit seinem jeweiligen Lebensabschnittsgefährten in einer Wartehalle und wartete darauf, dass der Zug, der einen zur wahren Liebe bringt, in den Bahnhof einfährt. Und während man wartet, hofft man darauf, dass der Zug, der für einen selbst bestimmt ist, eher kommt als der des Partners. Denn natürlich möchte man nicht der auf dem Bahnsteig Zurückgelassene sein, der – so wird es in den Liebesratgebern angemahnt – noch großzügig sein und freudig winken muss, wenn der Partner zuerst einsteigen darf.

*Liebende sind keine Freunde,
sie sind Konkurrenten.*

Dieser Widerspruch steht hinter unser aller Beziehungsunfähigkeit, und heimlich sehnen sich nicht wenige nach einem Leben im Kloster oder in Zweckgemeinschaften mancher Urvölker, wo kein Mensch auch nur einen Gedanken daran verschwendet, die lebenserhaltende Gruppe zu verlassen.
Seitdem es die Idee der Liebe gibt, fühlt man sich schuldig, wenn man nicht liebt. Ich fühle mich als Versager, wenn ich mir eines Tages eingestehen muss, dass ich meinen Partner schon lange nicht mehr liebe, sondern nur noch mit ihm zusammen bin, weil ich die mit einer Partnerschaft verbundenen Privilegien nicht aufgeben will. Weil

ich nicht, wie früher als Single, am Wochenende, zu Ostern und zu Weihnachten und Silvester allein bleiben möchte. Weil ich vom Bahnhof abgeholt werden will. Weil ich auf den Sex nicht verzichten kann. Weil sich doch sonst keiner verpflichtet fühlt, mich auf Reisen und Feste zu begleiten und mir den Tee ans Bett zu bringen, wenn ich krank bin.

Menschen mit einem gewissen Anspruch haben in solch einem Fall nur zwei Möglichkeiten: Entweder sie verdrängen ihre wahren Gefühle und reden sich ein, dass sie ihren Partner doch lieben – oder sie beenden die Beziehung. Die dritte Möglichkeit, sich seine kleinlichen Beweggründe einzugestehen und trotzdem nichts an der Situation zu ändern, kommt für sie nicht in Frage. Und nie, niemals, können sich solche Leute vorstellen, ihren Partnern auch noch zu erzählen, wie kleinlich und gemein sie sind.

Die dritte Möglichkeit, nämlich seinem Partner die Wahrheit zu sagen, wäre natürlich der Ausweg aus allem: Man müsste nicht die Beziehung beenden und wäre trotzdem befreit von der Liebe – also der Lüge.

»Hütet euch vor der Liebe«, riet der Autor und Psychologe Peter Lauster manchen Paaren, die zu ihm in die Sprechstunde kamen. Peter Lauster schreibt seit über vierzig Jahren Bücher über die Liebe. Besonders in den Siebziger- und Achtzigerjahren äußerte er sich kritisch über die Institution Ehe und bürgerliche Moralvorstellungen. Die ewige Liebe hält er für einen Mythos.

Kommt die Liebe ins Spiel, wird es seiner Meinung nach für die Menschen schwierig. Liebe kann nämlich voneinander trennen. Was macht man, wenn der Partner Liebe verlangt, die man nicht fühlt? Wem auf dieser Welt darf man dann noch gestehen, dass man gar nicht lieben kann? Wem sich dann noch anvertrauen?

WAS IST LIEBE?

Wer geliebt werden will, sollte lieber vorher fragen, was denn Liebe ist, rät Werner Katzengruber. Was meint ein Mensch, wenn er von Liebe spricht? Meint er das Gefühl, welches durch Hormone hervorgerufen wird und das daher nur vorübergehender Natur ist? Was fühle ich, wenn ich von Liebe spreche? Bezeichne ich damit vielleicht bestimmte Wünsche und Bedürfnisse? Was glaube ich, was mein Partner fühlt, wenn er sagt »Ich liebe dich«? Warum bin ich eigentlich gekränkt, wenn jemand sagt, dass er mich nicht liebt? Wenn man diese Fragen für sich ehrlich klärt, kann man das Phänomen Liebe entmystifizieren.

REDEN WIR NICHT VON LIEBE, REDEN WIR VON SEX!

Während wir auf den Menschen warten, der uns wirklich liebt und den wir auch wirklich lieben, vergeht die Zeit. Das macht nervös, denn niemand mag auf die erfüllende Liebesbeziehung warten, bis er neunzig Jahre alt ist. Zumal mit zunehmendem Alter die Naivität schwindet, die man braucht, um die für eine Liebesbeziehung notwendige Überhöhung des Sexualpartners zuwege zu bringen. Stattdessen wächst die Kenntnis um die Zumutungen, die das

Zusammenleben mit einem anderen Menschen mit sich bringt.

Man sollte sich also besser damit beschäftigen, wie man die Zeit ohne wahre Liebe am liebsten verbringen möchte:

– Macht es einem Spaß, jede Woche in die Therapie zu rennen und zu lernen, sich selbst zu lieben? Oder hätte man in dieser Zeit lieber Zärtlichkeit und Sex?
– Will man lieber allein leben, oder möchte man lieber Gesellschaft haben? Und muss diese Gesellschaft unbedingt der Sexualpartner sein?
– Erträgt man seinen derzeitigen Partner nur noch, weil man völlig resigniert hat? Oder könnte man es mit ihm ganz nett haben, wenn man ihn nicht ständig mit seinem Verlangen nach wahrer Liebe quälen würde?

> Wollen Sie Sex, oder wollen Sie an sich arbeiten? Sie haben keine Zeit für beides.

Diese Fragen kann jeder nur für sich selbst beantworten, keine Frauenzeitschrift und kein Männermagazin und nicht einmal dieses Buch werden einem dabei helfen. Um Sex zu haben, ist es jedenfalls nicht notwendig, an sich zu arbeiten. Man könnte sogar sagen, dass die Arbeit an sich selbst unvermeidlich eine Einbuße des Sexappeals mit sich zieht.

Sexiness ist das Absichtslose, also eher das Gehenlassen als das Zusammenreißen. Der rote Mund, in den ein Stück Schokolade gesteckt wird, ist ein Symbol für Sinnlichkeit, nicht der geschlossene, der das Stück Biomöhre wie vorgeschrieben mindestens 35 Mal gekaut hat.

Der unvernünftige Mensch ist sexy, nicht der vernünftige. Männer und Frauen, die von positivem Konfliktmanagement und Paarcoaching noch nie etwas gehört haben, sind definitiv sexier als die, die stets bewusst gewaltfrei kommunizieren.

Wer Sex haben will, sollte also Sex haben, und wer sich auf die perfekte Beziehung vorbereiten will, soll sich in Gottes Namen auf die perfekte Beziehung vorbereiten. Bei beiden Zeitvertreiben ist es ungefähr gleich wahrscheinlich, dass Sie einen Partner finden – man kann durchaus auch bei Familienaufstellungen nach Bernd Hellinger jemanden kennenlernen.
Es ist lediglich eine Frage, was Ihrer Persönlichkeit entspricht: In einem Wochenendseminar seine Kindheitsmuster aufzuarbeiten oder sich in einem Club mit einem Drink in der Hand zu amüsieren. Wichtig ist, dass Sie sich entscheiden. Und je eher Sie das tun, umso besser.

VERNÜNFTIGE GESPRÄCHE SIND DER GRÖSSTE SCHWACHSINN, DEN ES GIBT

Marc und Regina sind seit einem Jahr ein Paar. Einmal die Woche gehen sie zusammen ins Fitnesscenter. Regina kommt an diesem Abend früher von der Arbeit und wartet mit ihrer Sporttasche auf der Straße, Marc holt sie mit dem Auto ab. Es gibt nur ein Problem: Marc kommt immer zu spät. Anfangs hat Regina nichts gesagt, sie möchte nicht wegen ein paar Minuten gleich ein Theater machen. Doch Marc verspätet sich von Woche zu Woche mehr, bald kommt er regelmäßig eine Viertelstunde zu spät, und nur wenige Wochen darauf scheint er eine halbe Stunde als tolerierbare Verspätung zu empfinden. Schon mehrmals haben sie und Marc sich über dieses Thema gestritten. Im Streit hat Marc sie als Pedantin bezeichnet und ihr vorgeworfen, dass sie alles kontrollieren müsse und man deswegen nichts mit ihr unternehmen könne.

Der Abend, der für beide eine Erholung sein soll, läuft inzwischen so ab: Marc fährt jede Woche zu spät mit dem Auto vor, Regina steigt wortlos ein, und dann fahren beide schweigend ins Fitnessstudio, wo sie getrennt trainieren. Es dauert Stunden, bis Reginas Wut sich gelegt hat und sie wieder mit Marc sprechen kann.

Es gibt mehrere Möglichkeiten, das Problem vernünftig zu lösen. Man muss kein Ratgeberbuch kaufen oder zum Paartherapeuten gehen, um zu wissen, wie Regina diese Situation angenehmer für sich gestalten könnte.

Im ersten Schritt muss sich Regina bewusst machen, dass sie ihren Freund Marc nicht verändern kann. Das Einzige, worauf Regina Einfluss hat, ist ihr Umgang mit der Situation.

Sie könnte zum Beispiel mit Marc vereinbaren, dass sie sich nicht auf der Straße, sondern im Fitnesscenter treffen und sie schon einmal ohne ihn anfängt zu trainieren. Das hat Regina bereits versucht, nur hat sie sich dabei ertappt, wie sie beim Training dauernd auf die Uhr schaute und mit jeder Minute, die Marc nicht erschien, ärgerlicher wurde. (Zumal Marc durch die gewonnene Freiheit nicht eine halbe Stunde, sondern eine Dreiviertelstunde zu spät kam.)

Eine andere Alternative wäre, dass Regina in Zukunft lieber mit einer Freundin zum Sport geht. Dann muss sie sich nicht jede Woche über ihren Freund ärgern und kann auf diese Weise sogar das Verhältnis zu ihrer Freundin neu beleben. Mit Marc plant sie stattdessen andere Unternehmungen, bei denen es nicht darauf ankommt, ob er pünktlich ist oder nicht.

Klingt vernünftig – und ist absoluter Quatsch. Die oben aufgeführten Möglichkeiten zur Konfliktlösung haben nichts mit der Wirklichkeit zu tun. Die wunderbaren, vernünftig klingenden Vorschläge kranken nämlich an einer Sache: Die Voraussetzungen sind falsch.
Was von vielen Therapeuten vorausgesetzt und von Ratsuchenden selten hinterfragt wird, ist die Annahme, dass man nicht den Partner, sondern nur den eigenen Umgang mit dessen Verhalten ändern könne. Millionen von Menschen machen tagtäglich die Erfahrung, dass das nicht stimmt. Zwar stellen sie fest, dass sich das Verhalten ihres Partners schwer beeinflussen lässt, dass sie aber ihre Reaktion auf eben dieses Verhalten genauso wenig umprogrammieren können. Auch Regina wird auf die eine oder andere Weise an dem geschilderten Problem scheitern. Die Wahrheit ist nämlich: Regina will nicht allein oder mit einer Freundin zum Sport. Sie will, dass Marc sie begleitet, und sie will, dass er pünktlich ist! Alles andere will sie nicht. Sie kann natürlich versuchen, etwas anderes zu wollen, es wird ihr jedoch schwer gelingen.

Sie können Ihren Partner nicht ändern.
Sich selbst aber auch nicht.

Es hat sich gezeigt, dass klärende Gespräche zwischen Partnern, ob selbstständig oder mit einem Paartherapeuten geführt, ob vernünftig oder wütend, in Tränen aufgelöst oder mit völliger Selbstbeherrschung, nach der neuesten Methode oder ganz konventionell, wenig an den Problemen in einer Partnerschaft ändern. Neueste Untersuchungen zeigen: Je weniger die Partner über ihre Beziehung sprechen, desto besser. Nichts funktioniert – und es kann nichts funktionieren: Denn indem man eine Beziehung eingeht, hat man, ohne sich dessen bewusst zu sein, mit dem Partner vereinbart, nicht mehr auf vernünftige Art und Weise miteinander umzugehen.

Das ist das Geheimnis hinter den ewigen Beziehungsstreitereien. Um das zu verstehen, muss man erst einmal wissen, was eine Liebesbeziehung überhaupt ist.
Eine Liebesbeziehung hat etwas mit Liebe zu tun, könnte man naiverweise annehmen, aber wenn man ein bisschen gründlicher über das Phänomen Zweierbeziehung nachdenkt, wird einem schnell klar, dass damit die Frage nicht beantwortet ist. Man kann durchaus in einer Beziehung sein, ohne sich zu lieben, und jemanden lieben, mit dem man keine Beziehung führt. Betrachtet man die Liebesbeziehung soziologisch, wie beispielsweise Niklas Luhmann, lässt sich das Phänomen auf folgenden Nenner bringen: Eine Beziehung kommt dann zustande, wenn zwei Menschen beschließen, eine Beziehung zu haben.
Eine Liebesbeziehung ist ein soziales Konstrukt, welches übrigens keine dreihundert Jahre alt ist. Und dieses soziale Konstrukt hat besondere Regeln, die sich von den Regeln einer Freundschaft unterscheiden. Ein wesentliches Element dieses Konstruktes »Liebesbeziehung« ist – neben der Übereinkunft, seine sexuellen Bedürfnisse möglichst mit dem Partner zu befriedigen –, dass die Kommunikation zwischen den Partnern ganz anderen Gesetzen folgt

als mit Freunden oder Fremden. Diese besondere Kommunikation ist geradezu das Erkennungsmerkmal einer Liebesbeziehung, und wer fordert, die Partner sollen nicht als »Liebende« miteinander sprechen, sondern normal und vernünftig, wie sie es mit jedem anderen Menschen auch tun, rüttelt ebenso an den Grundfesten der Beziehung, wie es ein Partner tut, der fremdgeht.

Niemand hat vor 300 Jahren erwartet, eine romantische Liebe tatsächlich erleben zu müssen.

Die unterschiedlichen Regeln einer Freundschaft und einer Liebesbeziehung lassen sich zum Beispiel an der Art und Weise, wie Verabredungen getroffen werden, ablesen:

Zwei Freunde verabreden sich. Eine Stunde vor dem verabredeten Zeitpunkt stellt der eine Freund fest, dass er eigentlich keine Lust hat, sich zu treffen. Lieber würde er alleine zu Hause bleiben und fernsehen. Freund A ruft Freund B an und gesteht: »Du, eigentlich habe ich keine Lust mehr, auszugehen. Am liebsten würde ich zu Hause bleiben und fernsehen.« Freund B sagt: »Das macht doch nichts, dann treffen wir uns ein andermal.«
Freund B ist nicht beleidigt, dass Freund A abgesagt hat, und er schätzt es als Vertrauensbeweis, dass dieser ihm seine wahren Beweggründe für die Absage genannt hat.

Nehmen wir nun an, zwei Menschen, die eine Beziehung miteinander haben, aber nicht zusammen wohnen, haben sich verabredet. Der Mann stellt kurz vor dem verabredeten Zeitpunkt fest, dass er keine Lust mehr hat, aus dem Haus zu gehen. Er ruft seine Freundin oder seinen Freund an und sagt: »Du, ich habe keine Lust, mit dir essen zu gehen, ich will lieber alleine zu Hause bleiben und fernsehen.«

Jedem leuchtet ein, dass das unmöglich ist. Der Mann kann seinem Partner oder seiner Partnerin nicht sagen, dass er lieber fernsehen will, als ihn oder sie zu sehen. In einer Beziehung heißt diese Aussage nämlich: »Ich liebe dich nicht mehr.« Der Mann muss sich etwas ausdenken: Ein Freund, der Liebeskummer hat, hat angerufen, und der Mann muss diesem Freund beistehen. Nun kann er zu Hause bleiben, muss aber sämtliche Telefone abstellen und das Licht in seiner Wohnung ausschalten.

In einer Beziehung verhalten sich die Partner nicht einfach so, wie sie wollen, sondern sie beziehen bei allem, was sie sagen, den besonderen Status der Partnerschaft mit ein und antizipieren stets, wie das auf den Partner wirkt. Der Partner weiß das auch, aber er spricht es nicht aus. Die Regeln einer Beziehung verlangen, dass jeder so tut, als würde er nicht merken, dass sich der andere auf ihn bezieht. Das macht das Gespräch in einer Beziehung so kompliziert.

Der Partner macht also etwas, von dem er weiß, dass es dem anderen gefällt (oder missfällt, je nach Stimmung), tut aber so, als mache er das um seiner selbst willen. Der Partner weiß das, spricht diese Tatsache aber nicht an, um diese Liebesgabe nicht zu entwerten, reagiert dennoch darauf und tut ebenfalls so, als sei das, was er tut, sein ureigenes Bedürfnis. In der Praxis sieht das dann so aus:

Der Partner ist beleidigt und schweigt. Sein Schweigen signalisiert: Kümmere dich um mich, und frag bitte, was mit mir los ist. Wenn nun der Partner nachfragt, was denn

los sei, tut der Beleidigte so, als habe das Schweigen nichts mit dem Partner zu tun: »Wieso, was soll schon los sein?« Der Partner sagt: »Aber du hast doch was, du sagst ja gar nichts.« Der Beleidigte entgegnet: »Wieso, man muss doch nicht immer was sagen.«
Und so geht es immer weiter.
Kein Freund würde für eine solch verdrehte Konversation die Geduld aufbringen, und eigentlich weiß man nur durch diese Art der Kommunikation, dass man sich in einer Beziehung befindet. Diese Kommunikation aufzugeben, wäre so, als würde man die Beziehung aufgeben.

Deswegen hat Regina das Gefühl, sie liebe Marc nicht mehr, wenn sie seine Unpünktlichkeit nicht mehr persönlich nimmt. Wenn sie lieber mit einer Freundin als mit ihrem Freund ins Fitnesscenter geht, ist ihre Beziehung definitiv abgekühlt.
Solange Regina an Marc noch interessiert ist, wird sie das Beziehungsspiel aufrechterhalten: Regina findet, wenn Marc sie lieben würde, würde er pünktlich kommen. Marc verweigert ihr diesen Liebesbeweis, aus welchem Grund auch immer, und wehrt ihren Anspruch mit den absurdesten Gründen ab. Sein Vorwurf, Regina sei eine kontrollsüchtige Pedantin, ist so offensichtlich ungerecht, dass er den gesunden Menschenverstand beleidigt. Man stelle sich vor, Marc würde seinen Chef als pedantischen Spießer bezeichnen, nur weil der auf einer gewissen Pünktlichkeit in seiner Firma besteht. Marc testet mit seinem unmöglichen Verhalten, wie viel er sich gegenüber Regina erlauben kann. Beide kämpfen um die Machtverteilung in der Beziehung, und es geht darum, wer diesen Kampf gewinnt. Um die Sache selbst geht es nicht.

Wir wollen nicht in Ruhe Sport treiben, wir wollen wissen, ob wir geliebt werden. Und ob wir geliebt werden, sehen wir daran, wie viel sich der Partner von uns bieten lässt. Ob diese Gefühle wirklich als Liebe bezeichnet werden können, stellen wir einmal dahin.

> Wer seinen Partner ernst nimmt,
> ist selbst schuld!

Den meisten ist nicht bewusst, was sie da tun. Wenn sie ihren guten Freunden vom letzten Krach mit dem Partner berichten, dann schildern sie die Angelegenheit so, als würde es ihnen wirklich nur darum gehen, pünktlich ins Fitnessstudio zu kommen. Der Freundin von Regina zum Beispiel erscheint der Vorfall als ungeheuerlich: Sie kann kaum glauben, dass Marc Regina als Pedantin beschimpft hat, nur weil Regina keine Lust hat, jede Woche eine halbe Stunde auf ihn zu warten. Es scheint nur zwei Möglichkeiten zu geben: Entweder Marc ist zu dumm, um sich in andere Menschen hineinzuversetzen, oder er ist gemein und dreist.
So oder ähnlich kommt es Regina und ihrer Freundin vor, denn nun werden ja wieder die normalen Maßstäbe zwischenmenschlicher Interaktion an das Gespräch zwischen Marc und Regina gelegt. Unter denen ist es aber nie geführt worden.

Sich doof stellen, Türen schlagen, provozieren, verweigern, absurde Argumente und unglaubliche Anschuldigungen austauschen – alles das hat einen Sinn: Nur im verbalen Schlagabtausch werden wir herausfinden, was wir so dringend wissen wollen. Nämlich, wie weit ich bei meinem Partner gehen kann, bevor ich mit Liebesentzug bestraft werde. Eigentlich das Wichtigste, was man über den Menschen, mit dem man zusammenlebt, wissen kann.

Wenn man weiß, um was es einem geht, streitet man effektiver.

Wir sollen uns leidenschaftlich lieben, aber vernünftig miteinander sprechen. Paartherapeuten fordern uns auf, uns gegenseitig mit Respekt zu behandeln, auf Anschuldigungen zu verzichten und die Geschehnisse möglichst neutral aus der Ich-Perspektive zu schildern, Kompromisse zu machen und einander nicht zu provozieren. Damit leugnen sie den Machtkampf, der hier geführt wird. Alle tun dann gemeinsam so, als wären die Vorwände – also das nicht geputzte Klo, der Lappen in der Spüle, das Minus auf dem Konto – der Kern des Konflikts zwischen den Partnern. Und sobald sich eine Lösung für das Klo, den Lappen und die Schulden gefunden hat, hätte das Paar den Kopf wieder frei für »die schönen Dinge zu zweit«.

Beide Partner wundern sich, dass sie außerhalb der Überwachung des Paarcoaches oder des Mediators sofort wieder in ihr altes Verhalten zurückfallen. Sie fühlen sich schlecht und schuldig, wenn sich in ihnen alles sträubt, ihren Partner, den sie doch angeblich lieben, mit Respekt zu behandeln. Aber den anderen mit Nachsicht und Respekt zu behandeln, würde ja heißen, dem Partner kampflos das Feld zu überlassen, und natürlich ist die Frage berechtigt, warum man das tun sollte.

Es gibt eine neue Bewegung aus den USA, welche den vernünftigen Umgang mit den Gefühlen propagiert und Paaren empfiehlt, ihre Gefühle im Gespräch möglichst ganz wegzulassen. Nur dadurch ließen sich die strittigen Punkte klären, so die These.

Aber einen Machtkampf kann man nicht gewinnen, indem man über ihn spricht. Wer einlenkt und seinem Partner gesteht, dass er keine Lust auf diesen Machtkampf habe und dass ihm »das zu albern« sei, hat schon verloren.

> Wer keinen Machtkampf will,
> sollte keine Beziehung führen.

Wer den Machtkampf leugnet, weil er die Wahrheit nicht ertragen kann, wird viele Dinge nicht verstehen. Es wird ihn verwirren, dass sein Partner sich hartnäckig weigert, auf seine kleinen und harmlosen Wünsche Rücksicht zu nehmen, obwohl ihn das nicht viel kosten würde. Es wird ihm unverständlich sein, dass man ihn offensichtlich für so blöd hält, zu glauben, dass ein Mensch, dessen Hände nicht amputiert sind, nicht in der Lage ist, diese einfachen Tätigkeiten auszuführen. Dass ihm weisgemacht wird, dass jemand, der nicht unter Alzheimer leidet, sich gewisse Dinge nicht merken kann, und das, obwohl er jeden Tag schreiend an sie erinnert wird.

Er wundert sich, wenn er sich durch die Ermahnung des Partners, »man müsse auch mal Kritik abkönnen«, verleiten lässt, eigene Fehler einzugestehen – nur, um dann zu erleben, wie dieses Eingeständnis gegen einen verwendet wird.

Wenn man sich der Tatsache stellen würde, dass es sich um einen knallharten Machtkampf handelt, der sich durch keinen Therapeuten wegreden lässt, dann könnte man effektive Gegenmaßnahmen ergreifen: Drohkulissen aufbauen zum Beispiel, Dritte hinzuziehen und nicht ganz korrekte Strafmaßnahmen einleiten. Und sich auf gar keinen Fall und niemals kritisieren lassen. Darf man aber nicht. Man soll ja vernünftig sein.

Vernünftige zahlen einen hohen Preis. Sie kämpfen mit Einsamkeitsgefühlen, weil sie meinen, ihre Wut und ihren Ärger vor dem Partner verbergen zu müssen. Da ihnen dies nicht immer gelingt, fühlen sie sich schuldig – und der Partner wird nicht zögern, diese Schuldgefühle für sich zu nutzen!

Wut, Geld und Ärger sind die Machtmittel, die ich gegenüber meinem Partner habe. Warum diese Macht freiwillig abgeben?

Im Prinzip ist die Idee, einander mit Respekt zu behandeln, sich klar auszudrücken und seine wahren Beweggründe offenzulegen, gut – aber unbrauchbar. Denn am Ende wird man mit diesem Anspruch den Kürzeren ziehen. Die Umgebung schätzt es nicht, wenn man sich klar ausdrückt. Wenn man also offenlegt, was für ein Spiel hier zwischen den Partnern gespielt wird. Man gilt dann als kompliziert und schwierig und wird in der Regel für seine guten Bemühungen gedemütigt. Diese Erfahrung machte meine Freundin Anna. Annas Freund hat eine Exfrau und zwei Kinder. Für sie bedeutet das, dass sie jedes zweite Wochenende und auch Weihnachten allein verbringen muss, denn dann kümmert sich ihr Freund um seine Kinder. Es gefiel ihr nicht, dass bei jedem Ausflug ihres Freundes mit den Kindern auch automatisch die Exfrau mit dabei ist und er überhaupt jeden Abend, den Anna nicht zu Hause ist, bei ihr verbringt. Doch Anna will ihrem Freund nicht vorschreiben, mit wem er sich treffen darf und mit wem nicht. Sie verbietet es sich, ihren Partner einzusperren und zu kontrollieren, nur weil sie eifersüchtig ist. Sie wünscht sich, dass man gemeinsam über solche kleinlichen Gefühle hinauswächst, denn sie glaubt, dass Liebe nur in Freiheit entstehen kann.

Doch irgendwann musste sie feststellen, dass ganze Reisen an die Ostsee geplant wurden, ohne sie zu fragen, und eines Tages wurde ihr verkündet, dass ihr Freund die Osterfeiertage mit seiner Exfrau, den Kindern, seinem Bruder und dessen Frau und sogar dem neuen Freund der Exfrau verbringen würde. Nur Anna könne leider nicht mitkommen, das wolle die Exfrau nicht. Als Anna protestierte, wurde sie von ihrem Freund gefragt, ob sie sich zwischen ihn und die Kinder stellen wollte. Da erst begriff Anna, dass ihre Strategie der Vernunft nicht honoriert wurde. Dass Respekt und Anstand hier nicht weiterführten. Kurzerhand buchte sie einen Flug nach Griechenland und fragte ihren Exfreund, ob er sie begleiten wolle. Das Familientreffen zu Ostern, von dem noch am Tag zuvor behauptet wurde, dass man es nicht mehr abblasen könne, wurde sofort abgesagt.

Inzwischen verbietet Anna ihrem Freund, sich mehr als einmal die Woche mit seiner Exfrau zu treffen. Wenn ihr Freund protestiert, macht sie ein Theater, das sich gewaschen hat. Seitdem wird sie von ihrem Freund aufmerksamer und besser behandelt.

> Versuchen Sie nie, ein besserer Mensch zu sein als alle anderen. Es geht schief.

Besser und vernünftiger zu sein in einer Welt, in der alle anderen meist unreflektiert handeln, ist nicht leicht. Die sich nicht hinterfragen, sind eindeutig im Vorteil. Sie haben nicht dauernd ein schlechtes Gewissen, nur weil sie ihren Ärger, ihren Neid und ihre Eifersucht nicht im Griff haben. Man selbst erlaubt nicht, sich von seiner Kleinlichkeit, seiner Missgunst und seinen Ängsten leiten zu lassen – nur um mit Erstaunen festzustellen, dass die das tun, am Ende besser, also mit einem Partner dastehen. Während man selbst allein ist.

Unreflektiert zu handeln, kann man lernen. Wer es ausprobiert, wird feststellen, wie viel Spaß es macht, und überrascht sein von dem durchschlagenden Erfolg, den unreflektiertes Handeln nach sich zieht.

WER SAGT EIGENTLICH, DASS ...?

... man in einer Beziehung tolerant sein muss?
... man seinen Partner nicht mit seinen Gefühlen manipulieren darf?
... die Beziehung besser wird, wenn man seinen Partner weniger kontrolliert?
... man seinen Partner nur aus Liebe und nicht aus Angst vor Einsamkeit gegen die Konkurrenz verteidigen sollte?
... man in einer Beziehung nur verlieren kann, wenn man mit billigen Mitteln und Tricks arbeitet?

FOLGENDE FRAGEN KÖNNEN SIE FÜR SICH BEANTWORTEN. WENN SIE WOLLEN.

Finden Sie, dass Sie erst flirten sollten, wenn Sie abgenommen haben?   *Ja*

Glauben Sie, dass andere in ihren Beziehungen viel glücklicher sind als Sie selbst?   *Ja*

*Empfinden Sie eine Beziehung als gescheitert,
wenn sie nur kurz gehalten hat?* Ja

*Hoffen Sie darauf, dass die nächste Beziehung Sie
für die vorangegangenen entschädigt?* Ja

*Glauben Sie, dass andere das Alleinsein mehr genießen
als Sie?* Ja

*Glauben Sie, dass Alleinsein die Persönlichkeit
stärkt?* Ja

*Würden Sie sich ändern wollen, wenn Ihre Partner
so wären, wie Sie sich das vorstellen?* Ja

*Hilft es Ihrer Meinung nach dabei, aktuelle Verstimmungen
in der Partnerschaft zu lösen, wenn man sich mit
seinen Kindheitserlebnissen beschäftigt?* Ja

*Glauben Sie, dass Sie unbewusst immer wieder ein Geschehen
inszenieren, das Ihnen irgendwann in Ihrer
Vergangenheit widerfahren ist?* Ja

*Überlegen Sie sich zu trennen, weil Sie Ihren Partner nicht
mehr lieben wie früher, und fühlen Sie sich schuldig,
weil Sie es nicht können?* Ja

*Finden Sie es falsch, sich nach einer Trennung
gleich in die nächste Beziehung zu stürzen?* Ja

7
ERFOLG MACHT UNFREI
WARUM KARRIEREMACHEN SO LANGWEILIG IST

Wer vor ein paar Jahren sehr deutlich verkörpert hat, dass es kein Spaß mehr ist, das Beste aus sich zu machen, ist die chinesische Leichtathletin, die in ihrer Disziplin bei den Olympischen Spielen 2008 »nur« die Silbermedaille gewann. Unter Schluchzen gestand sie, dass sie sich schäme, weil sie für ihr Land nicht die Goldmedaille erringen konnte.

Aber auch wenn sie die Goldmedaille gewonnen hätte, wäre sie nicht glücklich geworden. Erfolg scheint nicht das einzulösen, was man sich von ihm erhofft, jedenfalls ist das der Eindruck, wenn man auf die schaut, die am erfolgreichsten sind. So ist etwa der Leistungssport spätestens seit dem Selbstmord des Nationaltorwarts Robert Enke mit dem Thema Depression verknüpft. Inzwischen kann man sich auf Internetportalen durch ganze Galerien von Profifußballern klicken, die an Burnout und/oder Depressionen leiden, so wie man sich durch die zehn schlechtangezogensten Frauen Hollywoods und die gefährlichsten Tiere der Welt klicken kann: Der Fußballer Sergi López Segú aus Barcelona warf sich 2006 im Alter von 36 Jahren vor einen Zug. Nach einem Klinikaufenthalt im Herbst 2003 hieß es über Profifußballer Sebastian Deisler in der Presse, er sei depressiv und ausgebrannt. Schalke-Coach Ralf Rangnick erklärte im September 2011 aus eben diesem Grund seinen Rücktritt, obwohl er die Mannschaft erst ein halbes Jahr zuvor übernommen hatte. Die Radsportlerin Hanka Kupfernagel gestand nach einem Zusammenbruch, ihr Ehrgeiz sei von Anfang an übertrieben gewesen. Der Schiedsrichter Babak Rafati wurde im November 2011 gerade noch rechtzeitig vom DFB-Präsidenten mit aufgeschnittenen Pulsadern in der Badewanne seines Hotelzimmers gefunden. Der britische Fußballtrainer Gary Speed erhängte sich kurze Zeit später.

Anderen erfolgreichen Menschen geht es ähnlich: Neil Armstrong, der erste Mensch auf dem Mond, hatte nach der Mondlandung 1969 jahrelang ein schweres Tief. Der Weltruhm des Popstars Michael Jacksons konnte letztendlich nicht seine zerstörte Kindheit wettmachen. Fernsehkoch Tim Mälzer überarbeitete sich genauso wie die Hollywoodschauspielerin Renée Zellweger. Der Rapper Eminem und die noch erfolgreichere Sängerin Mariah Carey wurden in Kliniken wegen der gleichen Krankheit behandelt: Vollkommene Erschöpfung.

Leben oder Karriere!

Der Preis, den man für das bisschen Lebenszeit im Rampenlicht zahlt, ist oft viel zu hoch. Amy Chua, eine Yale-Professorin mit chinesischen Wurzeln, hat ein Buch darüber geschrieben, wie sie ihre Kinder mit strenger Hand zu Höchstleistungen drillt. Durch dieses Buch rückte ein Problem ins Bewusstsein der amerikanischen Öffentlichkeit, das bis dahin wenig Beachtung gefunden hatte: dass nämlich Suizid die zweithäufigste Todesursache von Kindern asiatischer Einwanderer ist. Der Selbstmord scheint für diese Kinder und Jugendliche die einzige Möglichkeit zu sein, sich den gut gemeinten Absichten ihrer Eltern zu entziehen.

Die chinesische Athletin, die Radsportlerin Hanka Kupfernagel oder die als Tiger-Mutter bekannt gewordene Yale-Professorin wissen, dass in unserer Gesellschaft nur die Extreme zählen, daher unterwerfen sie sich dieser Tortur, ohne zu zögern. Ihr Lebensmotto ist: Entweder ich mache etwas sehr gut, oder ich lasse es gleich. Und ihr Erfolg scheint ihnen recht zu geben: Wenn ich besser bin als alle anderen, wenn ich mehr leiste, wenn ich ganz oben bin, dann wird mir alles zuteil, was das Leben lebenswert macht: Aufmerksamkeit, Geld, Sex, Liebe und Ruhm. Mit meiner außerordentlichen Leistung kaufe ich mich von einem gewöhnlichen Dasein frei. Doch im Nacken sitzt die Angst, dass der Höhenflug bald vorbei sein könnte. Sobald ich mit meinen Anstrengungen nachlasse, beginnt auch für mich wieder das ganz normale, langweilige Leben.

»Es liegt in der Natur von Spitzenleistungen«, sagt Werner Katzengruber, »dass man sie nicht auf ewig aufrechterhalten kann. Jeder Profisportler weiß das. Und meistens kommt der Zeitpunkt, an dem man nachzulassen beginnt, schneller als gedacht.«
Jedes Mal, wenn es einem nicht gelingt, das gestern Erreichte zu wiederholen, taucht die bange Frage auf, ob dies lediglich ein schlechter Tag ist oder schon der Anfang vom Abstieg. Ein bisschen Erfolg, ein bisschen Ruhm gibt es nicht. Über eine sanfte Übergangszeit vom Publikumsliebling zum Nobody lässt sich mit dem Publikum nicht verhandeln. Diese schmerzhafte Erfahrung haben schon viele Sportler, Stars und Sternchen gemacht. Wer absteigt, wird wieder behandelt wie alle anderen auch und muss wieder, wie alle anderen, mit einer der größten Kränkungen fertig-

werden, die die Gesellschaft für uns bereithält: weder für die eigene Person noch für die geleistete Arbeit eine besondere Wertschätzung zu erhalten. Beachtet wird man erst wieder, wenn man sich das Leben nimmt oder auf andere, dramatische Weise an sich selbst scheitert. Nur mit einem besonders unrühmlichen Abstieg lässt sich noch Aufmerksamkeit auf sich ziehen.

Manche Menschen erkennen schnell, dass sie weit davon entfernt sind, die Normen der Gesellschaft zu erfüllen, geschweige denn, über diese hinauszuragen. Sie wissen, dass sie niemals der schönste, der schnellste, der reichste oder der kreativste Mensch sein werden, den die Welt je gesehen hat. Und so ergreifen sie ihre einzige Chance, die sie haben: sie beschließen, am anderen Ende der Skala Rekorde aufzustellen.

Die US-Amerikanerin Donna Simpson hat als Jugendliche gegen ihr Übergewicht angekämpft, wie viele amerikanische Teenager. Ohne Erfolg. Irgendwann beschloss sie, damit aufzuhören, und fasste den sensationellen Plan, nicht mehr abzunehmen, sondern zuzunehmen. Die heute 32-Jährige wiegt inzwischen über 300 Kilogramm, und ihr Ziel ist es, in zehn Jahren 500 Kilogramm zu wiegen und damit die dickste Frau der Welt zu werden.

Manche werden berühmt mit ihrem Entschluss, ganz ohne Geld und Besitz zu leben, wie der britische Wirtschaftswissenschaftler Mark Boyle. Andere, weil sie sich gezielt verunstalten oder lächerlich machen. Aus Überdruss oder Wut verkünden sie, dass sie ihren gesamten Besitz verschenken werden, wie es zum Beispiel der Schweizer Millionär Karl Rabeder getan hat. Die französische Schriftstellerin Christine Angot schrieb über ihre zahlreichen Sexabenteuer mit ihr völlig unbekannten Männern und löste damit einen Skandal aus. Manche gehen von einem Tag auf den anderen nicht mehr zur Arbeit, lassen die Kinder zurück, ziehen in den Krieg, ernähren sich nur noch von rohem Fleisch, verstecken sich im Dschungel, verstoßen gegen jede Regel des Anstands, lügen nicht mehr oder schweigen ganz. Ob sie von Anfang an beabsichtigt haben, durch ihr Tun mediale Aufmerksamkeit auf sich zu ziehen, ist unerheblich. Ob bewusst inszeniert oder durch Zufall erzeugt, der persönlichen Disposition und/oder den körperlichen Besonderheiten geschuldet – Extreme werden wahrgenommen, das Mittelmaß nicht.

Es ist auf jeden Fall origineller, das Mittelmaß durch Verweigerung und Protest zu überwinden, anstatt es auf anerkanntem Wege zu versuchen. Es macht in der Regel mehr Spaß, der Welt ins Gesicht zu schreien, dass man keine Lust hat, schön, fleißig, intelligent, anständig und erfolgreich zu sein, anstatt sich anzupassen. Und weil sich das nicht jeder traut, hat man auch weniger Konkurrenz.

Denn berühmt werden wollen viele. Menschen, die sich nicht verweigern oder protestieren können, müssen für dieses Ziel zum Beispiel an Fernsehshows wie *DSDS* und *GNTM* teilnehmen. In diesen Sendungen spielt sich in relativ kurzer Zeit das ab, was man auch bei anderen Karrieren in der Wirtschaft oder in der Politik erleben kann. Die in diesem Zusammenhang beobachteten Gesetzmäßigkeiten lassen sich durchaus auf andere Branchen übertragen:

- Man spielt nach fremden Regeln.
- Man muss sich von etablierten Akteuren des Systems beurteilen lassen.
- Diejenigen, die einen beurteilen, sind meist mehrere Jahrzehnte älter als man selbst und lassen einen das büßen.
- Man weiß: Wenn man nicht zu den Besten gehört, war der ganze Stress umsonst.
- Man schwört sich, seine wahre Meinung zu sagen, wenn man die Ochsentour nach oben überstanden hat.
- Wenn man scheitert, muss man mit der Häme und dem Spott des Publikums fertig werden.

All jene, die schon sämtliche Träume aufgegeben haben, sitzen vor dem Fernseher und erfreuen sich an den Demütigungen, die andere über sich ergehen lassen, um im Licht der Öffentlichkeit stehen zu dürfen. Das Leid, das ihnen erspart bleibt, versöhnt sie mit ihrem Schicksal der Unbedeutsamkeit. (Unter anderen Voraussetzungen lassen sich diese Sendungen nämlich nicht ertragen.)

Unvorstellbar, dass ein Mick Jagger oder ein Frank Zappa sich in den Sechzigern des letzten Jahrhunderts in einer Fernsehshow von dreißig oder vierzig Jahre älteren Männern und Frauen derart hätten demütigen lassen. Sich erst anzupassen und anzubiedern, damit man von einem wenig avantgardistischen Publikum ausgewählt wird, um auf der Bühne dann endlich zur Rebellion gegen das Establishment aufzurufen: Das ist nicht gerade glaubwürdig.

Die Revolte gegen herrschende Autoritäten lässt man sich nicht von den Autoritäten selbst absegnen.

Wer Karriere machen will, kann das also tun, indem er die herrschenden Normen übererfüllt oder indem er sie bricht und unterbietet. Je nachdem, was der eigenen Persönlichkeit entspricht, beziehungsweise wie es sich ergibt. Der Unterschied zwischen einer konventionellen und einer unkonventionellen Karriere besteht darin, dass man bei einer unkonventionellen Karriere eigene Regeln aufstellt. Wer die Kriterien, an denen er sich messen lassen will, selbst definiert …

- … muss sich nicht optimieren, bevor er Aufmerksamkeit und Anerkennung einfordert, sondern lediglich seine Eigenheiten herausstreichen.
- … wird nicht mit anderen verglichen, da dies ja keinen Sinn ergibt.
- … muss keine Kritik fürchten, denn jede herablassende Bemerkung über die, die es anders machen, fällt auf die Kritiker selbst zurück.
- … schafft eine eigene Kategorie, und in der eigenen Kategorie gibt es keinen zweiten und dritten Platz.
- … wird eher um seine Meinung gefragt, als dass ihm der Mund verboten wird.

Gerade im Showbusiness muss man weniger Kritik und Häme über sich ergehen lassen, wenn man die gängigen Normen für sich ablehnt und offen über die Gründe dafür spricht. Beth Ditto, die Frontfrau der Band *The Gossip* wiegt mit ihren 1,57 Metern über hundert Kilogramm, rasiert sich nicht und quetscht sich trotz ihres Körperumfangs in hautenge Outfits. In den Medien wird sie als neues Sexsymbol bezeichnet.
Am Anfang ihrer Karriere erhielt die Sängerin Lady Gaga

zahlreiche Absagen von großen Plattenlabeln, oder man löste ihren Vertrag nach kurzer Zeit wieder auf. Beim Plattenlabel *Interscope* befürchtete man, dass Lady Gaga für eine Popkarriere nicht hübsch genug sei. Dieter Bohlen bezeichnete sie gar als kleines Mädchen mit dicken Beinen. Mit großer Beharrlichkeit und viel Kalkül stilisierte sie sich zur Kunstfigur und machte in dieser Gestalt eine Weltkarriere. Fünf Grammy Awards gewann sie in nur zwei Jahren. Was kümmert es eine Stilikone wie Lady Gaga nach 87 Millionen verkauften Tonträgern, was ein alternder Schlagersänger über ihre Beine denkt?
Als Karl Lagerfeld die Sängerin Adele in einem Interview als »zu fett« bezeichnete, ging ein Aufschrei durch die Medien. Karl Lagerfeld musste seine Kritik zurücknehmen, er hatte wohl nicht mit dem Engagement der Fans von Adele gerechnet, die schließlich nicht nur ihr Idol verteidigten, sondern auch ihre eigene Freiheit, sich nicht den herrschenden Schönheitsnormen unterwerfen zu müssen. Aber auch derjenige, der die Normen ablehnt, ist zum Erfolg verpflichtet. Ohne Ruhm und Aufmerksamkeit ist es sehr schwer, sich an seiner Andersartigkeit zu erfreuen. Von den finanziellen Nachteilen gar nicht erst zu reden.

Ich glaube nicht, dass man heute noch das Gefühl haben kann, ein Individuum zu sein, ohne gleichzeitig Außenseiter zu sein. Es gibt allerdings eine Voraussetzung: Man muss ein erfolgreicher Außenseiter sein. Die Rechnung muss aufgehen. Tut sie es nicht, ist man kein Individuum, sondern ein Verlierer.
Wilhelm Genazino

EIN HOCH AUF DEN DILETTANTISMUS

Für manche ist gerade das der Reiz an der Sache, manche nehmen es notgedrungen in Kauf: Wer hoch hinaus will, geht ein großes Risiko ein. Es ist äußerst unsicher, ob der Einsatz und die Anstrengungen zum gewünschten Ergebnis führen. Zu jeder Karriere gehören ja nicht nur Talent und Durchhaltevermögen, sondern auch Glück und Gelegenheiten entscheiden darüber, ob man Gewinner oder Verlierer sein wird.

Jahrelang spielt man Tennis oder Fußball, probt, übt, lernt am Abend nach der Arbeit, verzichtet auf Freizeit und Schlaf. Riskiert seine Gesundheit und seine Freundschaften, tanzt umsonst, singt umsonst und hält umsonst Vorträge. All das, weil man hofft, irgendwann für seine Leistungen bezahlt zu werden. Das alles tut man für den Erfolg; die Alternativen, wenn es nicht so klappt, wie man es sich vorgestellt hat, sind in der Regel inakzeptabel.

Man wird entweder Tennisstar oder Tennislehrer. Man tanzt im weltweit gefeierten Ensemble, oder man kann sich mit Gymnastikkursen sein Brot verdienen. Man erreicht ein politisches Amt oder muss wieder in seinen Beruf zurückkehren. Ich werde eine gefeierte Bestsellerautorin, oder ich gebe wieder Kurse für kreatives Schreiben in der Volkshochschule. Freie Journalisten leben auf Hartz-IV-Niveau und hoffen auf den großen Durchbruch. Künstler fahren Taxi und kellnern bis ins hohe Alter hinein. Sehr gute Pianisten halten sich mit Klavierunterricht über Wasser, weil sie nicht zu den fünfhundert Besten der Welt gehören.

In einer Gesellschaft, in der theoretisch jeder die Möglichkeit hat, seine Talente zu entfalten (und in der es kein bedingungsloses Grundeinkommen gibt), kann man sich genauso wenig verwirklichen wie in einer Gesellschaft, in der dieses Privileg nur den oberen Zehntausend vorbehalten ist. Viele Menschen sind gut ausgebildet und wollen ihre Chancen nutzen. Um vor der wachsenden Konkurrenz zu bestehen, ist man gezwungen, sich früh zu überlegen, auf welche Karte man setzen möchte. Denn man kann sein Metier nicht beliebig oft wechseln, das würde der Konkurrenz in diesem Wettrennen nur unnötigen Vorsprung verschaffen.

Das ist aber so ziemlich das Gegenteil von Selbstverwirklichung: Sich selbst zu verwirklichen, würde voraussetzen, die Freiheit zu haben, sich auszuprobieren. Freiheit, um in Ruhe herauszufinden, was einem liegt und in welcher Dosis. Frei zu sein bedeutet, dass man sich umentscheiden darf, so oft man möchte. Dass man sich Illusionen hingeben kann, um anschließend geläutert etwas Neues anzufangen. Selbstverwirklichung ist mehr, als tun zu dürfen, was einem Spaß macht. Denn was einem gestern Spaß gemacht hat, kann einen heute bereits nicht mehr reizen. Die wirkliche Möglichkeit zur Selbstverwirklichung würde bedeuten, dass wir uns alle ein Leben lang ausprobieren dürfen, also heute tanzen, morgen ein Unternehmen leiten und übermorgen Gemüse anbauen.

In einer Gesellschaft, in der es auf Höchstleistungen ankommt, kann man sich aber nicht beliebig lange selbst finden. Da muss man sich, wenn etwas aus einem werden soll, jahrelang jeden Tag mit einer einzigen Sache beschäftigen, ob es einem Freude macht oder nicht.

VIEL ERLEBEN ODER VIEL ERREICHEN

Eine hohe gesellschaftliche Position innezuhaben, stellt man sich herrlich vor: Man wird zu Talkshows eingeladen und um seine Einschätzung gebeten, die eigenen Ideen werden von maßgeblichen Persönlichkeiten aufgegriffen und diskutiert. Schon am frühen Morgen klingelt das Telefon, und wildfremde Menschen wollen wissen, wie es einem geht. Die Öffentlichkeit nimmt Anteil an den Erfolgen, man hat Bewunderer und zahlreiche Freunde, man reist viel und nutzt seinen Einfluss – entweder, um Gutes zu tun, oder, um seinen Reichtum zu mehren.

Eine Karriere gehört zu einem erfüllten und reichen Leben dazu, ja, sie gilt sogar als Inbegriff eines ausgefüllten Lebens.

Diese Vorstellung kollidiert mit einem anderen Bild, welches in den Medien von einem erfüllten Leben verbreitet wird: In der Jugend voller Partys, interessanter Reisen und leidenschaftlicher Liebesaffären, lässt man es sich mit anderen jungen Menschen gut gehen, etwa wie in der Bacardi-Werbung. Später, wenn man älter ist, ist das Leben nicht weniger abwechslungsreich. Mit lässiger Souveränität bewegt man sich durch die Welt, ist geübt im Umgang mit Angehörigen fremder Nationen, spricht mehrere Sprachen, beherrscht mehrere Sportarten und seinen Körper, und natürlich weiß man als urbaner Weltbürger, was in der internationalen Musikszene so läuft und welche Architektur gerade angesagt ist. Seine Freunde bekocht man mit raffinierten, selbst erfundenen Gerichten, und auch die eigene Familie wird nicht vernachlässigt. Die Karriere ist in solch einem Leben, angefüllt mit Highlights und Sensationen, Nebensache.

Da zum Erreichen einer guten Position viel Selbstdisziplin und Verzicht notwendig sind, liegt es auf der Hand, dass sich beide Bilder nicht in Einklang bringen lassen. Fragt man Menschen, die einen erfolgreichen beruflichen Werdegang hinter sich haben, was sie gerne anders gemacht hätten, erhält man stets ähnliche Antworten. So bedauerte der Unternehmer Arend Oetker, dass er sich immer zu wenig Zeit für Freunde genommen habe. Er bezeichnete dies als den größten Fehler seines Lebens. Auf die Frage, welchen völlig überflüssigen Luxus er sich denn gönnen würde, sagte er, dass er davon träume, in Muße die Natur zu erleben, also zum Beispiel im Garten seines Elternhauses zu beobachten, wie sich die Bäume im Badeteich spiegeln.

KARRIERE ALS ACCESSOIRE

Eine Karriere zu machen, hat, wie gesagt, wenig mit Abwechslung zu tun. Da aber Abwechslung das Gebot der Stunde ist, gibt es nur eine Möglichkeit – werden Sie Schauspieler! Schauspieler ist der Beruf unserer Zeit.
Als Schauspieler kann man heute Arzt und morgen ein Starkoch sein, ohne es tatsächlich werden zu müssen. Schauspieler zu sein, befreit einen von der Tyrannei der Möglichkeiten. Man kann sich Berufe wie Architekt, Mathematiker oder Widerstandskämpferin aneignen, so wie man sich eine neue Frisur oder ein neues Kleid zulegt – und erhält mehr Anerkennung, als wenn man tatsächlich Architekt, Mathematiker oder Widerstandskämpferin wäre. Man kann ausprobieren, wie es sich anfühlt, eine Bank zu überfallen oder 500 Menschen das Leben zu retten. Es kann auch nichts schiefgehen,

wenn man das zweite Mal durchs Staatsexamen fällt oder sein Hab und Gut im Spielcasino verspielt; und wird man erschossen, steht man anschließend wieder auf.

Als ihre dreizehnjährige Tochter sich weigerte, mehr als drei Stunden täglich Geige zu üben, erhöhte Amy Chua den Druck. Als ihre Tochter sie mit Geschirr bewarf und sie anschrie, dass sie sowohl die Geige als auch sie hasse, hatte die Yale-Professorin ein Einsehen. Ihr war klar, dass sie ihre Tochter bei solch einem massiven Widerstand niemals zu einer Geigenvirtuosin machen kann. Also erlaubte sie ihr, etwas anderes zu tun, nicht ohne sie zu ermahnen, dass sie das, wofür sie sich entschieden hätte, auch durchziehen müsse. Denn noch einmal würde sie ihr nicht durchgehen lassen, alles hinzuwerfen. Die Tochter wählte Tennis. Ihrer Mutter war es egal, denn sie sah sich bereits gescheitert: Wer erst mit vierzehn Jahren anfängt, Tennis zu spielen, wird keine Weltkarriere mehr machen.
Der Tennislehrer berichtete kurze Zeit später, dass er selten eine Schülerin erlebt habe, die so hart und ehrgeizig trainiere – und das, obwohl die Tochter wusste, dass sie auch mit dem härtesten Training kein Profi mehr werden würde. Amy Chua bekennt mit ihrem Buch *Die Mutter des Erfolgs,* dass sie eine Tätigkeit nur dann als sinnvoll erlebt, wenn man sie sehr gut macht und sich daraus ein Nutzen ziehen lässt. Viele Menschen sind empört, dass jemand diese Einstellung völlig unkritisch an seine Kinder weitervermittelt, sogar dann, wenn diese unter einer solchen Erziehung leiden. Trotz der Empörung ist das Buch sowohl in den USA als auch in Deutschland ein Bestseller. Einige haben es sicher aus einem Schuldgefühl heraus gekauft: weil sie nicht alles aus sich und ihren Kindern heraus-

holen, suchen sie in diesem Buch nach dem tröstenden Beweis, dass Drill und Disziplin zwar erfolgreich, aber unglücklich machen. Andere hoffen, in diesem Buch ein Rezept dafür zu finden, wie man die Leistungen seiner Kinder verbessert.

Dass viele Menschen insgeheim das Gleiche empfinden wie Amy Chua, selbst wenn sie das Gegenteil behaupten, ist offensichtlich. Die Auffassung darüber, was eine sinnvolle Tätigkeit ist und was nicht, lässt sich gerade in der Kindererziehung ablesen. So sind beispielsweise im kinderreichen Berliner Stadtteil Prenzlauer Berg die Musikschulen ausgebucht. Kaum ein Elternpaar, welches seine Kinder nicht zum Musikunterricht schickt. Doch trotzdem wird man nie zu einem Hausmusikabend eingeladen. Die meisten Eltern, so eine Musiklehrerin der Musikschule »Takt und Ton«, könnten ihren Kindern nicht einmal beim Üben helfen, da sie selbst gar keine Noten lesen können. Kinder werden von ihren Eltern nicht angehalten, ein Musikinstrument zu lernen, weil die Eltern Musik lieben und gemeinsam mit den Kindern musizieren möchten, sondern weil man kein Talent des Kindes unentdeckt lassen will. Stellt sich nach mehrjährigem Klavier- oder Tanzunterricht heraus, dass das Kind unbegabt ist, ärgern sich die Eltern: Wenn sie das gewusst hätten, hätten sie ihr Kind angehalten, die wertvolle Zeit in etwas anderes zu investieren.

Aus jeder Lebensäußerung des Kindes soll ein Gewinn geschlagen werden.

Das Schlimmste an dem allgegenwärtigen Zwang zur Höchstleistung ist, dass er mit einer weiteren Anforderung verknüpft wird, die kaum ein Mensch erfüllen kann: Man soll, während man sein Bestes gibt, Begeisterung und Spaß empfinden. Denn – und das ist das Perfide an dieser Forderung – nur mit Spaß an der Sache lassen sich Höchstleistungen erzielen.

Dabei weiß jeder, dass es keine Freude macht, tagein, tagaus das Gleiche zu tun. Von jemandem zu erwarten, dass er seine Begeisterung über lange Jahre für ein und dieselbe Sache aufrechterhält, ist unmenschlich. Es ist sogar die beste Methode, die Begeisterung eines Menschen für eine Sache zu zerstören, indem man ihn zwingt, sich länger mit ihr zu beschäftigen, als er Lust dazu hat.

> *Spaß und Höchstleistungen schließen sich aus.*

Es gibt Genies, die ihr Leben freiwillig und sogar gegen den Widerstand der Umgebung einer einzigen Sache widmen. Künstler, die zwölf oder mehr Stunden am Tag malen oder Klavier spielen, obwohl Eltern, Lehrer, Freunde die Hände über den Kopf zusammenschlagen, weil sie wollen, dass der Künstler Rechtsanwalt oder Ingenieur wird. Selbst harte Strafen halten das Künstlergenie nicht ab, seiner Leidenschaft zu frönen. Für ihre Sache gehen sie bis an ihre physischen und psychischen Grenzen. Und sogar darüber hinaus. Solche Menschen soll es geben.

Der Rest der Menschheit empfindet den Zwang zu Spezialistentum und Höchstleistung als quälend. Wer kein Genie oder Autist ist, oder beides, hat nach zwei Stunden Geigeüben oder Tennisspielen keine Lust mehr. Der hat Hunger und Durst und muss aufs Klo. Normale Menschen wollen, nachdem sie sich eine Weile angestrengt haben, mit einem Freund telefonieren, ein YouTube-Filmchen anschauen oder in der Sonne Kaffee trinken.

Der Mythos des Genies wird in der Literatur und der Kunst vielfach beschworen, das ändert nichts daran, dass das Genie ein Sonderfall ist. Betrachtet man genauer, wie geniale Höchstleistungen zustande kommen, wird man feststellen, dass oft viel Quälerei und Leid dahinterstecken. Und nicht jeder, der Geniales leistet, handelt aus eigenem Antrieb. Michael Jackson hat dank des brutalen Drills seines Vaters Joseph Weltkarriere gemacht, aber Spaß hat er dabei nicht gehabt. Die Strafen und Schläge seines Vaters bescherten ihm noch als Erwachsenem Panikattacken und Depressionen.

Wenn Sie sich schon quälen, dann machen Sie sich keine Vorwürfe, dass Ihnen die Quälerei keinen Spaß macht.

Amy Chua schreibt zu Recht, dass Kinder von allein nicht über ihre Grenzen hinausgehen würden. Man muss sie dazu antreiben. Ehrgeiz und Disziplin müssen Kinder beigebracht bekommen. In einem Punkt ist sie fairer ihren Kindern gegenüber als viele andere Eltern. Amy Chua verlangt von ihren Kindern nicht, so zu tun, als würden sie das, wozu sie gerade gezwungen werden, aus reiner Lebensfreude machen. Sie müssen ihr nicht vorgaukeln, dass sie völlig spielerisch und selbstvergessen tanzen, malen, dichten, musizieren und mehrere Fremdsprachen lernen.

Die Empörung über die Tiger-Mutter Amy Chua ist groß. Denn sie hat ein Manifest gegen die Verlogenheit unserer Gesellschaft geschrieben. Manch ein Erwachsener projiziert auf seine Kinder den Wahn, Kinder würden Arbeit nicht als das empfinden, was sie ist – und er, der Erwachsene, könne sich, wenn er nur seine seelische Blockade auflöst, wieder in diesen angeblich ursprünglichen Zustand zurückversetzen. Die Yale-Professorin glaubt solchen Unsinn nicht und sagt klipp und klar, dass es Kindern unangenehm ist, wenn sie hart arbeiten müssen. Aber man müsse sich über deren Widerstände hinwegsetzen, wenn man will, dass sie Besonderes leisten. Ihre Töchter leiden nicht unter Schuldgefühlen, wenn sie nur widerwillig um fünf Uhr morgens den Geigenbogen in die Hand nehmen, um noch vor Schulbeginn eine Stunde zu üben. Sie wissen, auf welcher Seite der Front sie stehen. Sie fühlen sich erst wieder frei und lebendig, wenn sie gegen ihre Mutter revoltieren, den Geigenbogen hinwerfen und schreien: Ich will nicht mehr! Echte Lebensfreude durchströmt einen eben immer erst dann, wenn man seine Ketten sprengt. Deswegen ist die Lektion, die man dabei lernt, wichtiger als jede Karriere oder Kunst der Welt.

> *Das Leben fängt an, Spaß zu machen, wenn ich schreie: Das will ich nicht mehr!*

Doch leider können viele Menschen ihre Ketten nicht abwerfen, weil sie ihre Ketten nicht mehr erkennen. In Umfragen antworten viele Menschen auf die Frage, was sie lieber heute als morgen an sich ändern würden, sie hätten gerne mehr Durchhaltevermögen. Auf der Webseite der Kreiszeitung *Chili,* auf der sich Teenager austauschen, steht in jedem zweiten Kommentar, dass der Schreiber sich wünschte, er wäre disziplinierter und fleißiger und könne Angefangenes besser durchhalten. Mit anderen Worten: Viele empfinden Schuld, weil sie ganz normale, menschliche Bedürfnisse haben. Und wer auf seine normalen Bedürfnisse hört, kann sich offensichtlich gleich abschreiben, denn er scheint heutigen Ansprüchen nicht mehr zu genügen.

Einmal war ich auf einer Veranstaltung, zu der der Berliner Bürgermeister Wowereit sogenannte Kreative geladen hatte, um mit ihnen über die Chancen und Probleme des Standorts Berlin zu diskutieren. Ein bekannter Berliner Modedesigner saß auf dem Podium und beschrieb seinen beruflichen Werdegang: dass er jahrelang von sieben Uhr morgens bis lange nach Mitternacht gearbeitet habe, um dahin zu kommen, wo er jetzt sei. Niemand fragte ihn, ob er nicht übertreibe. Keiner wollte wissen, ob diese relativ entspannte Podiumsdiskussion mit anschließendem Stehimbiss zu seiner Arbeit gehörte oder eher der Freizeit zuzurechnen sei. Er war schließlich eingeladen worden, um die Auffassung verbreiten zu helfen, dass man eben auch als Kreativer zwölf Stunden und mehr am Tag arbeiten müsse, um etwas zu erreichen. Wer weniger arbeite, der habe den Erfolg nicht verdient. (Und Künstler, die nicht von morgens bis spät in die Nacht schuften und daher an ihrer prekären Situation selbst schuld sind, die will auch der Bürgermeister von Berlin nicht mehr unterstützen – das wurde den Anwesenden unmissverständlich klargemacht.)

Im 18. Jahrhundert hat man nicht ständig angegeben, dass man siebzig Stunden oder mehr in der Woche arbeitet. Im 18. Jahrhundert hat der Profi den Amateur beneidet, denn was der geschulte Profi tun musste, um seinen Lebensunterhalt zu verdienen, konnte der Amateur zu seiner eigenen Erbauung betreiben. Man erfand ein Wort für diese glücklichen Menschen, die eine Sache um ihrer selbst willen ausübten, wann immer es ihnen danach war. Man nannte sie Dilettanten. Dilettant kommt von *diletare* – italienisch für »sich erfreuen« – und war nicht abwertend gemeint.

Man war sich früher also bewusst, dass nur ein Dilettant sich selbst verwirklichen kann. Weil er musizieren, tanzen, dichten, schauspielern, malen und philosophieren darf, wann immer er Lust dazu hat. Ein Dilettant kann sich ausprobieren. Niemand empört sich, wenn er Freunden ein Musikstück nicht ganz perfekt vorspielt, in einem Theaterstück den schlampig eingeübten Text vergisst oder hübsche, konventionelle Aquarelle malt. Er darf auch ein Werk für fertig erklären, welches eigentlich noch der Verbesserung bedarf, kann improvisieren, um seine Schwächen zu verbergen, schiefe Reime dichten, singen, ohne Noten zu lesen, und vor allen Dingen Tennisschläger oder Geige Monate lang liegen lassen, weil es gerade Wichtigeres zu tun gibt.

Wer Profi wird, ist selber schuld.

Der Dilettantismus ist der Ausweg aus dem Zwang zum Extremen. Nur er garantiert ein erfülltes und abwechslungsreiches Leben. Als Dilettant entzieht man sich dem Phänomen, dass in unserer Leistungsgesellschaft jede freiwillige Wahl in Fremdbestimmung mündet. Kaum hat man irgendein Talent an sich entdeckt, keimt die Möglichkeit auf, »etwas daraus zu machen« – was unausweichlich zur Folge hat, dass man sich in ein Korsett aus Lernen, Üben und Trainieren einsperren muss. Was einmal Spaß gemacht hat, wird zur Pflicht, und vor Pflichten – das ist eine ganz normale psychische Reaktion – muss man sich drücken.

Wer etwas erreichen will, ist unfrei. Er ist abhängig von seiner eigenen Leistung, von seinem Publikum und von der Gunst des Zufalls. Und er muss sich ständig darum sorgen, dass die einmal erreichte Position nicht wieder verloren geht. Wer einigermaßen souverän ist, macht dieses Affentheater nicht mit.

*Souveräne brauchen weder Beifall
noch Zustimmung.*

Ein Nachteil der dilettantischen Lebensweise ist jedoch nicht von der Hand zu weisen: Man ist zwar frei, wenn man sich nicht zum Sklaven seiner Karriereabsichten macht, aber es besteht wenig Aussicht darauf, reich und/oder berühmt zu werden. Ein freier Mensch muss womöglich fern vom Licht der Öffentlichkeit sein Dasein fristen. Dessen Äußerungen werden weder in Politsendungen noch in den Feuilletons diskutiert, weil er nichts Besonderes und Außergewöhnliches zum gesellschaftlichen Leben beiträgt. Wer will frei sein, wenn man mitsamt der schönen Freiheit in der Bedeutungslosigkeit versinkt? Es gibt ja auch keiner das Vorhaben auf, viel Geld zu verdienen, wenn er erfährt, dass laut Untersuchungen ein hohes Einkommen nicht glücklicher macht. Dazu bemerkte der Schweizer Wirtschaftswissenschaftler Professor Bruno S. Frey, der den Zusammenhang zwischen Geld und Glück untersuchte, dass es sich eben im Taxi bequemer weint als in der U-Bahn. Hätte man die Wahl, wäre man lieber berühmt und würde sich in der Öffentlichkeit über die mit dem Berühmtsein verbundenen Unfreiheiten beklagen, als allein und frei auf seinem Sofa zu sitzen und sich darüber zu grämen, dass man nicht berühmt ist.

Man sollte aber bedenken, dass der Preis der Freiheit auch dann bezahlt werden muss, wenn es nicht klappt mit der Karriere. Dann steht dieser Preis in keinem Verhältnis mehr zum Resultat.

AB WANN SICH EINE KARRIERE NICHT MEHR LOHNT – DIE SPIELTHEORIE GIBT ANTWORT

Der Wirtschaftswissenschaftler Prof. Dr. Christian Rieck beschreibt mit Hilfe der Spieltheorie die strategische Besonderheit einer Chefarztkarriere. Um überhaupt erst einmal Arzt zu werden, muss man ein sehr anstrengendes und langweiliges Studium absolvieren. Um für dieses Studium zugelassen zu werden, muss man einer der besten Schüler gewesen sein oder lange auf den Studienplatz warten. Anschließend arbeitet man spielend 70 Stunden in der Woche, erst als Assistenzarzt für ein Praktikumssalär und später für ein Gehalt, welches heutzutage kaum mehr ausreicht, um ein kleines Haus zu kaufen. Und das alles in unwürdigen hierarchischen Strukturen. Christian Rieck suchte nach einer Erklärung, wieso es trotzdem Menschen gibt, die dies alles in Kauf nehmen, um Arzt zu werden.

Seine Antwort lautet, dass diejenigen, die sich entschlossen haben, Medizin zu studieren, sich in ein »Rattenrennen« begeben. Sie denken an den wohlhabenden, niedergelassenen Arzt, der 150 000 Euro im Jahr verdient und in einer modernen Praxis residiert, die er für ein kleines Vermögen verkaufen kann, wenn er sich zur Ruhe setzt. Für dieses Ziel lohnt es sich schon, Entbehrungen in Kauf zu nehmen.

Aber nicht alle können in diesem Spiel das große Ziel erreichen. Nur wenige werden Chefarzt oder können eine gut gehende Praxis aufbauen. Aber immerhin ist der Anteil unter ihnen groß genug, um dieses Spiel mitzuspielen. Es gibt immer Konkurrenten, die an einem Punkt des Leidensweges aufgeben – sei es bereits im Studium oder in der langen Probezeit – und somit ausscheiden. Die Aussicht auf den großen Preis entschädigt für die große Wahrscheinlichkeit, niemals dort anzukommen. Und die große Wahrscheinlichkeit, nicht anzukommen, entsteht, weil durch den großen Preis so viele Anwärter motiviert werden, es trotzdem zu versuchen. »Nun hat sich die Welt aber geändert«, schreibt Christian Rieck, »und es kam die Gesundheitsreform, mit der Folge, dass es viel weniger lukrativ ist, ein niedergelassener Arzt zu werden. Mitten im Geschehen merken immer mehr Anwärter, dass der große Preis nicht mehr so lukrativ ist wie zuvor – und mucken auf. Die Politiker, die die Einkommen der niedergelassenen Ärzte in der Vergangenheit beschnitten haben, dachten, sie könnten damit Geld sparen. Aber mit ihren Maßnahmen haben sie den Hauptgewinn im Rattenrennen der Krankenhausärzte weggenommen – und damit deren Bereitschaft, sich ausbeuten zu lassen.«

Es gibt unbestritten Menschen, die leichter Karriere machen als andere. Sie scheinen fleißiger und zielstrebiger zu sein als der Durchschnitt der Bevölkerung, und offensichtlich wissen sie von Beginn ihres Lebens an, was sie wollen. Doch vielleicht ist es in Wirklichkeit so, dass sich für sie die Risiken einer Karriere anders darstellen.
Der Preis der Freiheit ist nämlich schon deutlich geringer, wenn ich ein Mensch bin, der gar nichts mit seiner Freiheit anfangen kann. Dem Freizeit, Muße, Freundschaft und Selbstbestimmung eher eine Last als eine Freude sind. Der das Leben lieber vermeidet und sowieso nichts dagegen hat, seine Jugend im Labor oder im Büro zu verbringen. So ein Mensch fühlt sich sicherer, wenn seine nächsten Lebensjahre strukturiert und verplant sind. Von Zweifeln halten solche Menschen nichts, denn Zweifel lenken nur vom Arbeiten ab.

Zu welcher Sorte Mensch gehören Sie? Wollen Sie lieber frei sein oder berühmt? Wie groß ist Ihre Leidensfähigkeit? Haben Sie lieber viel Geld oder viel Zeit für Freunde? Wollen Sie sich ausprobieren und kennenlernen, oder fürchten Sie sich eher davor, sich mit sich selbst zu beschäftigen? Glauben Sie, dass das Leben eher jetzt stattfindet oder in der Zukunft? Mit dem folgenden Test finden Sie es heraus:

TESTEN SIE IHRE FREIHEIT
MIT NUR DREI FRAGEN:

Ist es bei Ihnen Zwang oder Freiheit, wenn Sie sich hohe Ziele setzen? Um seinen wahren Motiven auf die Spur zu kommen, empfiehlt Werner Katzengruber, sich drei entscheidende Fragen zu stellen, bevor man ein Projekt angeht.

1. WARUM MACHE ICH DAS?
In der Anekdote zur Senkung der Arbeitsmoral *erzählt Heinrich Böll von einer Begegnung eines Touristen mit einem Fischer in einem Hafen an der Mittelmeerküste. Der Fischer sitzt in der Sonne und wird vom Touristen gefragt, warum er nicht aufs Meer hinausfahre, um zu fischen. Der Fischer antwortet, dass er heute schon genug Fische gefangen habe. Der Tourist rät ihm, mehr Fische zu fangen, ein kleines Unternehmen aufzubauen, indem er weitere Boote kauft und schließlich andere Fischer anstellt, damit sie an seiner statt Fische fangen. »Und wozu soll ich das tun?«, fragt der Fischer. Dann könne der Fischer, sobald der Laden läuft, am Hafen in der Sonne sitzen und sich entspannen, erklärt der Tourist. Der Fischer erwidert: »Das tue ich doch jetzt schon.«*

Die Erzählung von Heinrich Böll gibt einen Hinweis darauf, wieso man sich die Frage »Warum mache ich das?« stellen sollte: um sich nämlich darüber klar zu werden, was man mit seinen Anstrengungen überhaupt erreichen will. Verknüpfe ich zum Beispiel mit einer bestimmten beruflichen Position mehr Freiheit, Freizeit und Genuss, könnte ich mir überlegen, ob ich mir diese Dinge nicht schon hier und jetzt, in der Gegenwart, verschaffen kann.

Karriere ist die Kunst des Aufschiebens von Befriedigung und Glücksgefühlen. Aber Bedürfnis und Befriedigung sollten nicht allzu weit auseinander liegen. Arbeite ich jahrelang wie ein Wahnsinniger und spare, weil ich mir irgendwann eine Villa kaufen und auf dem eigenen Anwesen rauschende Feste geben will? Warum gebe ich sie nicht gleich heute im Park nebenan? Ähnlich ist es mit Reisen und Hobbys – auch alles Dinge, die ich lieber jetzt als später unternehmen sollte, denn wer weiß, ob man dazu in ein paar Jahren noch Lust hat oder in der Lage ist.

Quäle ich mich (ohne nennenswertes Ergebnis) seit Jahren mit Diät und Sport, weil ich mir davon einen schlankeren Körper und somit mehr gesellschaftliche Anerkennung erhoffe? Und wäre die Lösung des Problems nicht, sich mit Gleichgesinnten zu treffen, also beispielsweise der Gesellschaft gegen Gewichtsdiskriminierung beizutreten, anstatt einsam um den Block zu joggen?

Mit der Frage »Warum mache ich das?« kommt man seinen Motiven auf die Spur. Manchmal ist ein hohes Ziel nur eine Methode, das, was man sich wirklich wünscht, in die unerreichbare Zukunft zu verschieben. Denn was erst in der Zukunft stattfindet, kann einen hier und heute nicht enttäuschen.

2. WER SAGT, DASS ES RICHTIG IST?

Mache ich Karriere, weil andere das von mir tatsächlich oder angeblich erwarten? Arbeite ich mehr, als ich möchte, weil ich Angst habe, ins Hintertreffen zu geraten? Bin ich abhängig von der Anerkennung meiner Eltern oder meiner Freunde? Glaube ich, dass es wichtig ist, bestimmte Ziele im Leben zu erreichen, weil ich es in der Zeitung gelesen oder im Fernsehen gesehen habe? Braucht jeder Mensch eine Herausforderung? Müssen alle Menschen so sein, wie es sich der Arbeitgeberpräsident wünscht?

Woher weiß man, dass das Ziel, welches man gerne erreichen möchte, einem entspricht? Sobald es vielen anderen gefällt, was Sie tun, sollten Sie jedenfalls misstrauisch werden.

3. WAS MACHE ICH, WENN ICH MEIN ZIEL ERREICHT HABE?

Was mache ich, wenn ich zum Mond und zurück geflogen bin und sich die Öffentlichkeit nach der ersten Welle der Begeisterung wieder anderen Dingen zuwendet? Für den Astronauten Neil Armstrong war der Flug zum Mond der Höhepunkt seines Lebens, mit der Zeit danach konnte er schwer umgehen. Dabei kam diese Entwicklung nicht überraschend, denn es ist unwahrscheinlich, dass sich nach einer Astronautenkarriere auf dem zweiten Bildungsweg ähnlich spannende Perspektiven auftun.

Aber die Frage »Was mache ich, wenn ich mein Ziel erreicht habe?« ist nicht nur wichtig für Fußballstars und Schlagersänger, die sich rechtzeitig überlegen sollten, wie sie nach dem Höhepunkt ihrer Karriere möglichst würdevoll zu einem gewöhnlichen Dasein zurückfinden.

Bei jeder Zielmarke, die man überquert, stellt sich unweigerlich Enttäuschung ein, wenn man sie als Fixpunkt betrachtet.

Als einen Punkt also, auf den man jahrelang zuarbeitet und der einen für diese jahrelange Arbeit entschädigen soll.
Doch das Erreichen eines Ziels löst nie das ein, was man sich davon erhofft, denn man kann sich nicht ewig an einem Zustand erfreuen, wie etwa der Tatsache, Schriftsteller oder Schauspielerin zu sein. Natürlich ist es toll, ein Buch geschrieben zu haben, das tatsächlich im Buchladen liegt. Nur: Kaum hat man ein Buch beendet, muss man sich überlegen, was man als Nächstes machen möchte, schließlich geht das Leben weiter. Es trifft sich also gut, wenn einen nicht nur das Ziel – Schriftsteller sein –, sondern auch der Prozess – das Schreiben – interessiert. Und wenn Sie an diesem Prozess kein Interesse mehr haben, noch bevor Sie Ihr angestrebtes Ziel erreicht haben, sollten Sie wissen, was zu tun ist.

Solange Sie also Ihre Ziele zu ernst nehmen und nicht wirklich erkennen, warum Sie sie überhaupt erreichen wollen, bleiben Sie lieber auf Ihrem Sofa sitzen: Das spart Zeit und Geld und ist vor allen Dingen nicht so anstrengend. Sie können sich dann auch in Ruhe überlegen, ob Sie bereit sind für den einzig echten Gegenentwurf. Ein Lebenskonzept, welches so frech und gewagt ist, so provozierend, dass nur wenige um sie herum das Revolutionäre daran überhaupt erkennen werden. Der wirkliche Befreiungsschlag gegen alle gesellschaftlichen Erwartungen wäre der Entschluss, ein vollkommen gewöhnliches und mittelmäßiges Leben zu führen. Völlig unambitioniert können Sie auf diesem Weg einen neuen Rekord aufstellen, nämlich der Mittelmäßigste aller Mittelmäßigen werden.

DIESE TRAUBEN SIND MIR VIEL ZU SAUER

Wer gerne eine gesellschaftliche Position innehätte, die er entweder nur mit viel Anstrengung und Glück erreichen könnte oder die ganz und gar außerhalb seiner Möglichkeiten liegt, braucht Trost. In einer solchen Situation tut jeder instinktiv das Richtige, er versucht, sich die unerreichbare Position madig zu machen, nach dem Motto: Diese Trauben da oben sind mir eh zu sauer. Diese Problemlösung genießt keinen guten Ruf. Wer auf diese Weise versucht, mit sich ins Reine zu kommen, macht es sich zu leicht, heißt es. Dabei ist es eine effektive Methode, um sein Seelenheil wiederherzustellen, sollte es wieder mal durch die penetrante Vorführung unserer angeblich zahlreichen Möglichkeiten aus dem Lot gekommen sein.

Im Laufe seines Lebens wird man öfter Träume begraben müssen, als dass man einen von ihnen verwirklicht. Es schadet daher nicht, die zu begrabenden Träume genau unter die Lupe zu nehmen. Ein erwachsener Mensch tut gut daran, der allgegenwärtigen und sehr pauschalen Aufforderung, dass man seine Träume leben soll, etwas Realitätssinn entgegenzusetzen.

Die Übung »Diese Trauben sind mir eh zu sauer« hilft gegen Neidgefühle und unnötige Gewissensbisse, und man schärft mit ihr den Blick auf die Dinge. Alles hat schließlich unbestreitbar seine Nachteile.

Mit etwas Gründlichkeit kann sich jeder die Lust auf Karriere und ein gutes Gehalt austreiben:

– Wer beruflich durchstarten will, hat kaum mehr Zeit für Freunde und Familie.

- Als Politiker muss man ständig wildfremden Menschen Rede und Antwort stehen und selbst bei den unsinnigsten Vorwürfen freundlich bleiben, sonst wird man nicht wiedergewählt.
- Hat man eine gewisse Medienpräsenz, wird jedes Stottern, jede Ungelenktheit und jede doofe Frisur kommentiert, und man muss so tun, als würde man dies nicht bemerken.
- Als Berühmtheit kann man niemals in Ruhe einkaufen oder einen Kaffee am Marktplatz trinken, ohne dass man angestarrt wird.
- Eigentumswohnungen ziehen grauenhafte Eigentümerversammlungen nach sich.
- Verdient man sehr viel Geld, muss dieses Geld verwaltet werden, was wiederum eine Menge Arbeit und schwierige Entscheidungen nach sich zieht.

HOHE ANSPRÜCHE MACHEN ARM

1952 drehte der Regisseur Guiseppe de Santis den Film »Es geschah Punkt 11«. Die Geschichte dieses Films geht auf eine wahre Begebenheit zurück: Rom Anfang der Fünfzigerjahre, die Arbeitslosigkeit ist hoch. Wir sehen drei junge Frauen, die eine Anzeige in der Zeitung lesen: Eine Stenotypistin in einer Rechtsanwaltskanzlei wird gesucht. Die Frauen machen sich auf den Weg, eine muss sich für das Vorstellungsgespräch sogar noch Schuhe von ihrer Schwester leihen, denn sie hat keine eigenen. Die Dritte wird von ihrem Freund begleitet, auch er arbeitslos; er bringt sie bis an die Ecke, sodass sie nicht mit ihm zusammen gesehen wird, und wünscht ihr viel Glück. Als die Frauen an der genannten Adresse ankommen, sehen sie eine lange Schlange vor dem Haus. Über zweihundert Bewerberinnen warten darauf, zum Rechtsanwalt im vierten Stock vorgelassen zu werden. Im Treppenhaus streiten die Frauen um die ersten Plätze. Nur eine Handvoll Mädchen wird der Anwalt überhaupt zum Vorstellungsgespräch hereinbitten, so erfahren die drei Frauen von den Wartenden. Obwohl es aussichtslos ist, stellen sich die drei Frauen in der Schlange an. Und nach ihnen kommen weitere und drängeln und schubsen von hinten. Die schon beim Rechtsanwalt waren, kämpfen sich ihren Weg durch die Menge nach unten. Nach einer Dreiviertelstunde stehen die drei Frauen endlich im Erdgeschoss des Hauses. Ein Gehilfe des Anwalts ruft den Mädchen zu, dass sie nach Hause gehen können, denn viele Stenotypistinnen werde man sich nicht mehr ansehen. Keine der Frauen verlässt ihren Platz. Schließlich geschieht das Unglück: Unter dem Gewicht der Wartenden bricht das Treppenhaus zusammen. Ein halbes Dutzend der Mädchen kommen in den Trümmern zu Tode, viele werden schwer verletzt.

Die Frauen im Film waren verzweifelt. Auch wenn es bei der Menge der Bewerberinnen aussichtslos ist, die Stelle zu bekommen, stellen sie sich in der Schlange an und boxen ihre Konkurrentinnen fort. Und riskieren am Ende ihr Leben.

Man stellt sich als Zuschauer die Frage, ob man sich selbst in die viel zu lange Warteschlange eingereiht hätte. Hätte es nicht einen anderen Weg für diese jungen Frauen gegeben, ihre Not und Verzweiflung zu nutzen? Wie zum Beispiel die jungen Israelis, die vor zwei Jahren in der Innenstadt von Tel Aviv ein großes Zeltlager errichteten, um auf diese Weise gegen viel zu hohe Mieten und Jugendarbeitslosigkeit zu protestieren.

Heute sieht man seine Konkurrenten nicht, aber sie sind da. Sie stehen nicht an, sie senden ein. Es ist übrigens nicht wirklich ein großer Unterschied, ob man verzweifelt, weil man nicht weiß, wie man sein tägliches Überleben sichern soll, oder weil man erkennt, dass es fast unmöglich ist, den Job zu bekommen, den man sich wünscht.
Eine Chance auf ein Künstlerstipendium im Schloss Solitude in Stuttgart ist beispielsweise etwa sechsmal härter umkämpft als der Job einer Stenotypistin im Nachkriegsitalien. Selbst einigermaßen etablierte Regisseure rennen hinter Drehbuchförderungen her, und wenn sie ein Drehbuch geschrieben haben, muss es erst für die Produktionsfirma oder den jeweiligen Sender Dutzende Male geändert werden – um dann meistens doch in der Schublade zu landen. Von den Ausfallhonoraren, die es für diese entwürdigende Prozedur gibt, kann fast kein Drehbuchautor leben.

Leute mit Anspruch werden ausgenutzt.

Der Anspruch, sein Schicksal auch unter schwierigen Bedingungen in die eigenen Hände zu nehmen, ist im Prinzip lobenswert, aber man kann durch diesen Anspruch den Blick fürs Wesentliche verlieren. Man muss sich bewusst machen, dass es bei der Entfaltung der eigenen Talente stets darum geht, größere Autonomie zu erlangen. Dann erkennt man schnell, dass es nicht sinnvoll ist, sich die größere Autonomie erkaufen zu wollen, indem man seine Selbstbestimmung abgibt. Und man gibt seine Selbstbestimmung ab, wenn man ein Beschäftigungsverhältnis annimmt, bei dem man Vollzeit arbeitet und trotzdem den Staat oder den Partner oder die Eltern bitten muss, das armselige Honorar aufzustocken.

Über das Phänomen, dass nicht wenige Leute unzumutbare Beschäftigungsverhältnisse akzeptieren, weil sie hoffen, sich irgendwann dadurch zu verbessern, ist schon viel berichtet worden, zum Beispiel unter dem Stichwort »Generation Praktikum«.

Das »Regime der Selbstführung« bringt über Dreißigjährige dazu, als Praktikanten für ein Taschengeld zu arbeiten, in der Hoffnung, eines Tages übernommen zu werden. Dabei ist in einigen Branchen der Weg nach oben schon lange verbaut. So gestand der ehemalige Intendant des Deutschlandfunks in einem Interview, dass eine Karriere wie die seine heute nicht mehr möglich sei. Eine Karriere, die mit Kabeltragen angefangen hatte, dann über erste, eigene Reportagen und Programmleitung bis zur Intendanz führte. Heute ist die Chance, als Radiomoderator eine eigene Sendung zu moderieren, keine Frage mehr von Talent und harter Arbeit, sondern vielmehr von Glück und Beziehungen.

Immer absurder werden die Ansprüche derer, die eine interessante Arbeit oder die »Chance« auf eine interessante Arbeit zu vergeben haben. Vor Jahren wurden ein Kollege und ich von einem Mann zu einem Vorstellungsgespräch eingeladen, der einen größeren Auftrag zu vergeben hatte: Der Mann hatte sich ein Schloss in Brandenburg gekauft, und seine Idee war, dass wir eine ganze Fernsehserie um das Schloss herum schreiben sollten. Wenn diese Serie später von einem Fernsehsender in seinem Schoss gedreht werden würde, könnte er von den Mieteinnahmen die aufwändige Renovierung finanzieren. Als ich ihn fragte, wie viel er uns denn für die Serienidee inklusive Ausführung bezahlen wolle, antwortete er: »Bezahlen, wieso? Ich hatte die Idee, und ihr schreibt sie auf.« Ob er besondere Kontakte zu einem Fernsehsender habe, wollte ich wissen. Die hatte er nicht. Als ich ablehnte, wurde der Schlossbesitzer ärgerlich und gab seinem Unverständnis Ausdruck, wie man so eine Riesenchance ausschlagen könne. Mein Kollege hätte übrigens angenommen.

Ein befreundeter, nicht unbekannter Schauspieler erzählte mir, dass ihm regelmäßig die unbezahlte Mitarbeit bei irgendwelchen Filmprojekten angetragen werde. Stets wird argumentiert, dass er sich mit diesem Film als Schauspieler »einen Namen machen« könne.

»Irgendwann«, so der Freund, »muss man noch was dazubezahlen, um arbeiten zu dürfen.«

MIT CHANCEN BEZAHLT MAN KEINE MIETE!

Schaut man genau hin, erkennt man, dass das, was der befreundete Schauspieler als groteske Übertreibung formuliert hat, längst Wirklichkeit geworden ist. Wenn bei einem Praktikum die Eltern oder der Lebenspartner den Praktikanten, der womöglich eine Ausbildung und/oder einen Universitätsabschluss hat, über Jahre unterstützen müssen, ist das offensichtlich. Genauso offensichtlich ist es, wenn Mitarbeiter umsonst für ihren Arbeitgeber arbeiten und Kredite aufnehmen müssen, um sich das leisten zu können, wie es die Mitarbeiter des hessischen Unternehmens *Biodata AG* taten. In dem Dokumentarfilm *Weltmarktführer* erzählt der Filmemacher Klaus Stern die Geschichte der *Biodata AG,* die erst zum Internetstartup hochgejubelt wurde und schließlich zusammenbrach. Über ein Jahr begleitete Klaus Stern den Konzernchef Tan Siekmann, der versuchte, das Unternehmen nach der Pleite wieder aufzubauen. Regelmäßig vertröstete Tan Siekmann seine Mitarbeiter, die seit Monaten ohne Gehalt für ihn arbeiteten, dass der nächste große Auftrag und damit ihr Gehalt bald in Sicht seien. Doch dieser Auftrag kam nie, und während die Mitarbeiter auf internen Betriebsversammlungen einander ihre finanzielle Notlage schilderten, ließ sich ihr Chef auf einer Automesse den neuesten Porsche vorführen.

Warum geben Menschen gegen schlechte oder fehlende Bezahlung ihr Bestes für Leute, die sie benutzen. Oder wie kommt es, dass sich ehrliche Menschen von ihrem Arbeitgeber zu Aktionen drängen lassen, die sie nicht verantworten können – wie nicht wenige Mitarbeiter der ehemaligen *MEG AG*. In der Firma des Versicherungsvertreters Mehmet Gökers herrschte eine Atmosphäre wie in einer Drückerkolonne. Mit fragwürdigen Methoden verkauften am Schluss über eintausend Mitarbeiter in Deutschland private Krankenversicherungen, bis die Firma 2009 Insolvenz anmeldete. Einige Mitarbeiter wunderten sich später, dass sie sich von ihrem ehemaligen Chef derart haben unter Druck setzen lassen. Sie taten das alles für den großen Erfolg, der plötzlich zum Greifen nahe schien.

Praktikanten arbeiten fast umsonst und verwirken damit ihr Recht auf Hartz IV, von dem sie wenigstens ihre Miete und ihre Krankenversicherung bezahlen könnten.
In Werbeagenturen machen die festen Mitarbeiter regelmäßig unbezahlte Überstunden, weil sie glauben, dass sie sonst gefeuert werden. Würden sie nachrechnen, wie viel sie dadurch de facto pro Stunde verdienen, würden sie feststellen, dass ihr Stundenlohn unter dem einer Lehrkraft an der Volkshochschule liegt. Aber an einer Volkshochschule unterrichten, wer will das schon? Damit kann man auf Dinnerpartys nicht angeben.

*Wer unbedingt Erfolg haben will,
kann bald nicht mehr denken.*

Angestellte lassen sich ihre Freiheit und ihre Rechte abknöpfen und finden das normal. Sie glauben, dass ihr Angestelltenverhältnis dem Chef erlaubt, über ihre Freizeit zu verfügen und ihnen zu nahe treten zu dürfen. Deswegen protestieren sie auch nicht, wenn man ihnen in sogenannten Mitarbeitergesprächen Vorträge über ihre angeblichen Charakterfehler hält, sondern sie bedanken sich noch für die Kritik und geloben Besserung. Sie arbeiten an sich, um Menschen zu gefallen, die sich nicht für sie interessieren. Und hoffen, dass man ihnen dann erlaubt, aufzusteigen.
Oft erkennt man die Schieflage heutiger Angestelltenverhältnisse erst von außen. In dem Dokumentarfilm *Work hard, play hard* wird die Lebenswirklichkeit von ganz normalen Angestellten gezeigt. Es beschleicht einen ein unangenehmes Gefühl, wenn man sieht, was Menschen mit sich machen lassen, um ihre Arbeit zu behalten. Sie kooperieren, wenn sie auf Mitarbeiterversammlungen auf den

Erfolg eingeschworen oder von externen Unternehmensberatern auf ihre Leistungsbereitschaft geprüft werden. Sie rechtfertigen sich vor wildfremden Menschen und nehmen an absurden Selbsterfahrungstrips teil. Sie hinterfragen sich in Gruppengesprächen und demonstrieren beim Morgenappell ihre Motivation. Unkommentiert führt uns die Filmemacherin Carmen Losmann einen jungen Mann vor, der im Gespräch mit Unternehmensberatern beflissentlich Fragen zu seiner Person und seinem Privatleben beantwortet. Als er zum Abschluss seine »Schwächen« vorgetragen bekommt, beteuert er ununterbrochen, sich die Kritik zu Herzen zu nehmen. Was dort sitzt, scheint kein Mensch mehr zu sein, sondern eine Aufziehpuppe. In der *Süddeutschen Zeitung* heißt es in einer Filmkritik: »Es sind arme Würstchen, die sich da aus Bäumen abseilen, mit verbundenen Augen durch einen unterirdischen Gang kriechen oder streberhaft Standardantworten eines Bewerbungsgesprächs abspulen. Fast scheinen es Karikaturen zu sein – aber man muss sie ernst nehmen, denn es ist unsere eigene Angst vor dem Verlust des Arbeitsplatzes, die ihre lächerlichen Anstrengungen spiegeln, und unser Ehrgeiz.«

Liest man die Stellenanzeigen in einer beliebigen Tageszeitung, stellt man fest, dass die überzogenen und teils abstrusen Forderungen der Arbeitgeber gesellschaftlich etabliert sind. Kaum einer bemerkt das Groteske, wenn »höchster Einsatz« verlangt wird, wo regelmäßige Anwesenheit in einigermaßen nüchternem Zustand völlig ausreichend wäre. Fast überall ist »außergewöhnliche Einsatzbereitschaft« und »Leidenschaft« erwünscht. »Teamgeist« soll man haben und »jahrelange Berufserfahrung«. In namhaften Firmen in der ganzen Welt soll man gearbeitet haben und die dort erworbene Expertise der kleinen Firma in Bielefeld zur Verfügung stellen.

Wozu die eingeforderte ständige Begeisterung und Flexibilität nötig ist, wissen die wenigsten Arbeitgeber.

Das liegt daran, dass gerade bei den Jobs mit Karriereaussichten eigentlich keiner mehr weiß, was er wirklich leisten soll. Nur dass er etwas leisten soll, das weiß er. Ein ständiges Getriebensein, welches sich an nichts wirklich festmachen lässt, weil sich Leistungen wie »Management«, »Controlling« und »Performance-Steigerung« schwer messen lassen. Je unkonkreter eine Leistung ist, desto höher ihr Status und umgekehrt. Mit anderen Worten: Im Management und der Verwaltung werden höhere Gehälter gezahlt als in der Produktion.

Je höher man also die Karriereleiter hinaufklettert, desto mehr wächst die Unsicherheit darüber, was man leistet und ob das Gehalt, das man für diese Leistung bekommt, gerechtfertigt ist.

Der Journalist Oliver Geyer schreibt dazu, dass vielen Menschen in den Großraumbüros von Unternehmensberatungen, Agenturen, Medienfirmen und Konzernen, die als Projektmanager, Trainees und Consultants angestellt sind, nicht wirklich klar ist, wofür die vielen Strategiepapiere, Exceltabellen und Powerpoint-Präsentationen überhaupt gut sein sollen, dass man ständig an irgendetwas arbeitet, das später gar nicht umgesetzt wird; dass der Einzelne seinen Beitrag zum ständig beschworenen »Teamerfolg« in Wahrheit oft nicht erkennen kann; und dass zur Kompensation all dessen ein ziemliches Getue um das Engagement der Mitarbeiter gemacht werde. Mit wie viel Begeisterung und Flexibilität sie sich aber auch einbringen – »sich committen«, wie es auf Manager-Deutsch heißt – es ist nie genug.

> *Mitarbeiter von heute committen sich, bis*
> *der Arzt kommt und Burnout diagnostiziert.*
> Oliver Geyer, Journalist

So ähnlich erlebte es der politische Philosoph und Berater Matthew B. Crawford. In seinem Buch *Ich schraube, also bin ich* beschreibt er, warum er seine akademische Karriere als Berater abgebrochen und auf Motorradmechaniker umgeschult hat. Vorher war er kurzzeitig sogar mal geschäftsführender Direktor einer Denkfabrik in Washington D. C., einer jener wissenschaftlichen Politikberatungen, die in Wirklichkeit oft getarnte Lobbyarbeit für die Industrie betreiben. Crawford gesteht: »Ich verstand nicht, wofür man mich bezahlte. Welche greifbaren Erzeugnisse und nützlichen Dienste hatte ich anzubieten? Erst in der Werkstatt habe ich das Denken gelernt.«

Motorradmechaniker wird niemals den Nimbus und das Prestige haben wie eine Position im Management eines international agierenden Konzerns. Aber warum eigentlich nicht? Glaubt man Matthew B. Crawford, dann fordert einen ein defekter Motorradmotor mehr heraus als eine Qualitätsanalyse der Kundenbetreuerperformance. Wer stotternde Motoren wieder zum Laufen bringt, muss auch nicht den Wert seiner virtuellen Konzepte permanent herbeiinterpretieren.

Bei einem Kameraschwenk durch das neue *Unilever*-Haus in Hamburg sieht man im Film *Work hard, play hard* im Hintergrund eine Putzfrau die offene Teeküche putzen. Man beneidet sie, denn sie scheint als Einzige in diesem riesigen Gebäude zu wissen, was sie tut. Sie darf putzen, ohne unentwegt Begeisterung heucheln zu müssen, sie muss nicht mitklatschen und im Chor »Go for it« schreien, wenn der Vorstandsvorsitzende spricht und seine Mitarbeiter auf noch mehr Leistung einschwört.

Der Erste, der Nein zur Karriere sagt, wird berühmt.

Die Ersten, die unzumutbare Bedingungen ablehnen, müssen vielleicht mit dem Verlust des Arbeitsplatzes rechnen. Sie haben dafür die Gelegenheit, etwas zu verändern. Nicht Gesetze, sondern die herrschenden Moralvorstellungen bestimmen schließlich darüber, wie unsere Arbeitswelt und der Umgang zwischen Arbeitgeber und Arbeitnehmer aussehen. Und so wie eine Frau sich von einem Mann trennt, der sie schlägt – auch wenn der nächste Partner noch nicht in Sicht ist –, so sollte einfach niemand mehr ein schlecht bezahltes Praktikum annehmen, auch wenn er sich noch so viele Chancen davon erhofft. Niemand sollte sich von einem Redakteur wochenlang in Schach halten lassen, um seinen Namen in der Zeitung zu lesen. Es gibt keinen Grund, sich schuldig zu fühlen, wenn man in einem Vorstellungsgespräch deutlich macht, dass die eigene Begeisterung und Leidenschaft anderen Dingen gelten als dem Broterwerb. Arbeitnehmer, die etwas auf sich halten, verweigern unsinnige Schulungen und entwürdigende Mitarbeitergespräche und setzen sich gegen überzogene Forderungen zur Wehr.

Die Verhältnisse werden sich nur ändern, wenn immer mehr Menschen deutlich machen, dass sie bestimmte Dinge nicht mehr mit sich machen lassen. Irgendwann wird es gesellschaftlicher Konsens sein, dass man sich nicht für einen Arbeitsplatz oder einen Auftrag verleugnen muss.

MIT DER ARBEIT LÄSST MAN SICH NICHT ERPRESSEN!

Beruf ist Selbstverwirklichung, und wer Arbeit hat, ist autonom – das habe ich von meiner Mutter gelernt, die unbedingt wollte, dass ihre Töchter einen Beruf ergreifen. Dass das Gegenteil genauso wahr ist, lernte ich von Schulkindern aus Berlin Kreuzberg. Um mein Psychologiestudium zu finanzieren, betreute ich Kinder aus sogenannten Problemfamilien. Besonders nervenaufreibend waren Ausflüge mit meinen Schützlingen in die Stadt, denn als notorische Befehlsverweigerer gingen sie weder an der Hand, noch hörten sie auf meine Anweisungen, an Ampeln und Straßenübergängen stehen zu bleiben. Eines Vormittags war ich mit der neunjährigen Stefanie unterwegs. Wir standen an einem Bahnsteig und warteten auf die S-Bahn, Stefanie begann auf der Bahnsteigkante zu balancieren, dabei blickte sie sich nach mir um, um zu sehen, wie ich darauf reagierte. Ich bat sie, damit aufzuhören, was sie natürlich nicht tat, im Gegenteil, ihr Balanceakt wurde deutlich waghalsiger.

Daraufhin ging ich zu ihr und befahl: »Ich zähle jetzt bis drei, und dann stehst du dort hinten neben dem Fahrkartenautomaten.«

»Nee, mach ich nich, kannste lange zählen«, erwiderte Stefanie.

Ich kannte Stefanie gut und wusste, dass sie sich eher vor den Zug stürzen würde, als klein beizugeben. Ich musste mich also so ausdrücken, dass Stefanie begriff, dass sie keine andere Wahl hatte, als zu gehorchen:

»Wenn du nicht bei drei da stehst, hast du eine sitzen, dass du nicht mehr weißt, wie du heißt«, sagte ich. Ich hatte nicht vor, das zu tun, ich wollte nur, dass Stefanie glaubte, dass ich das tun würde. Aber Stefanie grinste nur: »Wenn du das machst, sage ich das der Sozialarbeiterin, und dann verlierst du deine Arbeit.«

Sie, die Neunjährige, hatte längst begriffen, wie man Erwachsene kleinkriegt. Der Verlust der Arbeit, das war etwas, womit man jede Betreuerin und jede Lehrerin erpressen konnte. Und wer erpressbar ist, vor dem braucht man keinen Respekt zu haben.

Mir war klar, dass ich das nicht mit mir lassen machen durfte.

Äußerlich ruhig und politisch völlig unkorrekt antwortete ich: »Aber bevor du mich verpetzt hast, hast du eine sitzen.«

Der Triumph wich aus Stefanies Gesicht, und ohne ein weiteres Wort stellte sie sich neben den Fahrkartenautomaten.

Wenn man mit dem, was man gerne hätte, erpresst wird, dann ist die erste Maßnahme, um seine Autonomie wiederherzustellen, auf das Gewünschte zu verzichten. Dabei ist es ganz gleich, ob es sich um einen hoffnungslos unterbezahlten Verkäuferinnenjob oder ein Stipendium handelt. Man sollte sich auch keine Zugeständnisse abpressen lassen, in der Hoffnung, dass man in der Zukunft dafür entschädigt wird. Die Erfahrung zeigt, dass Menschen, von denen man sich abhängig macht, sich sehr selten daran erinnern, was sie einem ein paar Jahre zuvor versprochen haben.

Der französische Soziologe Robert Castel sieht den Zeitpunkt gekommen, die »nahezu hysterische Überbewertung der Arbeit« zu hinterfragen. Es wird also in Zukunft darum gehen, sich symbolisch gesehen nicht in der langen Reihe von Stenotypistinnen anzustellen und darauf zu hoffen, doch noch beim Rechtsanwalt um die ersehnte Stelle vorsprechen zu dürfen.

Wenn man das nämlich nicht macht, kann man in Ruhe überlegen, ob es nicht lohnender wäre, nicht mehr für andere zu arbeiten, oder jedenfalls nicht den ganzen Tag. Man kann nüchtern überschlagen, ob das Hinterherrennen hinter Stipendien und Förderungen nicht mehr Energie kostet, als man dadurch gewinnt. Man kann sich fragen, ob man unbedingt seine Kunst bis zur Unkenntlichkeit verschandeln muss, damit sie von herrschenden Institutionen abgesegnet wird. Oder ob es nicht auch anders geht: In einem Interview mit der *Süddeutschen Zeitung* erklärte der Filmemacher Klaus Lemke einmal, warum er seine Filme stets selbst finanziert: »Um das Geld zusammenzukratzen, muss man Sachen machen, die furchtbar sind. Will ich nicht. Ergo: keine Gremien, keine Schauspieler, keine Kosten.«

SO PFEIFEN SIE AUF DIE KARRIERE

Natürlich wäre es schön, wenn sich alle kollektiv verweigern würden und sich niemand mehr findet, der schlechte Drehbücher fürs Fernsehen schreibt oder sich in seine Zeitungsartikel dreinreden lässt. Wenn niemand viel zu viel für viel zu wenig Geld arbeitet und alle aufstehen und gehen, sobald sie sich nicht mehr tiptop behandelt fühlen. Solange das aber nicht der Fall ist, muss man individuelle Grenzen ziehen. Sich dem Karrieredruck zu verweigern, kann verschiedene Formen annehmen und muss mitnichten immer absolut sein, je nach Persönlichkeit gibt es verschiedene Abstufungen:

1. Stufe: Hartz IV beantragen
Lieber kniend leben, als kniend arbeiten.

2. Stufe: Arbeit ohne Prestige annehmen
Als ich ausgerechnet habe, dass ich mit Unterricht an der Volkshochschule und Nachhilfe mehr verdiene als Angestellte in einer Werbeagentur, habe ich gekündigt. An den weiteren Vorteil, den meine neuen Jobs gegenüber meiner vorherigen Tätigkeit haben, hatte ich ursprünglich gar nicht gedacht, er ist mir nur im Nachhinein aufgefallen: Bei meinen Seminaren oder Nachhilfestunden stehen kein Chef und keine Kollegen neben mir, die mich und meine Leistungen ständig kontrollieren. Nie muss ich »mein Bestes« geben; wenn ich einigermaßen pünktlich komme und ohne Missmut meine Arbeit erledige, ist es gut genug.
Statt Artikel, Drehbücher, Konzepte dutzende Male umzuschreiben, bis einem die Lust auf diese Projekte gründlich vergangen ist, kann man wieder Taxi fahren und nur schreiben, wenn man Lust darauf hat. Auch Schauspieler oder Künstler zu sein, macht keinen Spaß mehr, wenn man dafür eine Ablehnungsorgie nach der anderen ertragen muss. Nicht wenige suchen sich einen neuen Beruf und spielen nur noch in Independent-Produktionen mit oder organisieren selber welche. Der gefürchtete Abstieg ist jedenfalls manchmal viel weniger schlimm, als man denkt. Für die meisten ist es das Ende einer langen Sinnkrise. Inzwischen gibt es immer mehr Menschen, die sich bewusst »downgraden« und ihre prestigeträchtigen Jobs hinwerfen und wieder etwas »Normales« machen, wie zum Beispiel Matthew B. Crawford, der seine steile akademi-

sche Karriere als politischer Philosoph und Berater abbrach, um Motorradmechaniker zu werden.

3. Stufe: Nach Afrika gehen
Geht man in ein Krisengebiet nach Asien oder Afrika, um dort anderen Menschen zu helfen, bekommt man zwar kein Geld, aber Anerkennung. Anderen Menschen zu helfen, macht glücklich, und vor allen Dingen braucht es keinen externen Qualitätssupervisor, der einen auf vorhandene Soft Skills und Diversity prüft, um zu entscheiden, ob die eigene Tätigkeit sinnvoll ist oder nicht.

4. Stufe: Gesellschaftlicher Protest
Gegen den Zwang, sich in dieser Gesellschaft über seine Erwerbsarbeit und sein Einkommen zu definieren, kann man protestieren – das ist allemal besser, als bei einem Wettbewerb mithalten zu wollen, den man eigentlich als grundfalsch empfindet. Alternative Konzepte gibt es viele, zum Beispiel die Initiative für ein allgemeines Grundeinkommen. Es macht doch mehr Spaß, mit anderen über gesellschaftliche Utopien zu diskutieren, als seinen Vorgesetzten nach dem Mund zu reden.

Die Kür: Aus seiner Empörung Kunst machen
Wer die Allgemeingültigkeit seiner Erfahrungen begreift, ist fein raus. Er kann nämlich aus seiner Wut und seinem Ärger Kunst machen. Es ist ungemein befriedigender, einen Film wie Work hard, play hard *über heutige Arbeitsverhältnisse zu machen, als selbst in ihnen zu stecken.*
Einen brillanten Einfall hatte der Autor des Buches Arbeit? Nein danke!, *Jürgen Spenzinger. Er drehte den Spieß um: Statt Bewerbungen an Unternehmen zu schicken, schrieb er*

ihnen Absagen. Seine Absagen spickte er mit den gleichen frostigen, nichtssagenden Formeln wie die Unternehmen ihre Stellengesuche.

Man wird älter, und viele Dinge erledigen sich von selbst. Das Leben erlöst einen ganz von allein von dem Terror der Möglichkeiten. Nach und nach schwinden die Optionen. Das macht zwar traurig, aber die Erleichterung darüber, dass einem nicht mehr alle Türen offenstehen, ist doch größer. In einer Gesellschaft, in der schon 50-Jährige keinen neuen Job mehr finden, braucht man sich ab einem bestimmten Alter nicht mehr mit Karriereambitionen unter Druck zu setzen. Man kann endlich einfach das tun, wozu man Lust hat. Ohne schlechtes Gewissen, das heißt, ohne das Gefühl, etwas zu verpassen.
Man wundert sich vielleicht sogar, während man nach einer durchgefeierten Nacht auf einer Bank im Stadtpark sitzt und den Joggern zuschaut, die vor der Arbeit ihre Runden drehen, wie viel Zeit man in seiner Jugend verschwendet hat, um sich und anderen zu beweisen, dass man sich doch noch überwinden kann – was naturgemäß niemals geklappt hat. Hätte man nur früher entdeckt, dass das Leben um ein Vielfaches amüsanter ist, wenn man seine Ambitionen fahren lässt und nichts und niemanden besonders ernst nimmt! Aber selbst das wirft man sich nicht vor auf seiner Bank, das wäre pure Zeitverschwendung. Man nimmt die Irrtümer seiner Jugend einfach amüsiert zur Kenntnis.
Das ist jedenfalls die Erfahrung meines Vaters. Wie viele Anläufe habe er unternommen, um seiner Familie zu zeigen, dass er doch kein hoffnungsloser Fall sei, gestand er mir vor zwei Jahren, als wir abends am Strand von Tel Aviv

saßen. Reich wollte er in Deutschland werden und dann nach Israel heimkehren und seinen Triumph auskosten. Aber statt Geld zu scheffeln, habe er nur immer welches verloren: mit dem Pizzastand auf dem Oktoberfest, wo dann die Standgebühren die Einnahmen um ein Vielfaches übertrafen. Das Café in einem Münchner Theater, mit dem er pleite ging, weil die Schauspieler und ihre Freunde bei ihm stets umsonst getrunken und gegessen haben. Die Bar in Ingolstadt, der Lampenladen in Berlin. Die steinernen Möpse, die er in langen Nachtschichten gegossen hat und auf Flohmärkten verkaufen wollte und die sich nun zu Dutzenden in seinem Keller stapeln. »Wenn man nüchtern rechnet«, so mein Vater, »dann wäre es günstiger für alle Beteiligten gewesen, wenn ich nie gearbeitet hätte.«

Doch die meisten Menschen sind nicht so klarsichtig wie mein Vater, für sie hört der Stress nie auf. Ein Leben lang kämpfen sie verzweifelt gegen ihre Schwächen, ohne dass sich etwas Wesentliches an ihnen ändert. Sie verpassen den Moment, sich den Tatsachen zu stellen. Bis zu ihrem letzten Atemzug glauben sie daran, dass sie das Ruder noch herumreißen werden, und sie denken gar nicht daran, ihr Selbstverbesserungsprojekt so kurz vorm Ziel fallen zu lassen.

Noch viel schwieriger, als mit den eigenen Ansprüchen klarzukommen, ist es, die Ansprüche der anderen abzuwehren. Die anderen sind meist noch hartnäckiger als das eigene Über-Ich, und sie haben immer die besseren Argumente auf ihrer Seite. So waren sich alle sechs Geschwister meines Vaters stets einig, dass man so, wie mein Vater lebt, nicht leben könne. Sie, die vier Brüder und zwei Schwestern, haben alle ein Leben lang gearbeitet, Familien gegründet und Kinder großgezogen. Niemand von ihnen hat sich größere Eskapaden geleistet oder seine Mitmenschen mit seiner Wankelmütigkeit belästigt. Man könnte fast behaupten, dass die Aufregungen um meinen Vater ihre bürgerlichen Existenzen überhaupt erst ermöglicht haben. Wird einmal ein Familienmitglied von Selbstzweifeln gepackt, muss es nur ermahnt werden: »Reiß dich zusammen, denk an Onkel David in Deutschland, willst du einmal so enden wie er?« Und schon ist alles Aufbegehren gegen die Zwänge einer gesellschaftlich akzeptierten Lebensweise erstickt.

Besonders Simon, der älteste Bruder meines Vaters und Oberhaupt der Familie, hat sich ein Leben lang für meinen Vater verantwortlich gefühlt. Er ist immer noch davon überzeugt, dass die Strafe für so ein verwerfliches und verantwortungsloses Leben, wie es mein Vater führt, auf dem Fuße folgen müsse, allerdings muss sich das Schicksal langsam beeilen, denn die beiden Männer sind 73 und 85 Jahre alt.

Als es kühl wurde am Strand, brachen mein Vater und ich auf. Wir fuhren nach Hulon, einer Kleinstadt nahe bei Tel Aviv. Dort wohnte mein Onkel Simon, bei dem mein Vater und ich dieses Jahr übernachteten.

An der Tür sagte mein Vater plötzlich, dass er noch einen Freund besuchen wolle, ich sollte allein hineingehen, er würde später kommen.

»Aber bleib nicht zu lang«, ermahnte ich ihn, »wir wollen doch morgen früh aufstehen wegen des Ausflugs.«

Um sechs Uhr morgens wachte ich auf, weil ich laute Stimmen im Flur hörte. Ich stand auf, um zu sehen, was los war. Mein Vater war gerade zur Tür hereingekommen und von Simon überrascht worden.

»Wo warst du?«, herrschte Simon meinen Vater an.

»Ich habe jemanden getroffen«, antwortete mein Vater sehr laut, denn Simon war schwerhörig und hatte sein Hörgerät nicht im Ohr.
»Bis jetzt?«, fragte Simon.
»Siehst du doch.« Mein Vater versuchte, an Simon vorbeizukommen, aber Simon versperrte ihm den Weg.
Plötzlich bemerkte Simon, dass ich im Flur stand. Mit seinem zitternden Zeigefinger zeigte er auf mich. »Du wolltest mit deiner Tochter einen Ausflug machen. Deine arme Kleine, nie kann sie sich auf dich verlassen.«
Inzwischen war auch Simons Frau, meine Tante Alice, aufgewacht. Gähnend schlurfte sie in die offene Küche und setzte Kaffeewasser auf.
»Warum hast du nicht wenigstens angerufen und gesagt, dass du später kommst?«, fragte Simon.
»Wie bitte?«, rief mein Vater. »Du willst also, dass ich morgens um drei Uhr hier anrufe und sage ›Simon, es wird heute etwas später, geh ruhig wieder schlafen‹?«
Simon packte meinen Vater an den Aufschlägen seines Jacketts. »Wann wirst du endlich erwachsen? Wenn du nicht lernst, pünktlich und zuverlässig zu sein, wie soll dann je etwas aus dir werden?«
Alice zupfte Simon am Ärmel und sagte laut: »Lass ihn, er ist doch längst in Rente.«
»Was sagst du?« Simon drehte sich zu seiner Frau um.
Alice schrie in Simons Ohr: »Du musst dich nicht mehr um ihn kümmern. Das macht jetzt der Staat, wir sind alle pensioniert.«
»Was?«
»Wir sind pensioniert.«
»Wie?«
»Pensioniiiiiiiiiieeeeeeeeeeeerrrt!«

FOLGENDE FRAGEN KÖNNEN SIE FÜR SICH
BEANTWORTEN, WENN SIE WOLLEN.

*Glauben Sie, dass man Ihre Begeisterung für wenige
tausend Euro im Jahr kaufen darf?*   *Ja*

*Empfinden Sie sich als faul, weil Sie keine Lust haben,
jeden Tag acht Stunden am Tag zu arbeiten?*   *Ja*

*Empfinden Sie andere Menschen als faul, die keine
Lust haben, acht Stunden am Tag zu arbeiten?*   *Ja*

*Haben Sie Verständnis für Menschen, die um einen Arbeits-
platz kämpfen, von dem sie kaum leben
können?*   *Ja*

*Glauben Sie, dass Sie der Einzige in Ihrem Bekanntenkreis
sind, der unter starken Existenzängsten
leidet?*   *Ja*

*Denken Sie, dass Sie sich ändern sollten, oder sollte sich Ihrer
Meinung nach die Gesellschaft
ändern?*   *Ja*

ÜBERSICHT
ICH BLEIB SO SCHEISSE, WIE ICH BIN – DIE BESTEN ARGUMENTE

Diese Liste enthält eine Auswahl der gängigsten Selbstverbesserungs-Projekte. Manche sind bestimmten Moden unterworfen, wie zum Beispiel »die Kontrollsucht besiegen«, andere sind zeitlos wie »weniger egoistisch sein«.
Unter jedem der Stichworte finden Sie die wichtigsten Argumente, um diese von außen an Sie herangetragenen Ansprüche in Zukunft gekonnt zurückzuweisen.

AUSREDEN LASSEN
Mit »Ausreden lassen« zwingen einen langweilige Leute, sie zu Ende sprechen zu lassen, obwohl man schon längst weiß, was sie sagen wollen. Wer zu Ende sprechen will, muss spannend erzählen.

BEZIEHUNGSARBEIT
Statt an Ihrer Beziehung zu »arbeiten«, sollten Sie sich nach einem neuen Partner umsehen – und zwar so, dass es Ihr Partner mitbekommt: Sie werden sehen, wie leicht Ihr Partner plötzlich zu Zugeständnissen bereit ist, um die Sie vorher jahrelang erfolglos gerungen haben. Wenn nicht, dann suchen Sie sich wirklich einen neuen Partner.

COOLNESS
Cool sein wollen ist uncool. Uncool zu sein ist cool: Denn wahre Coolness besteht darin, sich nicht darum zu kümmern, ob einen die Umgebung uncool findet – das ist ja das Coole daran.

DIÄT
Die Zufriedenheit mit sich selbst und seinem Körper ist immer eine Frage des Vergleichs, sagt der Coach von Politikern und Spitzensportlern Werner Katzengruber. Wenn Sie sich zu dick fühlen, reisen Sie doch für eine Weile in die USA oder in die Arabischen Emirate. Dort werden Sie zahlreiche Menschen sehen, die viel dicker sind als Sie, und sich gleich besser fühlen, ganz ohne Diät.

EGOISMUS
Egoismus wird einem immer dann vorgeworfen, wenn man nicht bereit ist, das zu tun, was andere von einem erwarten. Dass die anderen dabei völlig uneigennützig handeln, ist natürlich klar.

EHRGEIZ
Ehrgeizige Menschen sind unangenehm. Sie erwarten viel von sich selbst und meistens auch viel von ihrer Umgebung. Stets beurteilen sie das Zusammensein mit anderen Menschen danach, was es ihnen bringt. Wenn sie viel von sich und nichts von anderen erwarten, dann sind sie selbstgerecht.

FÜR EINE GUTE SACHE ENGAGIEREN
Eigentlich ganz toll, aber nicht sehr sexy.

IN JEDEM MENSCHEN ETWAS GUTES SEHEN

Jeder Mensch hat irgendein verborgenes Talent, jeder hat etwas zu sagen und seine ganz spezielle Sichtweise auf die Welt. Doch bei manchen Menschen müsste man sehr, sehr genau hinsehen, um das Gute und Einmalige in ihnen zu entdecken. Und anschließend müsste man ihnen noch Hilfestellung leisten, um es ans Licht zu bringen. Man sollte sich fragen, ob just diese Leute bereit wären, das Gleiche für einen selber zu tun.

KONTROLLSUCHT

Kontrollsucht ist eine normale Reaktion auf Menschen, die alle Verantwortung von sich weisen, also auf Menschen, die notorisch unpünktlich sind und weder ihren Arbeitsalltag noch ihre Freizeit strukturieren. Sie sind es auch, die behaupten, dass wir kontrollsüchtig sind, wenn wir ganz normale Vorschläge machen, wie man den Alltag möglichst reibungsfrei gestalten könnte.

KRITIK ABKÖNNEN

Kritik abkönnen ist ein anderer Ausdruck dafür, anderen zu erlauben, ihre Aggressionen an einem auszulassen.

MEHR GELD VERDIENEN

Glücksforscher vermuten folgende Gründe, warum uns Geld nicht glücklich macht: Wir gewöhnen uns sehr schnell an einen Zustand, wenn bestimmte Mindestbedürfnisse befriedigt sind. Und das häufige Auftreten von Depressionen nach einem Lottogewinn erklärt sich Professor Andrew Oswald von der britischen Warwick University so: Geld, zum Beispiel durch einen Lottogewinn, führt zur tiefen Enttäuschung, dass die Erfüllung materieller Wünsche weder Erleichterung noch

Frieden zur Folge hat, ja nicht einmal das Gefühl von Sicherheit.
Kein Geld zu haben, macht natürlich auch nicht glücklich, doch wer hat gesagt, dass man glücklich sein muss?

NACHDENKEN, BEVOR MAN REDET
Wer das tut, wird nie schlagfertig sein. Die interessantesten Gedanken kommen einem meistens, wenn man anfängt zu sprechen und schon gespannt ist, was man gleich sagen wird.

ORDENTLICH UND ORGANISIERTER SEIN
Der Leidensdruck, der durch Ihre Unordnung entsteht, scheint weniger groß zu sein als der, welche die Umgestaltung Ihrer Persönlichkeit mit sich bringen würde. Sonst wären Sie schon längst ordentlicher, als Sie es sind.

PERSPEKTIVE DES ANDEREN EINNEHMEN
Der Vorschlag, man solle im Falle einer Auseinandersetzung versuchen, die Sicht seines Kontrahenten einzunehmen, da sich diese dann besser klären ließe, entbehrt jeder Logik:
Man kennt die Sichtweise seines Kontrahenten doch bereits in- und auswendig! Sie ist es ja gerade, die einem Probleme bereitet. Und zwar zu Recht.

RHETORIKSEMINARE
Anstatt sich darauf zu konzentrieren, wie man andere Menschen manipulieren und auf seine Seite ziehen kann, sollte man sich der Einfachheit halber einfach auf das konzentrieren, was man sagt: Wer sich einfach und klar ausdrückt, wird in der Regel auch verstanden.

SELBSTERKENNTNIS
Endlich hat man entdeckt, woran das liegt, dass man immer so oder anders reagiert, und warum manche Situationen einem bestimmte Probleme bereiten. Und was hat man davon?, möchte man da fragen.

SELBSTLIEBE
Versuchen Sie gar nicht erst, sich dazu zu überreden, sich mehr zu lieben. Denn die Liebe, ob sie nun einem anderen Menschen oder der eigenen Person gelten soll, kann man nicht erzwingen.

SPIRITUELLES ERWACHEN
Erwachen kann man nicht erzwingen. Das Nicht-Erzwingen des Erwachens funktioniert am besten, wenn man sich überhaupt nicht damit beschäftigt.

STUR UND UNEINSICHTIG SEIN
siehe VERNÜNFTIG SEIN

TALENTE NUTZEN
Selbstverwirklichung ist eine der größten Umweltverschmutzungen, die es gibt! Erst verschwendet man eine Menge Ressourcen, um die Kunstwerke herzustellen, und dann fliegt man durch die Gegend, um sie vorzuführen. Wenn jeder seine Anlagen und Talente nutzen würde, dann würde die Welt bald überquellen von all den Kunstwerken, Designermöbeln, Musik-CDs und Romanen. Wer seine Talente nicht nutzt, lebt dagegen umweltfreundlicher und hat viel Zeit, sich die Produkte der Selbstverwirklichung der anderen anzuschauen und anzuhören.

VERÄNDERUNGEN BEI SICH SELBST BEGINNEN
Mit Veränderungen soll man da anfangen, wo es angeblich am einfachsten ist: bei sich selbst. Aber wenn alle mit ihrer Selbstveränderung beschäftigt sind, ist niemand mehr da, der die Gesellschaft verändert.

VERNÜNFTIG SEIN
Die Vernunft empfiehlt immer das, was ein anderer gern möchte, hat die britische Schriftstellerin Elisabeth Gaskell sehr gut beobachtet. Vorsicht ist also angebracht, wenn andere an Ihre Vernunft appellieren: Es ist der Versuch, Sie von etwas zu überzeugen, das Ihren Interessen zuwiderläuft, indem man an Ihr fremdgesteuertes Über-Ich appelliert.

VERSTÄNDNIS ENTGEGENBRINGEN
Der deutsche Psychologe Norbert Schwarz hat erforscht, wann Menschen bereit sind, ihre bisherige Meinung über ein bestimmtes Thema zu ändern. Es scheint schwierig bis fast unmöglich zu sein, jemanden im Gespräch von seiner Meinung zu überzeugen, beziehungsweise von der Meinung anderer überzeugt zu werden.
Auf jeden Fall hilft es der allgemeinen Verständigung nicht, wenn man sich ermahnt, verständnisvoller zu sein. Es hat sich gezeigt, dass Menschen umso mehr auf ihre ursprüngliche Meinung fokussieren, je stärker sie versuchen, die Gegenseite zu verstehen. Verständnis scheint also insgesamt eine überbewertete Angelegenheit zu sein.

VERZEIHEN UND VERGESSEN
Um eine Beziehung zu einem anderen Menschen zu kitten, so empfehlen einem Therapeuten und esoterische Ratgeber, solle man verzeihen und vergessen können. Nur wenn es einem

gelingt, seine negativen Gefühle hinter sich zu lassen, ist ein neuer Anfang möglich. Leider sträubt sich alles in uns dagegen. Wir ringen mit uns, schlucken unsere Wut herunter und reichen die Hand zur Versöhnung. Ein Fehler, sagt Arthur Schopenhauer. Denn: »Vergeben und vergessen heißt, kostbare Erfahrungen zum Fenster hinauswerfen.«

VORBILDLICH SEIN
Wer sich stets korrekt verhält, dem wird so schlecht verziehen. Warum sich unnötig in diese Situation begeben?

WENIGER KOMPLIZIERT SEIN
Als kompliziert wird man in der Regel von Langweilern bezeichnet. Sie mögen es nämlich nicht, wenn man etwas tut, was sie nicht erwarten und was ihre öden Pläne durcheinanderbringt! Siehe auch VERNÜNFTIG SEIN.

QUELLEN UND WEITERFÜHRENDE HINWEISE

Aristoteles, Politik. Schriften zur Staatstheorie, F. F. Schwarz (Hrsg.), Reclam Verlag, Stuttgart 1989

Barbara Ehrenreich, Smile or Die, Verlag Antje Kunstmann, München 2010

Barry J. Nalebuff und Adam M. Brandenburger, Coopetition. Kooperativ konkurrieren, Campus Verlag, Frankfurt 1996

Erich Fromm, Vom Haben zum Sein. Schriften aus dem Nachlass, Band 1, Rainer Funk (Hrsg.), Beltz Verlag, Weinheim 1989

Erich Ribolits, »Die Arbeit hoch? – Berufspädagogische Streitschrift wider die Totalverzweckung des Menschen im Postfordismus« in: http://www.krisis.org/navi/die-arbeit-hoch
Letzter Zugriff: 5.10.2012

Eva Illouz, Warum Liebe weh tut, Suhrkamp Verlag, Berlin 2011

Heinrich Böll, Werke: Romane und Erzählungen, Herausgegeben von Bernd Balzer, Band 4, 1961–1970, Kiepenheuer & Witsch, Köln 1978

Horst Bienek, Werkstattgespräche mit Schriftstellern, Carl Hanser Verlag, München 1962

Italo Svevo, Zeno Cosini, Rowohlt Verlag, Hamburg 1959

Jiddu Krishnamurti, Antworten auf Fragen des Lebens, Verlag Hermann Bauer, Freiburg im Breisgau 1992

Jürgen Henningsen, Jeder Mensch erfindet sich eine Geschichte. Max Frisch und die Autobiografie, erschienen in: Literatur in Wissenschaft und Unterricht, Band 4, Kiel 1971

Max Frisch, Mein Name sei Gantenbein, Suhrkamp Verlag, Berlin 2011

Max Frisch, Stiller. Suhrkamp Verlag, Frankfurt am Main 1954

Max Frisch, Unsere Gier nach Geschichten, In: Gesammelte Werke in zeitlicher Folge. Vierter Band. Suhrkamp Verlag, Frankfurt am Main 1998

Moshé Feldenkrais, Das starke Selbst, Insel Verlag, Frankfurt am Main 1989

Richard Sennett, Der flexible Mensch, Berlin Verlag, Berlin 1998

Ursula Vormwald, Wie steht es um Ihre Work-Life-Balance?, http://www.akademie.de/wissen/work-life-balance
Letzter Zugriff: 30. 07. 2012

Wilhelm Genazino, »Männer haben stärker ihre Tage als Frauen« in: Magazin der Süddeutschen Zeitung, 44/2011

http://www.bmbf.de/archiv/newsletter/de/919.php?hilite=eu-bildungsprogramm
Letzter Zugriff: 30. 07. 2012

Für ihre Hilfe bedanke ich mich bei:

Dr. Mazda Adli
Oliver Geyer
Robert Hagen
Dr. Werner Katzengruber
Caroline Labusch
Marc Malkwitz
Jörn Morisse
Prof. Dr. Christian Rieck
Rainer Sellien
Oliver Sperl
Dr. Jan-Hendrik Wulf

LUST AUF MEHR UNTER- HALT- UNG?

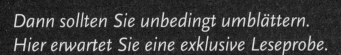

*Dann sollten Sie unbedingt umblättern.
Hier erwartet Sie eine exklusive Leseprobe.*

Textauszug aus:
Rebecca Niazi-Shahabi
Zweimal lebenslänglich
Piper Verlag, München 2014

PROLOG

»Du willst *was?*«

Es war Samstag, das heißt Markttag, und an der Straßenecke schräg gegenüber bauten die ersten Händler ihre Stände auf. Ich saß mit Mark im türkischen Bäckereicafé, dem einzigen Ort in seinem Viertel, wo man einen Milchkaffee für unter drei Euro bekommt. In dem kleinen Verkaufsraum gab es nur wenige Tische, und der Abstand zu den Sitznachbarn war gering. Ich sah mich unauffällig um, ob unsere Unterhaltung belauscht wurde. Hinter mir saß ein Mann und las Zeitung, die Asiatin am Fenster auf der anderen Seite starrte nach draußen in den Schnee, niemand achtete auf uns.

»Du willst *was?*«, fragte ich noch einmal, diesmal mit gesenkter Stimme.

»Ich will dich heiraten.«

Wenigstens hatte Mark keinen besonderen Ort ausgewählt, mich also nicht auf eine einsame Insel oder einen Berggipfel entführt, um mir einen Antrag zu machen. Er hatte keine rote Rose dabei, kein Schmuckkästchen wurde bedeutungsvoll vor meiner Nase aufgeklappt, in das ich dann mit verzückter Miene hätte hineinschauen müssen. Er hatte den Vermählungswunsch nicht mit Lippenstift auf meinen Badezimmerspiegel oder mit Edding auf sein sogenanntes bestes Stück geschrieben. All das hatte er mir erspart – ich hatte schon von Männern gehört, die zu dieser Gelegenheit vor ihren Freundinnen auf die Knie gefallen waren! Ich atmete tief durch.

»Und wozu?«

Kaum hatte ich meine Frage ausgesprochen, befürchtete ich, dass sie schnippisch geklungen hatte, dabei wollte ich tatsächlich wissen, wie Mark auf diese Idee gekommen war.

»Wir sind seit sechs Jahren ein Paar. Wir verstehen uns gut und wollen es noch weitere Jahre miteinander versuchen. Ich finde, wir sind ein richtig gutes Team.«

Zum Glück hatte Mark nicht »Weil ich dich liebe« geantwortet. Im nächsten Moment dachte ich jedoch, er hätte ruhig »Ich liebe dich« sagen können. »Gutes Team«, das sagt man vielleicht zu jemandem, mit dem man in einer Fußballmannschaft spielt – aber den man heiraten möchte?

Normalerweise vertrete ich die Auffassung, dass es affig ist, sich einander zu jeder passenden und unpassenden Gelegenheit zu gestehen, dass man besondere Gefühle füreinander hegt. Auch als unser Exkanzler Gerhard Schröder 2005 im Kanzlerduell mit Angela Merkel seiner Frau Doris vor 20,98 Millionen Zuschauern eine Liebeserklärung machte, wand ich mich vor Fremdscham. Andererseits, wenn man einen Menschen liebt, kann man es ihm ruhig mal sagen. Es ist auch ein guter Test: Geht einem die Liebeserklärung leicht über die Lippen, weiß man, dass man die Wahrheit spricht.

»Außerdem liebe ich dich«, sagte Mark.

Damit hatte ich jetzt nicht gerechnet, und daher wusste ich auch nicht, wie ich mich verhalten sollte. Erwartete Mark jetzt von mir, dass ich ihm um den Hals fiel und ihm gestand, dass ich ihn auch liebte? Er kannte mich doch inzwischen lang genug und wusste, wie trotzig ich werde, wenn ein bestimmtes Verhalten von mir erwartet wird. Wenn Mark mich lieben würde, hätte er mich nicht in eine solche Situation gebracht.

»Was schaust du denn so komisch? Du scheinst nicht gerade begeistert zu sein«, stellte Mark fest.

»Wir kennen uns so lange, da ist es doch merkwürdig, plötzlich zu heiraten, das passt doch gar nicht zu uns.«

Jetzt war Mark beleidigt. Zu Recht. Wie konnte ich derart lieblos auf seinen Heiratsantrag – den ersten meines Lebens – reagieren?

Ich hätte in Tränen ausbrechen können. Der Morgen hatte so gut angefangen, und jetzt war alles auf einmal so kompliziert. Nun waren wir nicht mehr Mark und Rebecca, sondern ein Mann und eine Frau, zwischen denen ein Heiratsantrag stand – und zwar so lange, bis er angenommen oder abgelehnt wurde. Eine derart wichtige Entscheidung zu treffen war in der Planung meines Tages nicht vorgesehen gewesen. Wir hatten einkaufen gehen wollen, dann vielleicht wieder ins Bett, und am Nachmittag waren wir bei meiner Freundin Silvia zum Kaffee eingeladen. Nun würde ich in ein paar Stunden vor ihr und den anderen Gästen so tun müssen, als wäre nichts Besonderes geschehen. Denn eines wusste ich genau: Für die Antwort brauchte ich Zeit.

Wir waren übrigens nicht das erste Paar, bei dem ein Heiratsantrag zu Unstimmigkeiten geführt hatte. Zwei Liebende können zu Feinden werden, wenn einer von ihnen im falschen Moment mit den falschen Worten um die Hand des anderen anhält. Ich hatte mal eine Fernsehshow gesehen, in der eine junge Frau mit dem Geld des Senders das Wohnzimmer ihres Freundes neu gestalten sollte. Die Frau verlor angesichts der Möglichkeiten durch die zur Verfügung gestellten fünftausend Euro jede Hemmung. Sie schleppte sämtliche Deko-Artikel, derer sie habhaft werden konnte, in das zwanzig Quadratmeter große Zimmer.

Am Ende war es ein Albtraum aus Weinrot und Gold. Schwere, durch Kordeln zusammengeraffte Samtvorhänge zierten rechts und links das kleine Fenster, hohe Kerzenständer mit wuchtigen Kerzen standen mitten im Raum, der Kronleuchter bildete einen gewagten Kontrast zur Anbauwand Natur. Der Freund wurde gerufen, und nichts ahnend öffnete er vor laufenden Kameras die Tür zu seinem Wohnzimmer. Er erstarrte, war mit Begreifen beschäftigt, während seine Freundin aufgeregt umherlief und auf die ihrer Meinung nach besonders gelungenen Arrangements hinwies. Sie schien nicht zu merken, dass ihr Freund währenddessen völlig die Fassung verloren hatte, denn plötzlich, als hätte sie nicht schon genug angerichtet, machte sie ihm auch noch einen Heiratsantrag.

Die Kamera zoomte auf das Gesicht des Mannes, in dem die Antwort ganz deutlich zu lesen war. Sie lautete: »Nein, nein und nochmals nein!«

Die fünftausend Euro des Senders waren trotzdem nicht ganz verschwendet: Der Mann hatte dadurch die Gewissheit erlangt, dass die Frau an seiner Seite ganz bestimmt nicht die Richtige für ihn war. Jedem Zuschauer war klar, dass der Mann, sobald die Kameras eingepackt und das Fernsehteam verschwunden wäre, das ganze Zeug wieder rausreißen und auf den Müll werfen würde, um anschließend ein ernstes Wort mit seiner Freundin zu reden.

Manche Paare verstehen sich allerdings so gut, dass selbst vollkommen absurde Inszenierungen zum Zwecke des Heiratsantrags zu keinerlei Missstimmungen führen. Auf YouTube kann man sich das Video eines Amerikaners, eines begeisterten Sportfliegers, ansehen, der sich für seinen Heiratsantrag etwas ganz Besonderes ausgedacht hatte. Er lud seine Freundin zu einem Rundflug ein und nahm seine Videokamera mit ins Flugzeug. Auf dem Video sieht man ihn und seine Freundin in der engen Kabine sitzen. Sie starten das Flugzeug, heben vom Boden ab, und am Anfang scheint noch alles normal zu laufen. Aber plötzlich treten Probleme auf, der Mann wird nervös, das Flugzeug fängt an zu schlingern, und nur wenige Augenblicke später stürzt es im freien Fall nach unten. Der Mann und die Frau schreien, doch kurz bevor die Frau vor Todesangst kollabiert, gelingt es dem Mann, der Frau ein Stück Papier zu überreichen. Der Mann reißt am Steuerknüppel und fordert die Frau auf zu lesen, was dort geschrieben steht. »Notfallregeln« steht auf dem Zettel, und die erste Anweisung lautet: »Im Falle eines Absturzes Ringe tauschen.«

Die zweite Anweisung lautet: »Beantworte folgende Fragen: Ist der Pilot dein Typ? Wenn ja, willst du ihn heiraten?«

Die Frau – man kann es kaum glauben – hat tatsächlich Ja gesagt, Hunderttausenden YouTube-Usern hat das gefallen.

Manche Frauen haben einen sanfteren Charakter als ich, sie sind toleranter und haben mehr Verständnis für ihre Männer, das ist mir bereits aufgefallen. Auch hat mein Humorverständnis seine Grenzen, mit derartigen Scherzen könnte kein Mann bei mir landen. Ich dulde es auch nicht, dass man mein Wohnzimmer hinter meinem Rücken umräumt oder mich vor Fremden in Verlegenheit bringt, indem man mich voller Todesangst fürs Internet abfilmt. Überhaupt bin ich eine schwierige Frau, ich kann froh sein, überhaupt jemanden gefunden zu haben, der es mit mir aushält und auf meine Befindlichkeiten Rücksicht nimmt.

Viele Frauen beschweren sich ständig über ihren Partner – und das nicht zu Unrecht. In der Anzeige eines Seminars für Frauen mit dem Titel »Erfüllte Partnerschaft für hochbegabte und hochsensible Frauen« (und welche Frau ist nicht hochbegabt und hochsensibel) beschreiben die Trainerinnen Anne und Lisa die Lage anspruchsvoller Frauen so: Entweder die Frau ist allein, oder sie lebt in einer Beziehung, hat aber »innerlich gekündigt«. Letztgenannte wirken äußerlich vielleicht ganz zufrieden, aber tief in ihrem Inneren wissen sie, dass es da draußen »noch etwas anderes gibt«: nämlich mehr Leidenschaft, mehr Spaß und mehr Abenteuer. Behaupten sie.

Man kann sich dieses Seminar sparen, denn gegen die innere Kündigung hilft meiner Meinung nach folgende, sehr einfach durchzuführende Maßnahme: Man trifft sich mit Freundinnen und geht dann gemeinsam alle Expartner durch. Es ist absolut erhellend, wenn man sich in dieser geballten Form vergegenwärtigt, mit wem man mal alles zusammen war und was man sich von diesen Menschen hat bieten lassen.

Florian zum Beispiel musste man jeden Morgen aus dem Bett zerren. Diese Prozedur konnte bis zum späten Nachmittag dauern, und am Abend bekam man zu hören, dass ihn sein Medizinstudium überfordere. Jürgen litt an Depressionen, die er damit bekämpfte, dass er historische Musikinstrumente im Keller nachbaute. Martin hatte mit Mitte dreißig noch nie gearbeitet, und wenn er zu mir in die Wohnung kam, galt sein erstes Interesse meinem Kühlschrank. Wollten wir ins Kino gehen, war klar, dass ich seine Karte mit bezahlen musste. Dafür hatte er aber auch keine Depressionen und kein Studium, das ihn überforderte.

Bei Silvia war es auch nicht besser. Mit dreiundzwanzig Jahren lernte sie einen Mann kennen, der keinen Sex mit ihr wollte und sich stattdessen sehnlichst wünschte, dass sie ihm ins Gesicht pinkelte. Sie kaufte eine Gummiunterlage – und zum Dank trennte er sich kurze Zeit später von ihr, weil er eine andere gefunden hatte, die »es«, so seine Aussage, mit mehr Begeisterung tat. Sigruns erster Freund war eBay-süchtig, und als sie ihn endlich rausgeworfen hatte, blieben ein Haufen Schulden und ein Keller voller technischer Geräte zurück.

Ich habe noch keine Frau getroffen, bei der die Zufriedenheit mit der aktuellen Lebenssituation nach einem solchen Abend nicht signifikant angestiegen wäre – ganz gleich, ob mit Partner oder als Single.

Auch Mark sieht im Licht der vorherigen Partner ganz passabel aus: Er ist kein Workaholic, bleibt aber auch nicht bis mittags im Bett liegen. Er hat keine Magengeschwüre oder Depressionen, säuft nicht und raucht nicht Kette. Er schaut weder jeden Abend Fußball, noch liest er esoterische Bücher, sondern kümmert sich lieber um seine zwei Töchter. Er muss sich nicht befreien oder seine Kindheit bewältigen, er ist großzügig, amüsant, kann gut kochen und mag meine Freunde. Er ist vielleicht ein wenig konventionell, hat dafür aber keine Abgründe. Natürlich besitzt er Eigenschaften, die weniger liebenswert sind: Mark widerspricht jedem Menschen aus Prinzip. Er weiß und kann alles besser: Zwei Milliarden Euro mehr für einen Flughafen? So eine Fehlkalkulation wäre ihm nie passiert. Ein Freund wurde von seiner Autowerkstatt betrogen – hätte er doch Mark mitgenommen. Mark hätte den Streit mit der Nachbarin, dem Vermieter, dem Chef, der Kollegin, der Freundin anders gelöst. Sein Sendungsbewusstsein geht so weit, dass er sämtliche Geschäftsinhaber seines Viertels berät, wie sie es besser machen könnten: Dem Schuhmacher in seiner Straße erklärt er, wie Schuhe repariert werden, dem Weinhändler um die Ecke, wo es die besten Weine gibt, dem Bäcker, wie man Brote backt, der Käseverkäuferin auf dem Markt, woran man guten Käse erkennt, und so weiter. Er glaubt bis heute, dass diese Menschen glücklich sind über seine Hinweise und hält ihre Freundlichkeit für echt. Ich stehe, wenn ich ihn begleite, immer ein wenig abseits und tue so, als gehörte ich nicht dazu.

Aber ansonsten kann ich ihn gut ertragen, schließlich ist seine Besserwisserei ein Tick und auf gar keinen Fall ein Charakterfehler. Und dass er einen guten Charakter hat, erkennt man schon daran, dass er meine Ticks mit viel größerer Gelassenheit erträgt als ich seine. Mark hat recht, wir kommen gut miteinander aus. Aber ist das schon Grund genug, um zu heiraten?

DER ANTRAG: WENN MENSCHEN ZU IDIOTEN MUTIEREN

> »Wenn der Partner ein *NEIN* auf seine Frage nicht erträgt, wäre eine Hochzeit sowieso der falsche Weg.«
> *Toller und logischer Tipp aus der Rubrik »Heiratsantrag News« auf www.paradisi.de*

Sechs goldene Regeln für einen annehmbaren Heiratsantrag

Ein Heiratsantrag sollte sich immer den Charakter einer echten Frage bewahren, sonst braucht man ihn erst gar nicht zu stellen. Spannung kommt dabei nur auf, wenn der Antragsteller nicht genau wissen kann, was der oder die Liebste auf die Frage »Willst du mich heiraten?« antworten wird. Herzklopfen und feuchte Hände erübrigen sich dagegen, wenn der Antrag zum abgekarteten Spiel wird, bei dem allen Beteiligten klar ist, wie sie sich zu verhalten haben.

Je mehr der Antrag inszeniert wird, desto mehr setzt das die Auserwählte oder den Auserwählten unter Druck. Werden kein Aufwand und keine Kosten gescheut, um den Antrag selbst zu einem Erlebnis zu machen, wie es in den Prospekten und auf den Websites von Wedding-Planern empfohlen wird, dann wird es für den Partner schwer, eine ehrliche Antwort zu geben. Wenn nicht gar unmöglich.

Aber nur, wenn die geliebte Person theoretisch auch Nein sagen darf, erhält ihr Ja einen besonderen Wert.

Regel Nummer eins:
Niemals vor Zeugen oder in der Öffentlichkeit
»Beweisen Sie Ihre Liebe und machen Sie Ihren Antrag während einer Veranstaltung oder Ähnlichem und zeigen Sie allen Ihr Glück!«, lautet der Vorschlag auf der Website eines bekannten deutschen Wedding-Planers. Das sollte man natürlich auf keinen Fall tun. Der Partner soll im Tausch gegen eheliche Geborgenheit und Sicherheit seine Freiheit aufgeben. Und es ist besser, wenn er dabei das Gefühl hat, dass er es freiwillig tut.

Dies ist jedoch nicht gegeben, wenn der Antragsteller so viele Zeugen wie möglich für sein Vorhaben zusammentrommelt. Wenn Oma, Opa, Vater, Mutter, Schwester und die besten Freunde im teuersten Restaurant der Stadt mit am Tisch sitzen, wenn er die Frage aller Fragen stellt. Und wie frei kann die Person, um deren Hand man anhält, sich fühlen, wenn gar Millionen Fernsehzuschauer gebannt das Geschehen verfolgen – und anschließend im Internetforum jeden Wimpernschlag und jedes Zucken ihres Mundwinkels kommentieren?

So hielt es beispielsweise Markus für eine gute Idee, seine

Freundin Maren im Oktober 2011 in der Sendung »Flash« vor einer ekstatisch tanzenden Menge und in Anwesenheit des aufgedrehten Moderators Detlef D! Soost zu fragen, ob sie ihn heiraten wolle. Das ist kein Antrag, das ist Nötigung.

Manche finden es originell, ihre Liebste von der Kinoleinwand herab zu fragen, ob sie für die Ehe bereit sei. Viele Kinobetreiber bieten Heiratswilligen an, ihren Antrag in einem Trailer zwischen Werbung für den nebenan gelegenen Dönerladen und Moni's Nagelstudio loszuwerden. Fälschlicherweise halten sie das anschließende Klatschen der Kinobesucher für ein Zeichen, dass diese ihrem Vorhaben wohlgesinnt sind. Dabei klatscht das Publikum nur, weil es weiß, was in einem solchen Moment von ihm erwartet wird, aber in Wirklichkeit empfinden die missbrauchten Kinozuschauer Groll: Niemand wird gerne ungefragt zum Statisten einer abgeschmackten Show degradiert.

Regel Nummer zwei:
Nicht mehr als fünfzehn Kilometer vom Wohnort oder mehr als fünf Meter vom Erdboden entfernt

In eine ähnliche Bredouille bringt man die Person, um deren Hand man anhalten möchte, wenn man sie zu diesem Zweck auf eine abgelegene Insel oder auf eine Berghütte entführt. Denn was macht man in der eingeschneiten Berghütte oder an den endlos langen, einsamen Sandstränden, nachdem sich der Partner Bedenkzeit ausgebeten hat? So tun, als ob nichts gewesen wäre, und im Liegestuhl in Illustrierten blättern? Und wie räumt es sich nach einem Tandemsprung den Fallschirm zusammen, wenn der andere die vorhin in der Luft gestellte Frage mit einem knappen »Nein« beantwortet hat?

Niemand möchte »Ja« sagen müssen, nur um die Stimmung nicht zu verderben. Wenn der Antragsteller keinen Plan B hat für den Fall, dass die geliebte Person ihm nicht um den Hals fällt und mit tränenerstickter Stimme »Ja, ich will« stammelt, kann es unangenehm werden.

Es ist schließlich ein zweifelhaftes Vergnügen, mit einem Menschen wieder ins Tal hinabzusteigen, mit dem Kreuzfahrtschiff nach Hause zu cruisen oder mit dem Heißluftballon nach unten schweben zu müssen, dessen Antrag man gerade abgelehnt hat.

Regel Nummer drei:
Keine besonderen Hilfsmittel einsetzen

Ein Russe mit zu viel Zeit und Geld wollte seiner Freundin einen Heiratsantrag machen und beschloss, seinem Ansinnen mehr Nachdruck zu verleihen. An einer geeigneten Kreuzung in der Nähe seiner Villa inszenierte er für die Angebetete folgendes Spektakel: Als seine Freundin in ihrem eigenen Wagen auf der Bildfläche erschien, sprang er in seine Limousine und wies den Chauffeur an, hinter der Freundin herzufahren. Dann überholten sie den Wagen der Freundin, und nur hundert Meter weiter kollidierten sie mit einem entgegenkommenden Fahrzeug. Die

Freundin musste mit ansehen, wie die Limousine anfing zu brennen. Menschen liefen herbei, um zu helfen, der Chauffeur zog den blutüberströmten Körper seines Chefs aus dem Wagen, kurz danach gab es eine Explosion, Sirenen ertönten. Die entsetzte Frau stürzte aus ihrem Auto, wollte zu ihrem Freund, der reglos auf der Straße lag, doch die Umstehenden hielten sie davon ab. Ein Krankenwagen hielt mit quietschenden Reifen, Sanitäter hievten den leblosen Körper auf eine Trage. Die junge Frau drängte sich an den Menschen vorbei, ergriff die Hand ihres Freundes, sie weinte. Und plötzlich richtete sich der vermeintlich Tote auf und fragte: »Willst du mich heiraten?«

Noch bevor sie begriff, brachen sämtliche Umstehenden in lauten Jubel aus, einer der Sanitäter ließ einen Champagnerkorken knallen, der mit Kunstblut beschmierte Russe zerrte seine Freundin in die Mitte der Kreuzung und begann, mit ihr zu tanzen …

Man kann von Glück sagen, dass nicht alle Menschen so viel Knete haben, um einen solchen Aufwand zu betreiben. Es reicht, von solchen Anträgen in der Zeitung zu lesen, erleben will man sie nicht.

Regel Nummer vier:
Niemals romantisch!
Romantisch kann jeder! Ein deutsches Online-Hochzeitsportal fragt seine User jährlich nach dem ungewöhnlichsten Heiratsantrag. Als Hauptgewinn gab es 2011 – wie romantisch – eine

Traumreise in die Karibik. Da die Anzahl der Teilnehmer an der Umfrage mit durchschnittlich über vierhundert Personen statistisch relevant ist, kann man am Ergebnis ablesen, was die meisten Menschen als romantisch empfinden. Am häufigsten fand der Antrag auf dem Gipfel eines Berges statt. Andere kreative Männer und Frauen schrieben den Antrag auf den Badezimmerspiegel oder hielten beim Tauchen um die Hand des anderen an.

Aber wie romantisch kann etwas noch sein, was von einer statistisch relevanten Mehrheit als romantisch definiert wird? Der Zauber einer Gefühlsäußerung schwindet, wenn sie millionenfach kopiert wird und sich die Anleitung dazu auf den Internetseiten von Hochzeitsplanern unter der Rubrik »Romantischer Heiratsantrag« finden lässt.

Romantik ist das andere, das besondere, das improvisierte Erlebnis, nicht das von langer Hand vorbereitete.

Romantik lässt sich auch nicht buchen, indem man zum Beispiel beim Feuerwerksfachgeschäft das Allround-Paket »Willst du mich heiraten?« bestellt. Darin ist enthalten – ich zitiere –: »ein romantisches Candle-Light-Dinner mit Kerzenschein und einem schönen Essen und prickelndem Sekt, dazu das passende Feuerwerk«. Überraschender und romantischer wäre es, das Candle-Light-Dinner ohne Kerzenschein und Essen zu nehmen.

Der ehemalige britische Premierminister Tony Blair soll seiner Frau in einem toskanischen Ferienhaus einen Heiratsantrag gemacht haben. Und zwar nicht bei »romantischem« Kerzenlicht oder beim gemeinsamen Betrachten des Sonnenunterganges, sondern als sie gerade das Klo schrubbte. Die Vermeidung überstrapazierter Gesten hat sich ausgezahlt – die beiden sind inzwischen dreißig Jahre verheiratet.